2 0 2 0 知 识 产 权 上 地 论 坛

面向高质量发展的
知识产权制度建设

中国社会科学院知识产权中心
中国知识产权培训中心 ◎编

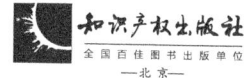

全国百佳图书出版单位
—北京—

图书在版编目（CIP）数据

面向高质量发展的知识产权制度建设/中国社会科学院知识产权中心，中国知识产权培训中心编.—北京：知识产权出版社，2021.10
ISBN 978－7－5130－7738－5

Ⅰ.①面… Ⅱ.①中… ②中… Ⅲ.①知识产权保护—研究—中国 Ⅳ.①D923.404

中国版本图书馆 CIP 数据核字（2021）第 192839 号

内容提要

本书系"2020 知识产权上地论坛"优秀论文集，内容围绕我国全面进入新发展阶段后探索中国特色知识产权保护制度的时代需求，既涉及中美经贸协议中的知识产权执法、国际粮农技术转移法律机制等涉及国际贸易的新问题，也有关于高校人工智能研发与创新的法律风险、高校文化创意产业中知识产权等涉及创新活动实践的现实思考，更有来自不同部门和单位的专家学者关于知识产权各分领域近年热点话题的真知灼见。本书有助于读者了解知识产权各领域的研究动态和最新成果。

责任编辑：王祝兰	责任校对：王　岩
封面设计：杨杨工作室·张冀	责任印制：孙婷婷

面向高质量发展的知识产权制度建设

中国社会科学院知识产权中心　◎编
中国知识产权培训中心

出版发行：知识产权出版社有限责任公司	网　　址：http://www.ipph.cn
社　　址：北京市海淀区气象路 50 号院	邮　　编：100081
责编电话：010－82000860 转 8555	责编邮箱：wzl_ipph@163.com
发行电话：010－82000860 转 8101/8102	发行传真：010－82000893/82005070/82000270
印　　刷：北京九州迅驰传媒文化有限公司	经　　销：各大网上书店、新华书店及相关专业书店
开　　本：880mm×1230mm　1/32	印　　张：9.75
版　　次：2021 年 10 月第 1 版	印　　次：2021 年 10 月第 1 次印刷
字　　数：265 千字	定　　价：68.00 元

ISBN 978－7－5130－7738－5

出版权专有　　侵权必究
如有印装质量问题，本社负责调换。

前　言

2020年，新型冠状病毒肆虐全球，国内外发生了诸多重大事件，各种不确定因素不断出现。所幸的是，在党中央的坚强领导和全国人民的共同努力下，国内山河无恙、众生皆安。在此背景下，由中国社会科学院知识产权中心和中国知识产权培训中心联合主办的"2020知识产权上地论坛"能如期召开，全国各地学界和实务界人士能如约相聚上地，或隔空相会线上云端，实属不易、令人感慨。在一天半的研讨中，专家和学者们畅谈知识产权制度建设，乃至国家社会、全球经贸体系发展中的变与不变，令与会人员收获良多。

党的十八大以来，以习近平同志为核心的党中央准确把握复杂局势，科学判断，正确决策，真抓实干，引领我国经济取得历史性成就、发生历史性变革。党的十九大报告指出："我国经济已由高速增长阶段转向高质量发展阶段。"在全球经济遭受重创的2020年，在国内疫情稍稳、社会经济和人民生活进入复苏阶段的年中，中共中央政治局即召开会议对当前经济形势和发展态势作出研判，明确提出要加快形成以国内大循环为主体、国内国际双循环相互促进的新发展格局。2020年10月，党的十九届五中全会进一步指出，当今世界正经历着百年未有之大变局，我国已转向高质量发展阶段。在国内经济发展模式面临全面转型的同时，随着中美经贸摩擦的加深，"卡脖子"一词高频出现，科学技术从未像现在一样深刻影响国家和民族的命运；面向未来，我国正加强前沿科技布局，不断完善国家创新体系。为此，充分释放和优化我国知识产权制度效能，推动我国创新型国家建设，成为新发展阶段国家重大决策的重要内容。2020年11月30日，习近平总书记在中央政治局第二十五次集体学习时指出，创新是引领发展的第一动力，保护知识产权就是保护创新。知识产权保护工作关系国家治理体系和治理能力现代化，关系高质量发展，关系人民生活幸福，关系国家对外开放大局，关系国家安全。全面建设社会主义现代化国家，必须从国家战略高度和进入新发展阶段要求出发，全面加强知识产权保护工作，促进建设现代化经济体系，激发全社会创新活力，推动构建新发展格局。习近平总书记的讲话着眼于推动我国知识产权治理体系与治理能力现代化建设，将知识产权的重要性提到了前所未有的高度。

知识产权制度是市场经济下保护创新者利益回报、激励再创新、带动经济发展、增加社会整体福利的法律规则体系和配套制度建设。发达国家的经验表明，规则明确、执法程序公正透明、法律后果可预期性强，可以使创新者及其相关投入者没有后顾之忧；有效的知识产权保护有助于实现新兴产业市场资源的优化配置，最终促进科技文化的发展和强盛。近年来，国际经贸秩序正处于动荡与重塑中，对外贸易面临着以中美经贸摩擦为主、发达国家跟进的严峻局面。在无形的信息和数据成为基础资源的今天，技术上的完全割裂隔绝和封锁是难以实现的，不但有违科技创新发展规律，也有损全人类公共福祉而不得人心；当今世界虽然面临更多的不确定因素，但总的发展趋势仍然是科技、人才、资金和市场的互联互通，全球化和多边贸易的挫折不应动摇我国继续深化改革和对外开放的决心。在当前的国内外形势下，我国党和政府作出决策，高度重视知识产权制度建设，将强化知识产权保护融入新发展阶段的国家发展战略，这对鼓励我国科技和文化产业自主创新、培育自有核心技术和品牌尤为重要。准确把握"双循环"新发展格局的特点，立足于产业链完整、体量巨大的国内市场，同时保持积极的对外开放合作，全面提高全民和各行各业

前 言

的知识产权保护意识,提升市场主体的创新能力,是各级政府和各行各业在新发展阶段面临的任务。对于法律和政策研究者来说,需要跟踪国内外社会经济形势的发展,关注国际经贸体系中知识产权保护的动向,充分了解并立足国情,就加强对创新成果的法律保护、完善知识产权保护体制机制、将知识产权保护落到实处并最终助力全面提升国家竞争力提出真知灼见。

此次论坛主题为"面向高质量发展的知识产权制度建设",正契合我国全面进入新发展阶段后将科技自立自强作为国家发展的战略支撑、推动社会经济发展模式向高质量发展阶段转变、探索中国特色知识产权保护制度的时代需求。此次论坛有来自全国人大常委会法工委、最高人民法院、国家知识产权局、国家版权局、北京知识产权法院、广州知识产权法院、清华大学、中国人民大学、复旦大学、中国政法大学、中南财经政法大学、同济大学等国家机关和科研院校的专家学者和实务工作者 100 余人通过线上与线下的形式参加。

论坛首先邀请实务部门专家对《专利法》《著作权法》这两部知识产权领域基干法律的修改情况作了介绍。来自全国人大常委会法工委的马正平处长对《专利法》修改的有关情况进行简要介绍。此次修法的主要内容如下:一是加强对专利权人合法权益的保护,包括加大对侵犯专利权的赔偿力度、完善举证责任、完善诉前行为保全措施、完善专利行政保护、新增诚实信用原则、新增专利权期限补偿制度和药品专利纠纷早期解决程序有关条款等;二是促进专利实施和运用,包括完善职务发明制度、新增专利开放许可制度、加强专利信息公共服务等;三是进一步完善外观设计保护相关制度,包括明确给予局部外观设计专利保护、延长外观设计专利保护期限、增加新颖性宽限期的适用情形和国内优先权制度、完善专利权评价报告制度等。国家版权局政策法规司原司长许超先生简要回顾了《著作权法》修改进程,针对已经完成二读程序、行将通过的《著作权法修正案》,主要聚焦于第三条关于作品的定义、作品类型法定原则与法官自由裁量权的权衡、对广播权与广播组织权的修改等重点问题提出看法，并指出法律对有声读物等无障碍阅读作品的关注彰显了人文关怀。

论坛第一时段由中国政法大学张今和冯晓青两位教授主持。复旦大学张乃根教授结合2020年新型冠状病毒肺炎疫情和中国新型冠状病毒疫苗的研发提出了构建人类卫生健康共同体相关的知识产权问题，包括疫苗药品及专利的国际法问题、抗疫药品试验数据保护与例外披露的国际法问题和抗疫相关传统知识利用和保护的国际法问题等。最高人民法院郎贵梅法官分享了办理外国权利人请求保护知识产权案件和涉及境外法或境外实施行为案件的体会，指出2019年7月2日通过的海牙《承认与执行外国民商事判决公约》中明确排除了知识产权案件，而且中国的专属管辖里没有涉及知识产权；但是，人民法院的知识产权纠纷解决功能是高质量发展的保障，进一步研究涉外知识产权纠纷的管辖以及相关判决的承认和执行非常重要。天津大学管荣齐教授指出，总共67条的《中美经贸协议》于2020年1月签署，其中包含36条与知识产权相关的条款，涉及执法的有12条，足见其重要性；新的执法要求、加大侵权特别是网络平台侵权假冒打击力度以及完善知识产权司法执行程序等，均需要研究落地措施。中南财经政法大学詹映教授指出，我国经济正由高速增长转向高质量发展阶段，应更加重视知识产权国际化战略，积极主动地参与知识产权全球治理，加强涉外知识产权沟通合作与援助服务机制。广东外语外贸大学王太平教授探讨了知识产权"严保护"的准确内涵、基本性质，指出我国虽已基本具备实施"严保护"的条件，但仍然需要通过各种措施来进一步完善。

论坛的第二时段由中国人民大学法学院郭禾教授和苏州大学法学院董炳和教授主持。北京知识产权法院芮松艳法官结合亲自审判的案件就"标准必要专利侵权案件的审理思路"进行发言，对适用禁令的条件、过错的认定、合理费率等问题提出了自己的看法。中国计量大学冀瑜教授解读了视频编码技术标准的各自特点和优势,分析了相关专利池的现状和问题,并给企业提供了提升商业谈判水平、善于寻求法律保护、加大自主知识产权、对比平行标准寻找更多选项等建议。中国人民大学张浩然博士针对"双轨制"中先判定专利侵权、嗣后专利被宣告无效的情形,结合民事诉讼制度一般规定和知识产权法中的特殊构造,比较了西方国家的制度设计,给出了我国专利无效决定溯及力制度完善的建议。广州知识产权法院石静涵法官从平行进口司法现状、平行进口产品认定、商标侵权认定、不正当竞争认定等方面论述了对平行进口商标及不正当竞争案件司法裁量的看法,指出应当结合纠纷案件事实,审慎考察其对商标基本功能的影响和行为正当性。上海嘉之会律师事务所刘华俊律师结合法律实务就知识产权纠纷解决中的混淆问题,分析了混淆产生的原因,列举了混淆抗辩理由,对混淆的判定标准及其适用困难阐述了自己的观点。同济大学法学院张伟君教授阐述了"商标法优先适用"论对《反不正当竞争法》修改的影响,并结合地理标志保护的实质和相关具体案例,就如何正确理解"优先适用"以及《反不正当竞争法》对地理标志的保护表明了自己的观点。

论坛第三时段由深圳大学法学院朱谢群教授和北京第二外国语大学董涛教授主持。西北政法大学焦和平副教授分析了我国目前《商标法》中侵权损害赔偿数额计算立法模式存在的不足,指出将法定赔偿与其他三种赔偿数额的认定方式并列作为补偿性赔偿基数的融合模式具有一定的优势。清华大学蒋舸副教授提出,要使法定赔偿的适用比例降低,就要通过降低前三种计算方式的适用门槛,来适当提高前三种方式的适用比例;在立法论上,实际许可费倍数规则应改为合理许可费规则;在解释论上,对"实际损失"作广义解释。西南政法大学倪朱亮副教授认为,知识产权惩罚性赔偿以主观故意或恶意为可责难性要件,能起到区分填平性赔偿与惩罚性赔偿的规范价值,"情节严重"以客观化的结果为导向，两者各司其职，共同作为惩罚性赔偿适用要件，防止惩罚性赔偿的泛化与过度适用。烟台大学宋红松教授指出，人工智能并无自我意识以及基于其上的主体意识，将知识产权赋予人工智能显然毫无意义，人工智能生成数据可以获得商业秘密或其他反不正当竞争保护，或者对数据库的特别保护，人工数据挖掘结果如果符合著作权法或专利法的实质性条件，可以赋予版权或专利保护。华东政法大学袁锋博士认为，《最高人民法院 最高人民检察院关于办理侵犯知识产权刑事案件具体应用法律若干问题的解释（三）》对商业秘密权利人"重大损失"规定的特点是数额要求降低和细化计算方法；并对该司法解释中"不当获取""披露""使用""许可他人使用"等关键词的理解和适用提出了自己的看法。北京化工大学张慧霞副教授认为，商标使用包括取得维持、先用权和侵权三种语境下的商标使用，在取得维持和先用权语境下权利人需举证证明已有识别性才可获得注册、维持注册，或者阻却注册、阻却侵权，侵权语境下只要求证明消费者可能识别商品来源即可。

论坛第四时段由黑龙江大学杨建斌教授和华南理工大学孟祥娟教授主持。对外经济贸易大学卢海君教授质疑作品类型的法定原则，结合最近司法裁判和关于《著作权法》第三条的立法修改争议，阐述了当前各界对作品、介质、形式的认识存在一些误解，认为机械区分著作权与邻接权会导致错误认识，指出《著作权法》应该服务于文化产业的发展，不能一味追求所谓法律的确定性而牺牲合理利益诉求的实现。华东政法大学杨勇研究员指出，现行《著作权法》构建了行政保护和司法保护双轨制，但行政部门执法人员可能缺乏相应的专业能力，强化著作权行政处罚作用和地位，会放大行政部门的自由裁量权，导致我国著作权保护制度的全面行政化现象。上海财经大学厉彦冰助理研究员由雨果的《悲惨世界》续写争议等案例入手，提出了关于原有作者死后其著作人格权的争议，认为死者著作人格权行使涉及多主体合法权益的冲突，可通过立法限制和司法裁判进行利益平衡。

论坛第五时段由河北大学法学院宋慧献教授和最高人民法院中国应用法学研究所宋建宝副研究员主持。中国科学院大学尹锋林副教授围绕网络音乐版权独占许可进行了反垄断分析，指出网络平台音乐版权巨头具有更高的垄断地位，独占许可导致垄断产生的可能形式包括垄断协议、经营者集中、滥用支配地位等。中央民族大学熊文聪副教授以《五环之歌》不构成侵权案为例，提出词曲作者是合作作品的"共有人"，即使仅使用原作的曲调没有使用歌词，词作者也有起诉改编者侵权的主体资格，据此质疑判决的合理性。南京师范大学李忠诚博士认为，算法创作动摇了传统的独创理论，建议以"读者标准"判断作品有无独创性，既顺应独创性标准客观化的趋势、促使独创性判断与侵权判断协调统一，也契合著作权法的制度目标。

论坛闭幕式由中国社会科学院知识产权中心张鹏博士主持。在总结发言中唐广良教授指出，当前的法律实践中有两个值得关注的趋势：一是有些法官自视过高，无视学术界看法；二是有些学者只会给法院判断作注脚，丧失自己的独立判断。他认为，法律工作应当落实在解决问题本身，做到符合立法目的、能够被社会公众理解和接受。李明德教授则强调，在讨论一些问题的时候，比如人工智能、作品独创性等，需要回到法律的初衷和原点思考研究，不能够脱离这一立脚点空想，研究中国法律问题还要结合当下中国法律制度的实际。

此次论坛共收到50余篇论文，由于主题研讨的需要和时间的关系，未能安排大多数论文作者在论坛上发言，而有的发言和分享则未能提交相应的论文。为此，本论文集除了甄选部分参会论文，也纳入了部分参会者事后提交的论文和相关研究报告。本年度论文集的内容有2020年中美经贸协议中的知识产权执法、国际粮农技术转移法律机制等涉及国际贸易的新问题，也有高校人工智能研发与创新的法律风险、高校文化创意产业中知识产权等涉及创新活动实践的现实思考；在著作权领域，本论文集选择了涉及网络游戏整体画面的保护、网络音乐版权独占许可的反垄断分析、不可分割使用的合作作品共有著作权的单方行使以及《日本著作权法》中权利限制规定的修订等近年热点话题；在商标领域，本论文集采用近年来几份比较重要的研究报告，包括《电子商务中的商标保护》《商标注册制度的异化与矫正》《欧盟商标注册审查制度的特色及借鉴》《我国网络服务提供者的商标间接侵权责任问题》等；专利领域的研究是国内学界相对弱项，提交的论文历来不多，本论文集仅选择了《宽严相济的专利实用性审查标准的构建》一文；在知识产权司法保护领域，本论文集选取了《妥善解决平行进口商标和不正当竞争纠纷的司法路径探析》和《〈两高知识产权刑事司法解释（三）〉中商业秘密权利人"重大损失"研究》两篇论文。值得关注的是，此次论坛讨论最激烈的议题集中在著作权领域，例如关于作品的定义和范围、独创性判断、权利的限制与例外情形解释、侵权责任等，这些均反映了尽管立法修改已经通过，但法律的解释和适用以及整个著作权制度的体系化解读，在今后仍需要更深入的研究和讨论以进一步达成共识，避免执法和司法实践中尺度不一，给当事人和社会公众带来困惑，以实现法律实施效果的可预期性。

尽管 2020 年国内外各项事务进展艰难，但"2020 知识产权上地论坛"仍得以顺利举行。本论文集作为年度性系列研究成果得以继续出版，有赖于各方对中国知识产权事业的真心热爱和对论坛一如既往的支持，在此谨向为论坛举行和论文集出版付出良多的同人表示衷心感谢。

中国社会科学院知识产权中心　管育鹰
2021 年 3 月

目 录

《中美经贸协议》下知识产权执法的对策建议 ……… 管荣齐（1）
国际粮农技术转移法律机制研究 ……………… 彭亚媛（15）
高校人工智能研发与创新的法律风险与应对 ……… 贾柠宁（39）
高校文化创意产业中的知识产权问题 ……… 戴 琳 吴凯杰（56）
有关《日本著作权法》中权利限制规定的修订过程 … 井手李咲（70）
从司法案例看网络游戏整体画面的保护 …………… 王若婧（81）
网络音乐版权独占许可的反垄断分析 ……………… 尹锋林（92）
论不可分割使用的合作作品共有著作权的
　　单方行使 ……………………………………… 赵旖鑫（104）
电子商务中的商标保护 ……………………………… 李明德（120）
商标注册制度的异化与矫正 ………………………… 管育鹰（149）
欧盟商标注册审查制度的特色及借鉴 …… 王莲峰 张 露（178）
我国网络服务提供者的商标间接侵权责任问题
　　——"通知-删除"规则适用范围缩小所带来的
　　制度变革契机 ………………………………… 顾 昕（200）
妥善解决平行进口商标和不正当竞争纠纷的
　　司法路径探析 ………………… 石静涵 邓文婷（229）
宽严相济的专利实用性审查标准的构建 …………… 刘明江（244）
《两高知识产权刑事司法解释（三）》中商业秘密
　　权利人"重大损失"研究 …………………… 陈绍玲（280）

《中美经贸协议》下知识产权执法的对策建议

管荣齐[*]

【摘　要】 2020年1月中美两国达成和签署的《中美经贸协议》对中国知识产权执法提出了新要求，基于此，笔者建议完善打击假冒和盗版的执法行动及其工作机制，对"通知-删除"规则进行适用性解释和灵活性运用，网络平台协助主管部门处理投诉和纠纷，对知识产权行政处罚设定上限，全面引入侵权惩罚性赔偿制度的同时降低入罪标准、提高刑罚力度，完善判决执行工作机制和提高质效。

【关键词】《中美经贸协议》　知识产权执法　假冒和盗版　网络平台　司法执行

中美两国自2018年3月发生经贸摩擦以来，历经近两年时间、13轮高级别磋商、20多次牵头人电话磋商，终于在2020年1月达成和签署《中华人民共和国政府和美利坚合众国政府经济贸易协议》（以下简称《中美经贸协议》）。该协议除序言外有8章67条，其中第一章"知识产权"有11节36条，在各章中所占条款最多。《中美经贸协议》对我国知识产权执法提出的新要求将成为我国深入推进知识产权执法改革的新动力。

---

[*] 作者简介：管荣齐，天津大学知识产权法研究基地研究员、博士研究生导师，中国社会科学院知识产权中心客座研究员。

本文系国家社会科学基金项目"法院审查专利有效性的制度设计研究"（项目编号：19BFX145）的阶段性成果。

一、《中美经贸协议》中知识产权执法的要求

(一) 关于打击假冒和盗版产品

《中美经贸协议》第一章第七节是关于打击假冒和盗版产品的内容,主要涉及假冒药、存在健康和安全风险的假冒商品、销毁假冒或盗版商品、边境和实体市场执法。

(1) 关于打击假冒药及存在健康和安全风险的假冒商品。《中美经贸协议》第一章第七节第1.18~1.19条要求采取有效、迅速和持续的执法行动,打击假冒药及存在健康和安全风险的假冒商品,阻止其对公共卫生或个人安全产生重大影响。其中,假冒药包括假冒药品和包含活性药物成分、散装化学品和生物制品的相关产品。

(2) 关于销毁假冒或盗版商品。《中美经贸协议》第一章第七节第1.20条要求除特殊情况外,在海关边境措施上,销毁被中止放行并查封和没收的假冒或盗版商品,并严禁其出口或进入其他海关程序;在民事司法程序上,根据权利人的请求,无偿销毁被认定为假冒或盗版的商品及其生产或制造的主用材料和工具;在刑事执法程序上,责令没收和销毁所有假冒或盗版商品及其上所附假冒标识的物品、其制造的主用材料和工具,除非因民事或行政诉讼中保全证据需要而在收到权利人相应通知后暂时免除或推迟销毁。

(3) 关于边境和实体市场执法。《中美经贸协议》第一章第七节第1.21~1.22条要求海关边境执法和实体市场执法增加人员、培训和行动数量,并在网上及时公开和更新有关信息。其中,海关边境执法行动旨在减少假冒和盗版商品的出口或转运数量,可采取检查、扣押、查封、行政没收等海关执法措施;实体市场执法行动旨在持续、有效地打击实体市场的侵犯著作权和商标权行为。

(二) 关于打击网络平台侵权

《中美经贸协议》第一章第五节是关于打击网络平台的知识产权侵权行为的内容，主要涉及网络侵权执法行动、电子商务平台执法行动。

(1) 关于网络侵权执法行动。《中美经贸协议》第一章第五节第1.13条要求针对网络环境下的知识产权侵权行为，采取有效、迅速的执法行动，包括：①要求迅速下架侵权商品；②免除善意提交错误下架通知的责任；③延长权利人收到反通知后投诉期限至20个工作日；④为确保下架通知和反通知的有效性，要求提交通知和反通知相关信息，并对恶意通知和反通知进行处罚。

(2) 关于电子商务平台执法行动。《中美经贸协议》第一章第五节第1.14条要求针对未采取必要措施整治知识产权侵权的主要电子商务平台，采取有效行动打击平台上泛滥的假冒或盗版商品。其中，对屡次未能遏制假冒或盗版商品销售的电子商务平台，予以吊销网络经营许可。

(三) 关于完善司法执行程序

《中美经贸协议》第一章第九节是关于完善知识产权司法执行程序的内容，主要涉及刑事案件移交、从重处罚、判决执行、民事司法证据。

(1) 关于刑事案件移交。《中美经贸协议》第一章第九节第1.26条要求知识产权行政机关依据客观标准和基于清晰事实，将存在知识产权刑事违法行为"合理嫌疑"的案件移交给刑事执法机关。

(2) 关于从重处罚。《中美经贸协议》第一章第九节第1.27条要求为阻遏未来可能发生的窃取或侵犯知识产权的行为，作为过渡措施，加强现有救济和惩罚的适用，以接近或达到最高法定处罚的方式从重处罚；作为后续措施，提高法定赔偿金、监禁刑和罚金的最低限度和最高限度。

(3) 关于判决执行。《中美经贸协议》第一章第九节第1.28条要求通过制定和公布执行工作指南和实施计划、在网上公布执行结果报告等措施,迅速执行法院针对知识产权侵权行为所作出的最终判决,包括罚款、处罚、赔偿、禁令或其他救济措施。

(4) 关于民事司法证据。《中美经贸协议》第一章第九节第1.30~1.31条要求在知识产权民事司法程序中,对于当事人之间认可或以接受伪证处罚为前提的证人证言,不得为确认其真实性而提出证据认证的形式要求,包括要求领事官员盖章或盖印等;对于不能得到当事人之间认可或以接受伪证处罚为前提的证人证言,应当为确认其真实性而简化公证和认证程序;当事人可以邀请证人或专家出庭,并允许其在庭审中对证人证言进行质询。

二、加大假冒和盗窃知识产权的打击力度

(一) 关于打击假冒药及存在健康和安全风险的假冒商品

我国现行法律法规中只有假冒、假药的概念,而没有假冒药或假冒药品的概念。根据2019年修正的《中华人民共和国反不正当竞争法》(以下简称《反不正当竞争法》)第6条,假冒或混淆行为包括:①擅自使用与他人有一定影响的商品名称、包装、装潢等相同或者近似的标识;②擅自使用他人有一定影响的企业或社会组织名称、姓名;③擅自使用他人有一定影响的域名主体部分、网站名称、网页等;④足以引人误认为是他人商品或与他人存在特定联系的其他行为。根据2019年修订的《中华人民共和国药品管理法》(以下简称《药品管理法》)第98条第2款,假药是指具有以下情形的药品:①所含成分与国家药品标准规定的成分不符的;②以非药品或他种药品冒充的;③变质的;④所标明的适应证或功能主治超出规定范围的。

对于假冒行为、假药的执法和处罚,《反不正当竞争法》《药品管理法》亦有明确规定。根据《反不正当竞争法》第17~18条、第31条,实施假冒即混淆行为的,由监督检查部门责令停止

该行为、没收违法商品并处罚款；给他人造成损害的，依法承担民事责任；构成犯罪的，依法追究刑事责任。根据《药品管理法》第114条、第116条、第118～120条、第144条，生产、销售假药（含药品使用单位使用假药）的，对单位没收该药品和违法所得、责令停产停业整顿、吊销批准证明文件或许可证并处罚款，对相应责任人员没收其在本单位所获收入并处罚款，对专用的原料、辅料、包装材料、生产设备予以没收，对故意为假药提供储存、运输等便利条件的没收其相应收入并处罚款；给他人造成损害的，依法承担民事责任；构成犯罪的，依法追究刑事责任。

关于打击假冒行为、假药的执法行动，我国于2010年开展"打击侵犯知识产权和制售假冒伪劣商品专项行动"以来，自2012年开始每年都印发"全国打击侵犯知识产权和制售假冒伪劣商品工作要点"，并于2017年印发《国务院关于新形势下加强打击侵犯知识产权和制售假冒伪劣商品工作的意见》，对有关工作结合新形势进行安排部署，基本达到《中美经贸协议》第1.18～1.19条所提出的采取有效、迅速和持续的执法行动之要求。但是，假冒行为尤其是假冒药及存在健康和安全风险的假冒商品，在一些地区和领域、一定范围和时期内仍然时有发生和不同程度地存在，相关执法行动及其工作机制有待于进一步完善，需要按照《中美经贸协议》第1.18～1.19条的要求进一步细化和完善。

（二）关于销毁假冒或盗版商品

2018年修订的《中华人民共和国知识产权海关保护条例》（以下简称《知识产权海关保护条例》）、2019年修正的《中华人民共和国商标法》（以下简称《商标法》）、2010年修正的《中华人民共和国著作权法》（以下简称《著作权法》）都有关于销毁侵权、假冒或盗版商品的规定。根据《知识产权海关保护条例》第27条第3款，海关在边境执法中，对没收的侵犯知识产权货物在法定条件下予以销毁。其中法定条件包括：①无法用于社会公益事业；②知识产权权利人无收购意愿；③侵权特征无法消除。根据《商标法》第 60 条第 2 款、第 63 条第 4 款，对于侵犯注册商标专用权行为，工商行政管理部门可以责令销毁侵权商品和主要用于制造侵权商品、伪造注册商标标识的工具；在商标纠纷案件审理过程中，法院可以应权利人请求责令销毁假冒注册商标的商品（特殊情况除外）和主要用于制造假冒注册商标的商品的材料、工具（不予补偿）。根据《著作权法》第 48 条，对于同时损害公共利益的著作权侵权行为，著作权行政管理部门可以责令销毁侵权复制品。

对比来看，我国现行有关法律法规关于销毁侵权、假冒或盗版商品的规定，与《中美经贸协议》第 1.20 条要求并不完全对应，其区别主要在于：一是海关边境执法上，《知识产权海关保护条例》第 27 条第 3 款关于销毁侵权货物是有条件的，而《中美经贸协议》第 1.20 条要求海关销毁假冒或盗版商品是无条件的；二是《知识产权海关保护条例》第 27 条第 3 款、《商标法》第 60 条第 2 款、《著作权法》第 48 条规定销毁的是侵权商品，而《中美经贸协议》第 1.20 条要求销毁的是假冒或盗版商品；三是《商标法》第 63 条第 4 款规定法院责令销毁假冒商品和主要用于制造假冒商品的材料、工具是发生在商标纠纷案件审理时，其中商标纠纷案件从该条款的上下文看主要是指民事案件，而 2017 年修正的《中华人民共和国刑法》（以下简称《刑法》）第三章第七节"侵犯知识产权罪"部分也未有关于销毁假冒或盗版商品及其上所附假冒标识的物品、其制造的主用材料和工具之规定。由此，我国有关法律法规尚需按照《中美经贸协议》第 1.20 条的要求进一步完善。

（三）关于边境和实体市场执法

为了打击假冒和盗版行为而加强海关边境执法和实体市场执法，已经比较充分地体现在包括前文所述的我国打击侵权和假冒的专项行动、工作要点、工作意见等之中，主要包括：①2010 年"打击侵犯知识产权和制售假冒伪劣商品专项行动"；②2011 年《国务院关于进一步做好打击侵犯知识产权和制售假冒伪劣商品工作的意见》;③2012~2019年《全国打击侵犯知识产权和制售假冒伪劣商品工作要点》;④2017年《国务院关于新形势下加强打击侵犯知识产权和制售假冒伪劣商品工作的意见》。这些行动、要点、意见与《中美经贸协议》第1.21~1.22条要求相比,在采取持续、有效的执法行动方面已经达到甚至超越后者,但在增加人员、培训和行动数量,尤其是在网上及时公开和更新有关信息方面,还有待进一步完善。

三、加大对网络平台侵犯知识产权行为的打击力度

(一) 关于网络侵权执法行动

《电子商务法》第42~45条规定了侵犯知识产权的"通知-删除"规则。电子商务平台收到权利人关于平台内经营者侵犯知识产权的通知,或者知道或应当知道平台内经营者侵犯知识产权后,应当及时采取删除、屏蔽、断开链接、终止交易和服务等必要措施,否则对平台内经营者侵权承担连带责任;权利人收到电子商务平台转送的平台内经营者不存在侵权行为的声明(反通知)后,应当在15日内向有关主管部门投诉或者向法院起诉,否则电子商务平台终止所采取的必要措施;其中权利人通知错误的,应当对平台内经营者承担损害赔偿的民事责任(恶意发出错误通知的,则加倍赔偿)。权利人通知和平台内经营者声明(反通知)及处理结果应当由电子商务平台及时公示。

对比来看,《电子商务法》第42~45条所规定的侵犯知识产权的"通知-删除"规则,与《中美经贸协议》第1.13条要求之间除有关信息提交和公示以外尚有较大距离,主要区别在于:①电子商务平台采取必要措施的时间要求不同,《电子商务法》第42条第2款的规定是"及时",而《中美经贸协议》第1.13条的要求是"迅速";②权利人通知错误的后果不同,《电子商务法》第42条第3款的规定是无论善意还是恶意通知都要承担过错责任,而《中美经贸协议》第1.13条的要求是善意通知不承担过错责任;

③权利人投诉或起诉的期限要求不同,《电子商务法》第 42 条第 3 款规定的是 15 日,而《中美经贸协议》第 1.13 条要求的是 20 个工作日;④平台内经营者恶意声明(反通知)的后果不同,《电子商务法》没有规定,而《中美经贸协议》第 1.13 条要求对恶意声明(反通知)进行处罚。

《电子商务法》出台后,电子商务平台和平台内经营者就其第 42~45 条所规定的侵犯知识产权的"通知-删除"规则,已经在大声疾呼"过严""不公",要求对通知和反通知由电子商务平台进行审核,对投诉或起诉的等待期进行灵活处理,对通知和反通知引入担保与反担保机制。❶ 由此,既要按照《中美经贸协议》第 1.13 条要求对《电子商务法》第 42~45 条作出必要修改,又要在执法层面对法律规则进行适用性解释和对个案进行灵活性处理,如赋予电子商务平台采取必要措施后对权利人通知的审核权,要求权利人提供与其通知下架商品价值相应的必要担保,加大权利人恶意发出错误通知的赔偿责任("加倍"可以是加多倍),允许在 20 个工作日的等待期内平台内经营者提供反担保后恢复上架其商品等。

(二) 关于电子商务平台执法

如前所述,《电子商务法》第 45 条规定了电子商务平台对侵犯知识产权的连带责任,即电子商务平台知道或应当知道平台内经营者侵犯知识产权后,应当及时采取删除、屏蔽、断开链接、终止交易和服务等必要措施,否则对平台内经营者侵权承担连带责任。其中,"知道或应当知道"包括电子商务平台收到权利人关于平台内经营者侵犯知识产权的通知。但与《中美经贸协议》第 1.14 条要求相比,《电子商务法》第 45 条没有规定电子商务平台

---

❶ 范艳伟,王珏. 电商法来了,平台怎么办?:论《电子商务法》下电商平台"通知-删除"规则的适用 [J]. 北京航空航天大学学报(社会科学版),2019,32(6):21-26.

因未采取必要措施、其上假冒或盗版商品泛滥、屡次未能遏制假冒或盗版商品销售而应当单独承担的包括吊销网络经营许可的法律责任。

为了加强电子商务平台知识产权保护，对电子商务平台要求更多相关义务和责任是必要的，但义务、责任与权利是相应的、对等的。一方面，建议《电子商务法》第 45 条按照《中美经贸协议》第 1.14 条的要求，增加一款作为第 2 款："电子商务平台未采取必要措施造成特别严重后果的，或者平台内假冒或者盗版行为特别严重的，予以吊销网络经营许可。"另一方面，建议主管部门授权电子商务平台协助处理知识产权权利人投诉及其与平台内经营者之间知识产权纠纷，电子商务平台在收到权利人关于平台内经营者侵犯知识产权的通知后可以转送给主管部门，视同权利人就平台内经营者侵犯其知识产权的行为向主管部门投诉和请求处理纠纷，电子商务平台参与投诉和纠纷的处理并根据其进度、结果等情况决定是否终止必要措施。

四、加大知识产权司法执行程序完善力度

（一）关于刑事案件移交

知识产权案件由知识产权行政机关向刑事执法机关移送，源于我国知识产权行政保护和司法保护的"双轨制"，知识产权行政机关对知识产权侵权行为立案查处后，如"合理嫌疑"已达到刑事追诉标准，则移送给公安机关侦查、检察院审查起诉、法院审判。但实践中"以罚代刑""有案不移"等问题比较突出，造成知识产权侵权行为不能得到应有惩处。

为此，我国在《国家知识产权战略纲要》（2008 年）、《深入实施国家知识产权战略行动计划（2014—2020 年)》、《国务院关于新

 于冲，郁舜. 知识产权案件"行刑衔接"机制的构建思路：以《中国知识产权保护状况白皮书》的统计数据为分析样本［J］. 知识产权，2016（1）：112‐117.

形势下加快知识产权强国建设的若干意见》（2015年）、《中共中央关于全面推进依法治国若干重大问题的决定》（2018年）、《关于强化知识产权保护的意见》（2019年）中，对加强知识产权行政执法与刑事司法衔接、加大涉嫌犯罪案件移送工作力度提出宏观要求；在《行政执法机关移送涉嫌犯罪案件的规定》（2020年修订）、《最高人民检察院、全国整顿和规范市场经济秩序领导小组办公室、公安部关于加强行政机关与公安机关、人民检察院工作联系的意见》（2004年）中，对行政和刑事工作衔接、涉嫌犯罪案件移送的具体程序作出安排。

对比来看，我国现有关于知识产权刑事案件移交的政策、法规及其执行，与《中美经贸协议》第1.26条要求之间仍有一定差距，主要在于行政处罚和刑事处罚的界限不明而难以把握，建议明确规定各类知识产权违法行为的刑事处罚下限为其行政处罚上限，只要达到其行政处罚上限或刑事处罚下限，知识产权行政机关即刻将案件移送刑事执法机关。❶

（二）关于从重处罚

《商标法》和《反不正当竞争法》于2019年4月修正后，都有对窃取或侵犯知识产权的行为施以重罚的规定。根据《商标法》第63条、《反不正当竞争法》第17条，对于情节严重的故意侵权行为，按照通常赔偿数额的1倍以上5倍以下确定赔偿数额；通常赔偿数额难以确定的，根据侵权行为的情节判决给予权利人500万元以下的赔偿。其中，通常赔偿数额的确定依据包括：①权利人因被侵权所受到的实际损失；②侵权人因侵权所获得的利益；③许可使用费（如有）。

《中美经贸协议》签署后，我国分别于2020年10月、11月、12月先后修改了《专利法》《著作权法》《刑法》，均增加了对严重

---

❶ 张智辉，王锐. 行政处罚与刑事处罚的衔接：以知识产权侵权行为处罚标准为视角 [J]. 人民检察，2010（9）：24-28.

侵犯知识产权的行为施以重罚的规定。根据修正后的《专利法》第 71 条、《著作权法》第 54 条，对于情节严重的故意侵权行为，按照通常赔偿数额的 1 倍以上 5 倍以下确定赔偿数额。根据《刑法修正案（十一）》第 17~22 条，对除假冒专利罪以外的侵犯知识产权罪加大了刑罚力度，最轻的类型由"拘役"提高到"有期徒刑"，且有期徒刑的最高刑期由 7 年提高到 10 年。

但是，《商标法》第 63 条、《反不正当竞争法》第 17 条所规定的"恶意"侵权，与《专利法》第 71 条、《著作权法》第 54 条所规定的"故意"侵权，二者之间是同义或实质近义还是存在一定区别，尚需进一步厘清；我国《刑法》（2020 年修正）第 216 条规定的假冒专利罪，是否也应当像其他知识产权罪一样，将刑罚类型和最高刑期进行同等程度的提高，仍需进一步明确。

（三）关于判决执行

我国为解决法院判决执行难的问题，2019 年中共中央、国务院、中央全面依法治国委员会和最高人民法院密集发文。中共中央办公厅、国务院办公厅于 2019 年 11 月印发《关于强化知识产权保护的意见》，要求强化案件执行措施，建立完善市场主体诚信档案"黑名单"制度，健全失信联合惩戒机制，加强对案件异地执行的督促检查。中央全面依法治国委员会于 2019 年 7 月印发《关于加强综合治理从源头切实解决执行难问题的意见》，要求法院推进执行信息化建设，提升执行规范化水平，加大强制执行力度，创新和拓展执行措施，完善执行工作机制，以切实解决执行难问题。最高人民法院于 2019 年 6 月印发《关于深化执行改革健全解决执行难长效机制的意见——人民法院执行工作纲要（2019—2023）》，要求健全繁简分流、事务集约的执行权运行机制，对执行案件进行类型化处理，实现"简案快执，难案精执"；将执行事务性工作交由专门团队进行集约化处理，提高执行工作效率。

对比来看，我国为解决法院判决执行难问题所采取的措施，与《中美经贸协议》第 1.27 条要求之间尚有一定差距，主要在于两个方面：一是工作机制上，尚需制定和公布执行工作指南和实施计划，并在网上公布执行结果报告等；二是工作要求上，尚需进一步提高执行的质量和效率，迅速和全面地执行法院针对知识产权侵权行为所作出的最终判决，包括罚款、处罚、赔偿、禁令或其他救济措施。基于此，我国需要按照《中美经贸协议》第1.27条要求，进一步完善现有的或者出台新的相应政策法规。

（四）关于民事司法证据

《最高人民法院关于民事诉讼证据的若干规定》于2019年12月作出修改，将需要公证和认证的域外证据范围由涵盖所有域外证据缩小为只包括公文书证和涉及身份关系的证据，即将包括证人证言在内的不属于公文书证和涉及身份关系的域外证据排除在外。根据《最高人民法院关于民事诉讼证据的若干规定》第16条第1款和第2款，在中国域外形成的公文书证应当经所在国公证机关证明或者履行中国与该所在国订立的有关条约中规定的证明手续，在中国域外形成的涉及身份关系的证据应当经所在国公证机关证明并经中国驻该国使领馆认证或者履行中国与该所在国订立的有关条约中规定的证明手续。

对比来看，《最高人民法院关于民事诉讼证据的若干规定》于2019年12月所作出的缩小域外证据公证和认证范围的修改，已经超出《中美经贸协议》第1.30条要求。按照《最高人民法院关于民事诉讼证据的若干规定》第16条第1款、第2款和第100条，自2020年5月1日起，所有域外形成的证人证言都不再需要为确认其真实性而进行公证和认证，不论是否能够得到当事人之间认可或以接受伪证处罚为前提。至于《中美经贸协议》第1.31条关于当事人邀请证人或专家出庭并在庭审中对证人证言进行质询的要求，《最高人民法院关于民事诉讼证据的若干规定》于2019年12月所作修改将本已包含该要求内容的原第54条、第58条、第61条进一步细化和重新规定为第68条第1款、第69条、第70条、第83条、第84条，已达到甚至超出该要求。

五、结论

《中美经贸协议》第一章第七节、第五节、第九节分别对打击假冒和盗版产品、打击网络平台的知识产权侵权行为、完善知识产权司法执行程序提出新的要求。其中,打击假冒和盗版产品的内容主要涉及打击假冒药及存在健康和安全风险的假冒商品、销毁假冒或盗版商品、边境和实体市场执法,打击网络平台的知识产权侵权行为的内容主要涉及网络侵权执法行动、电子商务平台执法行动,完善知识产权司法执行程序的内容主要涉及刑事案件移交、从重处罚、判决执行、民事司法证据。

(1)加大对假冒和侵犯知识产权行为的打击力度。《反不正当竞争法》《药品管理法》中规定了假冒、假药的概念、执法和处罚,《知识产权海关保护条例》《商标法》《著作权法》中有销毁假冒或盗版商品的规定。我国自 2010 年以来相继采取或印发了"打击侵犯知识产权和制售假冒伪劣商品专项行动"、《全国打击侵犯知识产权和制售假冒伪劣商品工作要点》、《国务院关于进一步做好打击侵犯知识产权和制售假冒伪劣商品工作的意见》、《国务院关于新形势下加强打击侵犯知识产权和制售假冒伪劣商品工作的意见》。尽管如此,我国打击假冒药及存在健康和安全风险的假冒商品的执法行动及其工作机制仍有待加强,销毁假冒或盗版商品的现有规定在销毁的客体、条件、范围等方面尚有不足,边境和实体市场执法方面的现有规定在增加人员、培训和行动数量尤其是在网上及时公开和更新有关信息方面存在差距,都有必要按照《中美经贸协议》要求进一步完善。

(2)加大对网络平台侵犯知识产权行为的打击力度。《电子商务法》规定了侵犯知识产权的"通知-删除"规则、电子商务平台对侵犯知识产权的连带责任,但没有规定电子商务平台因未采取必要措施、其上假冒或盗版商品泛滥并屡次未能遏制而应当单独承担的包括吊销网络经营许可的法律责任,且与《中美经贸协议》

要求相比在电子商务平台采取必要措施的时间要求、权利人通知错误的后果和投诉或起诉的期限要求、平台内经营者恶意声明的后果等方面尚有较大距离。为此，既要按照《中美经贸协议》要求对《电子商务法》作出必要修改，又要在执法层面对法律规则进行适用性解释和对个案进行灵活性处理，包括赋予电子商务平台采取必要措施后对权利人通知的审核权、允许平台内经营者在等待期内提供反担保后恢复上架其商品、授权电子商务平台协助处理权利人投诉及其与平台内经营者之间的纠纷。

（3）加大知识产权司法执行程序完善力度。关于知识产权刑事案件移交，我国有关政策、法规中行政处罚和刑事处罚的界限不明而难以把握，建议将各类知识产权违法行为的刑事处罚下限作为其行政处罚上限，只要达到其行政处罚上限或刑事处罚下限，即可将知识产权行政案件移送刑事执法机关。关于知识产权侵权行为从重处罚，2020年修正后的《专利法》《著作权法》和《刑法》中已作出相应规定。关于知识产权判决执行，我国所采取的有关措施在工作机制、工作要求上尚有不足，建议进一步完善现有的或者出台新的相应政策法规。关于知识产权民事司法证据，我国于2019年12月修改的《最高人民法院关于民事诉讼证据的若干规定》已经超出《中美经贸协议》的要求。

国际粮农技术转移法律机制研究

彭亚媛*

【摘　要】《粮食与农业植物遗传资源国际条约》创设了独特的"多边惠益分享机制",而技术转移是其核心内容。"多边系统"中的技术转移受到《标准材料转让协定》约束,而"非多边系统"中的技术转移需遵循"公平和最优惠"原则。该条约设置了特殊的知识产权安排,相关知识产权要求不得限制"便利获取",并建立了"惠益分享基金"促进多方分享粮农植物遗传资源商业化利用的收益。但该技术转移机制存在一些问题:对"公平和最优惠"技术转移原则关注不够,"多边系统"技术转移"便利获取"履约状况堪忧,惠益付款机制存在极大规避空间。国际粮农技术转移法律机制的可持续发展,需要该条约进一步阐明"公平和最优惠"技术转移标准,建立强有力的信息交换和监督履约机制,可考虑建立申诉渠道促进"便利获取",或通过"报告-质询"方式监督"惠益分享"义务实施。

【关键词】粮农条约　技术转移　知识产权

2001年通过、2004年生效的《粮食与农业植物遗传资源国际条约》(以下简称《粮农条约》)旨在保护和可持续利用粮农植物遗传资源,促进惠益分享,进而确保全球粮食安全和稳定。截至2020年11月20日,《粮农条约》有148个缔约方。中国一直以观

---

* 作者简介:彭亚媛,江苏大学法学院讲师。

察员身份参加条约管理机构大会,还没有正式加入该条约,但2017年"建议中国加入《粮农条约》"的提案已提交至全国人大。联合国粮农组织和中国有着密切的合作,其中7个全球环境基金(GEF)的项目在中国实施,以支持农田、水、湖泊、森林、山区和湿地生态系统的生物多样性保护。❶ 中国是农业大国,也是八大粮农植物遗传资源国之一,在保护、开发、利用粮农作物遗传资源以及惠益分享方面将对世界产生重要意义。❷

技术转移是《粮农条约》"多边惠益分享系统"中的核心内容。为便利全球粮农植物遗传资源的技术转移,《粮农条约》承袭了《生物多样性公约》的"惠益分享"机制,但由于粮农植物资源的特殊性,其创设了独特的"多边惠益分享系统",以便利粮农植物遗传资源获取并分享商业化利用所产生的惠益。《粮农条约》第12条和第13条显示了技术转移在"获取"和"利益分享"中不可或缺的作用。缔约方大会制定的《标准材料转让协定》(STMA)更是明确了粮农植物遗传资源提供者和使用者在技术转移中的具体权利和义务。

本文将首先介绍《粮农条约》"多边惠益分享机制"的形成原因以及组织运作体系,接着重点研究其中的技术转让规则和实践进展,总结《粮农条约》中技术转让的障碍与困难,最后提出对策。

---

❶ 中国绿发会. FAO驻华代表马文森博士:我们希望邀请并鼓励中国考虑加入ITPGRFA丨粮食和农业植物遗传资源保护与惠益分享讨论会[EB/OL].(2019-03-06)[2020-01-31]. http://www.sohu.com/a/299439625_100001695.

❷ 中国绿发会. 谢伯阳:资源保护与分享,是保护粮农遗传多样性的重要途径丨致辞粮农遗传条约暨2020后的农业生物多样性讨论会[EB/OL].(2019-03-07)[2020-01-31]. https://mp.weixin.qq.com/s?__biz=MzAxOTExMzM4Mg==&mid=2649621886&idx=1&sn=f7f5479ddf5add4fe5b22a9b8ed18741&chksm=83d151b7b4a6d8a164aaa19337792be6623ef98e0e0fcca3e984984b1242f99ef1764882c97f&scene=21#wechat_redirect.

一、《粮农条约》"多边惠益分享系统"的形成与运作

(一)《粮农条约》"多边惠益分享系统"产生的原因

1. 粮农植物遗传资源高度依存性决定了全球农业安全的脆弱性

在人类历史发展过程中,人类长期通过采集或种植来满足基本的食物需求,范围涉及 7000 多种作物。而目前大约只有 150 种作物被广泛种植,大多数人的生活只依赖 15 种作物,大米、小麦和玉米提供了人类一半以上的热量来源。❶ 粮农作物物种的锐减,也导致作物遗传多样性大量流失。单一化、规模化的现代农业更容易遭受病虫侵害和气候变化的影响,直接影响到食物的可持续供应和人类自身健康。

对于主要粮食作物而言,所有地区都高度依赖于其他地区的粮食作物和植物的生物遗传资源,大部分地区的依存度超过 50%。世界粮食安全在很大程度上依赖于各国粮食作物改良,因此持续性获得其他地区植物遗传资源至关重要。保存粮农植物遗传资源,不仅仅是为了给本国消费者提供多样化的食物选择,更重要的是植物遗传资源全球流动,一国的植物疫情往往影响全球的粮食安全。

这种高度的依存性也决定了现代农业的脆弱性。根据研究显示,不同国家对于最重要作物的平均依赖程度高达 70%。粮农植物遗传资源的传播和扩散非常广泛。马铃薯本来源于南美洲,但目前成为欧洲和美洲的主要粮食之一;水稻起源于东南亚,现在以色列的沙漠地区也在种植。由于植物在新环境中没有原先天敌和病虫害滋扰,在新环境中的植物会比原产地长得更好,但是病虫害一旦发生,也会很快蔓延。育种者和政府不得不到原产地去

---

❶ 中国生物多样性保护与绿色发展基金会. ITPGRFA 秘书长肯特·纳多齐:中国加入《国际条约》并合作推动其宗旨非常重要 [EB/OL]. (2019-03-27) [2020-01-31]. http://www.cbcgdf.org/NewsShow/4854/7975.html.

寻找该植物的自然抗性。19世纪爱尔兰的马铃薯饥荒就是典型。育种者不得不到南美洲马铃薯原产地去寻找马铃薯原始植株，以寻找枯萎病的抗性。夏威夷岛的木瓜环斑病差点摧毁该岛的木瓜产业。如果要避免类似的危机，需要植物来源国及其农民对粮农植物资源以及原生环境进行妥善保存。

2. 粮农作物特殊遗传性状的商业贡献难以追踪

粮农植物遗传资源的"非原生境"保存、改良和商业化忽视了原产地和资源提供国的贡献。粮农植物遗传资源的自然分布并不均衡，发展中国家拥有最为丰富和多样的粮农植物资源，而较为发达的"北方国家"分布较少。但伴随工业化国家的殖民运动以及科技的发展，这些粮农植物遗传资源开始从南向北逐渐转移。早在19世纪，工业化国家就纷纷建立起"非原生境"的粮农植物和种子的收集与保存工作。美国的种植园经济也让其意识到粮农植物对国家经济的重要性，美国联邦政府自1836年就开始资助境外收集植物遗传资源的项目，全球各地的国际农研中心也为"北方国家"源源不断地输送了大量粮农植物遗传资源。生物工程以及遗传科学的发展也促使私营部门投入大量资金将这些"非原生境"的植物资源进行大规模商业化利用，除了培育植物新品种，生物专利也层出不穷。一方面，"北方国家"无偿地获取大量发展中国家的植物资源；另一方面，植物育种者可以根据知识产权授予的专有权获得对开发植物新品种的报偿，但是农民在长时间选育、培育和保存植物遗传资源中的贡献却没有体现在商业化过程中。

此外，植物育种是一个非常特殊的跨时间、跨地域的全球合作过程。为了在育种过程中把广泛的植物遗传资源整合到一个成功的产品中，育种家通常需要源于20~30个国家的大约60种不同地方的品种，再加上农民经过很多代的保存和选种。这意味着植物中一些具有特殊性能的原始亲本很难追踪，也难以计算任何一个遗传特性在植物新品种商业化过程中的贡献程度。

正是基于上述两个原因,粮农植物遗传资源的保护和利用会遭遇两个问题。一是获取粮农植物遗传资源非常困难。国家可能出于担心粮食安全、防止生物剽窃等一系列原因,限制他人获取本国所辖的粮农植物遗传资源,从而增加粮农作物改良的交易成本。二是粮农植物遗传资源商业化后收益分配不公平。例如,杂交水稻需要获取全世界野生水稻,以寻找耐寒、抗旱、抗病虫等遗传性状。在这个过程中,农民为保存作物多样性作出了贡献,企业为研发投入了大量的资源。企业最终可获得水稻植物新品种的专有权,并出售种子获益,但是此种收益并未反馈给作物原产地的农民。

(二)《粮农条约》"多边惠益分享系统"的法制化进程

国际社会一直试图通过国际法来解决上述获取和利益分配的两大难题。在早期,人们普遍认为植物资源属于全人类所有。1983年粮农组织大会通过的《植物遗传资源国际约定》,就将农业植物遗传资源归于"人类共同的遗产"。该约定无法律约束力,旨在"确保为植物育种和科研的目的而考察、保存、评价以及获取具有经济和社会利益的植物遗传资源"。《植物遗传资源国际约定》认为植物遗传资源是"人类的遗产,因此应该无限制地取得"❶。在该约定下,农业植物遗传资源的获取是免费和无偿的,因此该约定招致发展中国家的极力反对。

此外,《植物遗传资源国际约定》的"人类共有遗产"模式与逐渐发展起来的知识产权制度时有冲突,特别是与育种者权利的冲突。美国早在1930年就颁布了《植物专利法》,给予果蔬花卉等植物新品种的育种者专利保护。而在欧洲,《保护植物新品种国际公约》(UPOV)也日臻成熟并被推广到很多国家。为此,1989年粮农组织通过了《〈植物遗传资源国际约定〉商定解释》。该解释承认UPOV中植物育种者的权利与《植物遗传资源国际约定》

---

❶ 张小勇.《粮食和农业植物遗传资源国际条约》与知识产权[G]//国家知识产权局条法司.专利法研究2008.北京:知识产权出版社,2009:65-89.

并不矛盾,植物育种者可以通过知识产权保护其成果不被侵害。

随后,人们也意识到在粮农产业中利益分配不平等的问题,知识产权权利人挤压了农民保种育种的权利空间。因为生物工程和基金技术的发展,改良后的种子或者作物的性状无法遗传下去,农民无法像先祖那样存种留种,不得不反复购买改良后的种子或作物。而全球作物的改良,需要不断到原产地去寻找新的性状以改善目前的作物的问题。因此,原产地和多样性中心的农民在保存、提供和改良植物遗传资源方面作出了巨大的贡献,但在商业化过程中,这些农民的权利和收益却得不到体现。这些问题成为后续《粮农条约》中"农民权利"的基础。

1992年,内罗毕会议上通过的《生物多样性公约》开创了"惠益分享"模式,但其中的排除条款限制了相关粮农植物遗传资源的"惠益分享"。《生物多样性公约》规定:"缔约国提供的遗传资源仅限于这种资源的原产国的缔约国或按照本公约取得该资源的缔约国所提供的遗传资源。"该条款排除了《生物多样性公约》生效前收集的"非原生境"植物遗传资源,因此,这些"非原生境"植物遗传资源无法按照《生物多样性公约》的条件获取。例如,国际农业研究中心的基因库收集了许多国家的植物遗传资源,但由于处于《生物多样性公约》之外,其他国家对国际农业研究中心基因库中的粮农植物遗传资源的商业性利用,提供国无法享受到相应的收益。

《粮农条约》意在解决"非原生境"粮农遗传资源以及农民权利的问题。《粮农条约》的谈判异常艰难,困难主要来自平衡遗传资源的获取与商业化利益,尤其是考虑到知识产权的问题。《粮农条约》的缔结和运行的逻辑,如同第一届粮农缔约方会议上提出的那样:"我们日益相互依存,对这种相互依存进行管理则需要合作,因为只要我们选择合作,我们就应该确保所有合作各方均受益。"❶ 因此

---

❶ 粮食和农业植物遗传资源国际条约管理机构第一届会议报告:IT/GB-1/06/Report;附录B.3[EB/OL].[2020-02-19]. http://www.fao.org/bezloc/bezloc.pdf.

《粮农条约》并未采取类似于《生物多样性公约》的双边惠益分享机制，而是在多边基础上谈判并商定便利获取和惠益分享的条件，促使遗传资源提供者和使用者之间建立较为公平合理的交易条件。

（三）《粮农条约》"多边惠益分享系统"的法律构造

《粮农条约》的"多边惠益分享系统"由"多边系统"（mutilateral system，MLS）和"惠益分享基金"（benefit - sharing fund）两部分构成。前者可以理解为涵盖全球粮农作物基因池（gene bank）的管理系统，而后者可以理解为"惠益分享"的财政机制。"多边系统"纳入了64种最为重要的农作物和饲草的遗传资源，涵盖缔约方、私营部门、原住民、相关国际机构所持有或管理的粮农作物样本。这些遗传资源储存在全球各国的农业植物遗传中心和国际组织之中，因此，《粮农条约》项下的遗传资源基因池实际上是链接这些基因库的虚拟全球网络。"多边系统"除了管理遗传资源基因池之外，还负责技术转移以及争端解决。"惠益分享基金"则负责接受粮农植物遗传资源使用者的强制性付款或自愿性付款，以及各方捐助，并用于资助发展中国家能力建设，保护农民权利。

和《生物多样性公约》双边性的惠益分享体系相比，《粮农条约》可以避免谈判中一方利用自身优势的不公平交易行为，减少寻找交易机会和反复谈判的成本。例如，《粮农条约》管理机构第二届会议上，印度代表举例阐述了《粮农条约》"多边惠益分享系统"的优越性：一个每公顷能够生产10吨产量的小麦新品种的谱系，它结合了广泛来源的基因，由多个小麦品种杂交而成。该项成果只有在"多边系统"中才能实现，避免了传统双边系统中等待审批等行政程序的限制。❶

---

❶ 粮食和农业植物遗传资源国际条约管理机构第二届会议报告：IT/GB - 2/07/报告：附录B13 [EB/OL]. [2020 - 02 - 10]. http：//www.fao.org/3/be160c/be160c.pdf.

二、《粮农条约》"多边惠益分享系统"中的技术转移

技术转移是《粮农条约》"多边惠益分享系统"运行顺畅的关键。《粮农条约》第12条和第13条分别强调了技术转移在便利获取和惠益分享中的重要性,并特别提及知识产权在技术转移中的作用。第一届《粮农条约》的缔约方会议通过了《标准材料转让协定》,用以明确遗传资源及相关技术的提供方和接受方之间的权利和义务。后续《粮农条约》的缔约方会议上,确定《供资战略》资金拨款优先性上,"信息交流、技术转移和能力建设"始终排在前列。❶《粮农条约》"多边惠益分享体系"技术转移机制如图1所示。

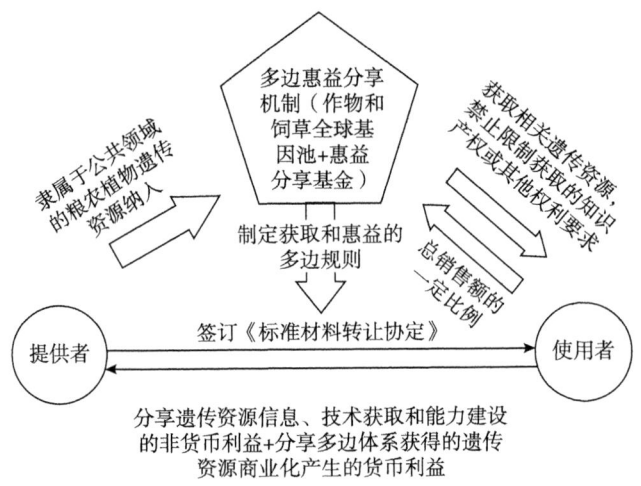

图1 《粮农条约》"多边惠益分享系统"技术转移机制

---

❶ 粮食和农业植物遗传资源国际条约管理机构第二届会议报告:IT/GB-2/07/报告:附录 B13 [EB/OL]. [2020-02-10]. http://www.fao.org/3/be160c/be160c.pdf.

（一）技术转移的类型与方式

《粮农条约》中规定的技术以及技术转移的范围非常特殊。《粮农条约》第13.2（b）条将"技术"限定为"粮食和农业植物遗传资源保存、特性鉴定、评价及利用的技术"。在《粮农条约》中，技术转移的范围非常狭窄，有学者将其概括为以下两种类型。

一是"多边系统"中"种质技术"的转让。简单来讲，"种质技术"就是各种包含遗传性状的遗传材料。此处遗传材料是指任何植物源材料，包括含有遗传功能单位的有性和无性繁殖材料。❶ 遗传材料既包括种子、根茎等，也包括组织、细胞、DNA序列等。《粮农条约》对于纳入"多边系统"的遗传材料通常用"样品"进行统称。《粮农条约》第13.2（b）条特别提及"鉴于某些技术只能通过遗传材料予以转让"的情况。换句话说，由于遗传材料包含许多特殊的遗传性状（如抗病虫害、耐寒耐旱），因此遗传材料、改良品种本身的转让，就代表着其中有关特殊遗传性状的技术得以转移和习得。《粮农条约》在附件一规定了"多边系统"包括的作物清单，64类粮食作物和饲草的遗传材料可以在"多边系统"中获得。"多边系统"还接受个人、企业、国家或国际组织捐赠的遗传材料。例如，美国在2017年加入《粮农条约》时，将15000个品种的50万份粮农遗传资源样品纳入"多边系统"之中。❷ 因此，处于公共领域中的高产品种、杂交育种、预育材料等"种质技术"，通常可以通过"多边系统"获得。

二是"非多边系统"中的技术转让。此处的"技术"是指在

---

❶ 《粮农条约》第2条。

❷ FAO. United States adds 500000 samples of plant genetic material into Multilateral System [EB/OL]. (2017-11-03) [2020-02-10]. http://www.fao.org/plant-treaty/news/news-detail/en/c/1054770/.

粮农植物遗传材料保存、培育、改良和管理过程中使用的技术，既包括微观上的分子标记、体外繁殖技术，也包括遥感技术、卫星传输技术等。❶ 这些技术通常以知识产权的形式存在。由于《粮农条约》"多边系统"一般不纳入这些技术，这些技术通常通过其他方式（如科研合作、外商投资等）进行转移。为了促进这些"非多边系统"的技术转移，《粮农条约》第 13.2（b）（i）条规定："应尊重适用的产权和关于获取的法律，依国家能力提供这些技术、改良品种及遗传材料，并为其获取提供便利。"换言之，对于"多边系统"之外的技术，如果该技术属于私人所有，则需要遵守知识产权法等相关规定，同时遵守国家对于种子的特别法。此外，缔约方还需要按照"公平和最有利"的条件向发展中国家进行转让，包括"相互商定的优惠和差别条件"。

《粮农条约》中的"技术转移"不仅包括"多边系统"中的技术转移，还包括广泛意义上的"技术援助"，如图 2 所示。《粮农条约》第 8 条规定，缔约方可以通过双边协定的形式，也可以通过相关的国际组织，为发展中国家或经济转型国家缔约方提供技术援助。《粮农条约》第 13 条进一步列举了这种"多边系统"外的技术转移形式，包括建立研发伙伴关系、获取农业植物遗传资源以及进行商业联营等。《〈粮食和农业植物遗传资源条约〉在尼泊尔履行：成就与挑战》一书中对于典型的粮农遗传资源技术转移的范围和方式进行了统计，如表 1 所示。

---

❶ GAUCHAN D, PANT K P, JOSH B K. Chapter Ⅶ：Technology transfer：Non-monetary benefit-sharingin support of conservation and sustainable use of PGRs［M/OL］// JOSHI B K, CHAUDHARY P, UPADHYA D, et al. Implementing the International Treaty on Plant Genetic Resources for Food and Agriculture in Nepal：achievements and challenges. Pokhara：Local Initiatives for Biodiversity, Research and Development, 2016：108-123.［2020-02-10］. https：//core. ac. uk/download/pdf/132687547. pdf.

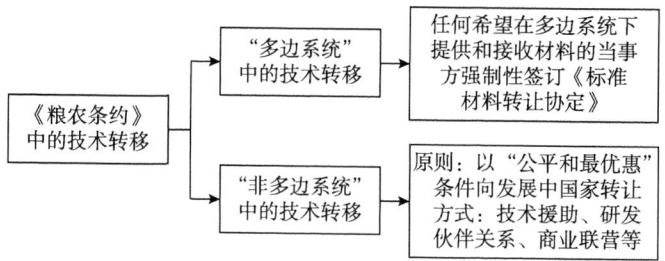

图 2 《粮农条约》中技术转移的类型

表 1 《粮农条约》中典型的技术转移模式

技术	提供方	接受方	方式
抗洪水稻	国际水稻研究中心	种子公司	《粮农条约》项下的《标准材料转让协定》
分子标记技术	美国	公共研究机构	外商投资
改良马铃薯	国际马铃薯中心	农业推广机构	免费
体外繁殖技术	瑞士发展合作署	农民合作社、种子公司等私人团体	尼泊尔与瑞士签订了技术援助的双边谅解协定

资料来源：JOSHI B K, CHAUDHARY P, UPADHYA D, et al. Implementing the International Treaty on Plant Genetic Resources for Food and Agriculture in Nepal：Achievements and Challenges [M/OL]. Pokhara：Local Initiatives for Biodiversity, Research and Development, 2016：115. [2020 – 02 – 10]. https：//core. ac. uk/download/pdf/132687547. pdf.

（二）"多边系统"中技术转移的内容

对于任何希望在《粮农条约》"多边系统"下进行技术转移的当事方，都需要遵守 2006 年《粮农条约》管理机构第一届会议通过的《标准材料转让协定》。《标准材料转让协定》是根据《粮农条约》第 12.4 条的授权制定的，用以规范"多边系统"中遗传材料和遗传材料信息的获取和惠益分享。《标准材料转让协定》本质上是一份私人协议，规定了遗传资源提供方和接受方的权利和义务。同时，《标准材料转让协定》也是一项具有强制性的协议。这意味着对于任何希望在"多边系统"下提供和接收材料的当事方，无须再逐个谈判合同条件，而是直接采用《标准材料转让协定》中的合同条款，遵守《标准材料转让协定》为提供方和接受方所设定的条件。《粮农条约》的缔约方也需要采取和《标准材料转让协定》"一致的法律和措施"❶。

"多边系统"项下的技术转移卓有成效。截至2020年2月12日，5681064种"种质技术"通过"多边系统"进行交换，其中95%是《粮农条约》附件一所列的粮农作物清单中的"种质技术"，5%非附件一所列的作物；为转移这些"种质技术"，总计签订了78474份标准材料转让协定，其中和《粮农条约》非缔约方签订了12444份标准材料转让协定。❷ 这意味着，非缔约方也可以通过《粮农条约》"多边系统"获取粮农植物遗传材料。

1.《标准材料转让协定》的适用对象

《标准材料转让协定》本质上是一个"多边系统"中提供方和接受方之间的私人协议。一般而言，《标准材料转让协定》适用对象一般有三类。

第一类是直接获取方。任何个人、企业、组织或国家只要从《粮农条约》"多边系统"中获取遗传材料，都需要和遗传材料提供方签订标准材料转让协定，并且通报《粮农条约》的管理机构。

第二类是后续受让方。当直接获取者将从"多边系统"获得遗传材料或根据获得的遗传材料培育产品并产生相关知识产权时，转让遗传材料或相关知识产权时，需要和受让方签订标准材料转

---

❶《标准材料转让协定》(2006年) 第4.2条。

❷ The International Treaty on Plant Genetic Resources For Food and Agriculture Germplasm Flow [EB/OL].（2020 - 02 - 12）[2020 - 02 - 12]. https：//mls.plant-treaty.org/itt/index.php? r=stats/pubStats.

让协定。❶ 任何后续转让行为,都需要适用标准材料转让协定的条件。❷

第三类是国际农研中心等机构中获取"非原生境"收集品的接受方。《粮农条约》中国际农业研究磋商小组所属的各国际农业研究中心受托持有众多的粮食和农业植物遗传资源"非原生境"收集品。任何人从国际农业研究中心获取《粮农条约》附件一清单中的遗传材料,都需要按照《标准材料转让协定》的条件进行。❸ 而对于非附件一清单中的遗传材料,或者在《粮农条约》生效前国际农业研究中心收集的遗传材料,《粮农条约》管理机构第二届会议达成的意见是:各国际农业研究中心一致倾向于只要一个文书,即《标准材料转让协定》,来管理它们持有的附件一的材料和附件一中未包括的材料的转移。这将简化种质分配程序,从而减少费用。❹ 举例而言,如果尼泊尔需要通过国际水稻研究中心获取其保存的中国杂交水稻的遗传材料,由于该遗传材料属于《粮农条约》附件一清单中的遗传材料,尼迫尔需要和国际水稻研究中心签订标准材料转让协定。此外,还有一些区域性或地方性的粮农种子保管机构,如国际椰子遗传资源区域收集品网络、热带农业研究和高级学习中心,设在维也纳的粮农组织/国际原子能机构联合司所持有的"变异种质库"也依《粮农条约》签订相关协议,按照《标准材料转让协定》条件获取相关遗传资源。

为促进"多边系统"中技术转让的实施,2011年《粮农条约》管理机构开发了一项在线生成、报告和管理标准材料转让协定履

---

❶ 《标准材料转让协定》(2006年) 第6.10条。
❷ 《粮农条约》第12.4条。
❸ 《粮农条约》第15.1条。
❹ 参见:FAO.:审议各国际农业中心将要利用的条约附件中未包括的粮食和农业植物遗传资源材料转让协定:IT/GB-2/07/13 Rev.1 [EB/OL]. 2007;第6段. [2020-02-12]. http://www.fao.org/plant-treaty/meetings/meetings-detail/en/c/397194/.

约状况的信息系统"Easy SMTA"。上述三类适用对象都需要通过该系统签订标准材料转让协定,并报告后续的惠益分享情况。

2. 提供方的权利和义务

任何个人、企业、组织或国家都可以成为《粮农条约》"多边系统"遗传材料的提供方。《标准材料转让协定》要求提供方遵守下列义务,并享受相关权利。❶

其一,迅速免费提供义务。提供者应该迅速提供遗传材料及其信息的获取机会,使得他人免于跟踪每一份收集品;并且应该免费提供,如需要收取费用,不得超过最低成本。

其二,提供全部现有基本信息的义务。在提供粮农遗传资源时,应该同时提供全部基本资料,以及现有的任何其他相关的非机密性的说明信息。

其三,遵守产权保护相关法律的义务。如果遗传资源受到知识产权或其他产权的保护,提供时需符合相关国际协定和有关国家法律。

其四,定期披露义务。提供方应定期向《粮农条约》管理机构通报签订标准材料转让协定的情况。

其五,培育期间选择是否提供的权利。对于正在培育期间的粮农植物遗传资源,包括农民正在培育的材料,在培育期间可由培育者自行决定是否提供。"培育期间"是指尚未将遗传材料商业化,尚未将其开发产品或申请知识产权。

其六,免于保证的权利。提供方对材料的安全性或名称不提供任何保证,对随材料提供的任何基本数据或其他数据的准确性或正确性也不提供任何保证。提供方也不对所提供材料的质量、活力或纯度(遗传或机械纯度)作出任何保证。材料的植物检疫状况只能按照所附的任何植物检疫证书所述予以保证。在输入或输出遗传材料方面,接受方应承担所有责任,应遵守接受方国家

---

❶ 《标准材料转让协定》(2006 年)第 5 条、第 9.1 条。

检疫和生物安全法规和规则。

3. 接受方的权利和义务

《粮农条约》允许非缔约方成为遗传材料的接受方。《标准材料转让协定》规定了《粮农条约》的"多边系统"中遗传材料的接受者、后续受让者,以及从国际农业研究中心获取遗传材料的各方,应遵守接受方的义务。

其一,需以研究、育种和培训为目的。从"多边系统"中获取的遗传材料,其使用或保存仅以粮食和农业的研究、育种和培训为目的,不能用于化学、药物或其他非食品/饲料工业用途。这意味着,从"多边系统"中获取的遗传材料只能用于培育和改进种子等遗传资料,如果将其研制药物,则不符合《粮农条约》的宗旨。

其二,排除限制他人便利获取的知识产权或其他权利要求义务。接受者从"多边系统"获得遗传材料,或以从"多边系统"收到的形态呈现的其遗传部分或组成部分后,不得提出限制方便获取的任何知识产权或其他权利要求。

其三,惠益分享义务。此处的"惠益分享"既包括分享商业化利益,也包括分享非商业性利益。《粮农条约》规定,对于将从"多边系统"中获取的遗传材料进行商业化的情况,接受方或其后续受让方需要接受强制性付款或自愿性付款的义务。接受方使用"多边系统"中的遗传材料进行产品商业化的,如果该产品不能无限提供给他人进一步研究和育种,接受方需要向《粮农条约》管理机构支付商业化产品销售额一定比例的强制性付款;如果可以无限制地提供给他人进一步研究和育种,则鼓励接受方向管理机构进行自愿性付款。凡获得从"多边系统"得到的材料或其组成部分培育的任何产品的知识产权,并将这种知识产权给予第三方的,接受方应向该第三方转让该协定的利益分享义务。非商业性的利益包括向"多边系统"提供研发的所有非保密信息、相关产品超过或放弃知识产权后将样品存入"多边系统"中便于研究和育种等。

其四,对于后续接受方的义务。接受方向另一人或另一实体转让按照该协定提供的材料,需要按照该协定的条款和条件进行,并将上述情况报告给管理机构。除此之外没有任何进一步的义务。

4. "多边系统"中技术转移与知识产权的关系

《粮农条约》中的技术转移非常特殊。由于《粮农条约》将遗传材料本身视为技术的载体,因此"多边系统"中遗传材料的转移就被视为技术转移的主要方式。同时,这种技术转移需要满足"便利获取"和"惠益分享"两大要求。"多边系统"中技术转移和知识产权的交叉点在于遗传资源的保护方式。若对遗传资源提出知识产权要求,同样需要遵守"便利获取"和"惠益分享"两大要求。

进入"多边系统"的遗传材料,多处于公共领域。这意味着这些遗传材料不受知识产权保护,或者知识产权保护已经过期。2017 年美国向《粮农条约》捐赠的 50 万份遗传材料均处于公共领域。❶

对于获取"多边系统"中的遗传材料,任何知识产权要求或其他权利要求都不得"限制便利获取"。在《粮农条约》"多边惠益分享"的模式中,获取粮农植物遗传资源需要通过"多边系统"中的《标准材料转让协定》进行,但"获取者不得以从'多边系统'获得的粮农植物遗传资源的形态,提出限制便利获取的任何知识产权和其他权利要求"。此处知识产权一般是指专利权和植物育种者权,本质上属于专有权。一般而言,未经权利人许可,他人不得使用、生产、制造受知识产权保护的产品或植物新品种。如果获取者对"多边系统"中的遗传材料提出知识产权要求,势

---

❶ FAO. United States adds 500000 samples of plant genetic material into Multilateral System [EB/OL]. (2017 - 11 - 03) [2020 - 02 - 10]. http://www.fao.org/plant-treaty/news/news-detail/en/c/1054770/.

必影响后来者继续使用"多边系统"中的遗传材料;一旦使用,则可能因为侵犯知识产权被要求赔偿。因此,为了避免"多边系统"陷入无法运转的境地,《粮农条约》禁止接受方这种"限制方便获取"的知识产权要求。❶ 当然,如果接受方提出的知识产权要求并不限制他方获取,则是允许的。例如 UPOV 本身蕴含着"育种者豁免"条款,并不禁止后来者进行农业研究和育种。再如专利法中的"当然许可"制度,或者允许他人善意使用,仅保留对恶意使用的诉权的方式,均不限制他人"方便获取"《粮农条约》项下的遗传材料。简言之,《粮农条约》允许接受方对于遗传材料及其部分获得知识产权,但不允许这种知识产权的行使阻碍后来者"便利获取"。

在"惠益分享"方面,知识产权权利人或受让人需视情况进行强制性付款或自愿性付款。若对遗传材料知识产权要求限制了他人进一步研究和育种,则知识产权权利人及其后续受让者需要向《粮农条约》支付商业化产品销售额的一定百分比,一般为产品销售额的 1.1%,有效期为 10 年。❷ 若对遗传材料的知识产权要求并不限制他人的研究和育种,例如申请了植物新品种权但根据 UPOV 对他人进一步研究和育种进行豁免,则《粮农条约》鼓励接受方进行自愿性付款。

三、《粮农条约》"多边惠益分享系统"中技术转移的障碍

(一)"非多边系统"技术转移困难

如前所述,《粮农条约》中的技术转移,既包括"多边系统"中的技术转移,也包括"多边系统"以外的技术转移。对于"多边系统"中的技术转移,《粮农条约》管理机构制定了具有强制性

---

❶ 张小勇.《粮食和农业植物遗传资源国际条约》与知识产权[G]//国家知识产权局条法司. 专利法研究 2008. 北京:知识产权出版社,2009:65-89.

❷ 《标准材料转让协定》(2004 年)第 6.7 条和第 6.11 条。

的《标准材料转让协定》,用以规范技术转移双方的权利和义务。但"非多边系统"中的技术转移,除了《粮农条约》中笼统的"公平最优惠"条件,鼓励缔约方采取"必要措施"进行"信息共享、技术转让和能力建设"之外,并无相应的规范和指南。而恰恰是这种"非多边系统"中的技术转移,才能真正帮助发展中国家。

"非多边系统"技术转移方面面临的问题,仍然是专利权利大规模集中于少数富有国家的跨国公司手中,而这些权利人技术转移意愿欠缺。德国巴斯夫公司、美国孟山都公司、德国拜耳公司、美国杜邦公司以及其他生物技术公司(被称为"基因巨头")在全世界专利部门登记注册了532个"气候适应型"基因(55个专利族)。"基因巨头"们以迅雷不及掩耳之势获取适应环境变化的基因专利,不仅针对单个工程植物种,还针对所有工程粮食作物的大量相似基因序列。当前适应环境变化的基因被少数公司垄断,这些公司同时也是种子和化工业巨头。可以想象,农民为寻求更高效优质的种子不得不购买其产品的时候,这种专利集中的情况会促使成本上升,抑制独立研究,损害农民保存和交换种子的权利。❶

再以"遗传序列信息"为例,《粮农条约》的机制并不支持发展中国家获取这些信息。随着生物技术和基因工程的进展,人们可以远程进行 DNA 序列信息的合成。在 2013 年 H5N9 的禽流感爆发时,美国科学家就通过生物打印技术研制出疫苗。假设发展中国家能够获得"遗传序列信息",那么通过生物打印技术,发展中国家可以加快研发进程。但在《粮农条约》现有的体系中,遗传资源提供方和接受方需要对方提供现有的全部基本资料及非机

---

❶ SHASHIKANT S. Intellectual Property Rights and Technology Transfer Issues in the Context of Climate Change:Background Paper World Economic and Social Survey 2009 [EB/OL]. [2020-03-19]. http://www.un.org/en/development/desa/policy/wess/wess_bg_papers/bp_wess 2009_shashikant.pdf.

密性的说明信息,而非向"多边系统"提供,更遑论发展中国家了。因此,2016 年日本农林渔业大臣提出,在《粮农条约》项下,建立和"多边系统""惠益分享基金"并列的第三个机制即"全球信息系统",促进技术信息和他方的分享。

(二)"多边系统"技术转移中的"拒绝获取"问题

现代农业的单一化和工业化种植,农民需要求助《粮农条约》"多边系统"中"非原生境"收集品,以发展具有可持续性的有机种植。传统农业需要依赖种子在残酷的自然环境中进行遗传性状的进化,而现代生物技术正在以单细胞繁殖(三倍体、五倍体的种子无法产生后代)逐渐取代无止境的单个植物繁殖(杂交)。这种所有种内作物多样性丧失之后生产的植物日益不能适应变化,而本地品种通过田间每个生长周期的更新提供多样性潜力。现代农业的单一性使得本地品种几乎从田间地头消失。有机种植的农民需要求助于《粮农条约》中"非原生境"收集品。

但是相关提供者违反《粮农条约》规定的"便利获取"原则的情况也普遍存在。农民对许多"非原生境"收集品的获取受阻,或者获取的遗传材料除了参考编号外没有任何品种说明,或者提供者以需要市场化生产为借口拒绝为农民的保种育种提供"非原生境"种子。❶

(三)规避"惠益分享"中的付款义务

对于利用"多边系统"遗传材料获得的知识产权,适用《标准材料转让协定》中何种付款方式一直存在争议。对于商业化后的货币利益共享,《标准材料转让协定》规定了三种不同的情形,并对应不同的付款比率。根据《标准材料转让协定》,接受方只有在利用"多边系统"遗传材料实现商业化时才需要根据"商业化

---

❶ 粮食和农业植物遗传资源国际条约管理机构第二届会议开幕仪式国际农民组织 Guy Kastler 先生的讲辞[EB/OL]. (2007 - 10 - 29)[2020 - 02 - 12]. http://www.fao.org/3/a - be160c.pdf.

产品销售额"进行强制性付款或自愿性付款。而《标准材料转让协定》第6.11条中预定付款是指从"多边系统"中获取遗传材料的用户的预付款。当用户成为预定方之后,用户有权从《粮农条约》附件一的所有作物遗传资源中进行选择,且其产品销售或转让,无论是否属于"正在培育的粮农植物遗传资源",以及是否"无限制提供",都需要交纳产品销售额的0.5%。《粮农条约》中"多边系统"的付款义务如表2所示。

表2 《粮农条约》中"多边系统"项下的付款义务

条款	性质	触发条件	付款比率
6.7	强制性付款	利用"多边系统"遗传材料＋"商业化"＋产品"不能无限制提供"给他人研究和育种	商业化产品销售额的1.1%
6.8	自愿性付款	利用"多边系统"遗传材料＋"商业化"＋"可无限制提供"给他人研究和育种	双方可自由约定所占商业化产品销售额的比例
6.11	预定付款	成为预定方	商业化产品销售额的0.5%

第一个问题是利用"多边系统"遗传材料获得的知识产权是否属于"商业化"。《标准材料转让协定》对"商业化"进行了定义,系指出于金钱考虑而在公开市场上出售产品,且不包括正在培育的粮农植物遗传资源任何形式的转让。同时《标准材料转让协定》第6.10条规定:"凡获得从多边系统得到的材料或其组成部分培育的任何产品的知识产权并将这种知识产权给予第三方的接受方,应向该第三方转让本协定的利益分享义务。"结合《标准材料转让协定》第6.10条的规定,知识产权的转移同样产生利益分享义务,这种利益分享义务应该理解为包括该协定第6.7条(强制性付款)、第6.8条(自愿性付款)以及第6.11条(预定付款)规定的义务。因此,可以将利用"多边系统"遗传材料获得

的知识产权理解为"商业化"定义中的"产品"。在这种解释下,无论是转移知识产权还是生产知识产权产品,都可以理解为已实现"商业化"。例如,某人利用"多边系统"遗传材料研发出改良的品种,并获得了植物新品种的专有权,无论是转让该植物新品种给他人还是生产该植物新品种的种子等,都可以算作"商业化"。

第二个问题是所获得的知识产权能否"无限制获取"。《标准材料转让协定》并未定义"无限制获取"。根据通常含义理解,"无限制"包括无须经过他人同意,也包括无须支付费用。如果是根据 UPVO 获得的"植物新品种"的专有权,由于其本身含有"育种者豁免",也就意味着后来人无须经权利人许可,也无须支付费用,即可利用其进一步研究和育种,在这种情况下可以适用《标准材料转让协定》第 6.8 条的自愿性付款。如果是对利用"多边系统"遗传材料提取或分离某个基因或者 DNA 片段获得的专利,根据《与贸易有关的知识产权协定》(TRIPS),专利权利人可以排除他人使用、生产、销售含有专利的产品。如果所获知识产权属于专利,如要"无限制提供",则需要附加一些专利允诺,如无须权利人同意加上免收许可费,才能适用《标准材料转让协定》第 6.8 条的自愿性付款,否则需要适用《标准材料转让协定》第 6.7 条的强制性付款。

但现实通常并不如计划的顺利,"惠益分享基金"无法接收到可持续和可预测的资金,接受方会尽可能避免适用《标准材料转让协定》第 6.7 条的强制性付款,而适用《标准材料转让协定》第 6.8 条的自愿性付款。理由多种多样,包括:植物育种商业化时间长,一般为 5.5~19.3 年;从"多边系统"可以获得的资源不足,涵盖的作物有限,尤其是不包括一些经济价值极高的植物,例如蔬菜;种子公司选择回避"多边系统"的资源,其可以从私人育种者和非缔约方等来源获得与"多边系统"中的资源完全相同或相似的资源。

四、《粮农条约》"多边惠益分享系统"的完善

(一)阐明"非多边系统"技术转移标准

《粮农条约》只在"多边系统"中的遗传材料获取上限制知识产权要求,但是对"多边系统"以外的农业植物技术的获取并未特别关注。在实践中,发展中国家获取技术通常依赖于联合研发或者技术援助。《粮农条约》及其实施过程中,均没有对何为"公平最优惠"的技术转移标准进行阐明。

通常从字面上解释,"公平最优惠"包括但不限于下列 4 项考虑因素:支付能力、公平分享、不造成损害以及边际价值。❶ 第一,支付能力意味着一般收入高者可以负担较高的付款,收入较低者能负担的水平有限。对于发展中国家而言,其外汇水平有限,技术交易价格将限制其获取相关技术。第二,公平分享意味着合理地计算各方的贡献并进行合理的利益分配。在粮农技术转移中,农民对保存种质资源的贡献应当合理计算,可以由各国政府以及粮农管理机构代表农民进行谈判,确定合理的费率。第三,不造成损害意味着自身行为不损害其他人或第三方利益。对于粮农技术转移来说,就是不进行生物盗窃,不盗挖盗采粮农植株,对已经获取的亲本进行妥善保存。第四,边际价值关系到事物的效用,即在其他条件不变的情况下,投入某一要素所得的产出率。在技术转移中,同样一项技术对于发展中国家的边际价值,一般高于发达国家。

当然,对于"公平最优惠"的技术转移标准适用在技术转移哪个环节是有争议的,需要各国协商。发展中国家希望放在技术获取环节,包括通过减让价格和优惠转让许可条件获取相关技术。

---

❶ LESSER W. The Role of Intellectual Property Rights in Biotechnology Transfer under the Convention on Biological Diversity [M/OL]. Ithaca, N Y: ISAAA, 1997. [2019-12-19]. http://isaaa.org/kc/Publications/pdfs/isaaabriefs/Briefs%203.pdf.

而发达国家认为应该适用于能力建设部分,在商业条件下提供一定程度的人员培训服务、交易环境优化等,即可以视为"公平最优惠"的技术转移条件。这需要进行多边谈判,可以采取列清单的方式提供给当事方选择。

(二)强化粮农技术"多边惠益分享"中的"便利获取"机制

《粮农条约》规定了缔约方承担"便利获取"样本和信息的义务。但是粮农技术转移中"拒绝获取"种质样本,或者相关粮农植株遗传信息获取困难等现象时常发生,以至于《粮农条约》设立"多边惠益分享系统"的初衷无法顺利实现。

为解决这一问题,"便利获取"机制需要"长出牙齿",建立强有力的信息交换和监督履约机制。在信息交换方面,一要解决缔约方最为担心的事情即"生物剽窃"问题,即本国粮农资源在未进行惠益分享的情况下被他方利用,因此首先要建立防止"生物剽窃"的国际最低标准。二要完善"多边惠益分享系统"的信息强制报告,《粮农条约》可以根据缔约方"尽最大努力"提供信息的情况,限制该缔约方对粮农样本和技术的获取程度。在监督履约方面,目前《粮农条约》正加强履约机制的改革,但其履约程序依然是"非司法、无法律约束力"的,于个体农民而言助益甚少。在《粮农条约》管理机构第四届会议中,各缔约方达成了严格处理违约问题、发展监测、提供咨询帮助的共识,并建立了履约委员会来制定相关程序和措施。但是这些履约机制都只能依靠缔约方提起。《粮农条约》下一步可以考虑为普通个体建立申诉等渠道,通过"报告-质询"方式监督缔约方实现"便利获取"义务。

五、结束语

技术转移是《粮农条约》中"多边惠益分享机制"的核心内容,《粮农条约》的特殊的知识产权安排为技术转移创造了有利条件。知识产权制度赋予权利人的专有权会限制相关遗传资源的获取，并且其收益的权利也只归属于知识产权权利人。和其他多边环境协定在知识产权问题上回避和模糊的态度相比，《粮农条约》采取的路径是对知识产权作一定的限制，并将这种限制内化到"多边惠益分享机制"的规则之中。如何平衡粮农植物遗传资源提供者和使用者之间的利益，由《标准材料转让协定》进行规范，其要求从"多边系统"中获取遗传材料的接受方以及后续受让方的知识产权要求不得限制他人"便利获取"，并且提取一部分产品销售额返还到《粮农条约》的"惠益分享基金"中。但《粮农条约》中技术转移也存在许多问题：首先，重"多边系统"技术转让，轻"非多边系统"技术转移，缺少相应的规范和指南；其次，"多边系统"技术转让的履约情况会影响《粮农条约》技术转让的顺利进展，尤其是缺乏个体的申诉渠道；最后，由于付款机制存在极大的规避空间，以至于"惠益分享基金"缺少可持续的收入，对《粮农条约》"多边系统"产生威胁。

高校人工智能研发与创新的法律风险与应对

贾柠宁[*]

【摘　要】 人工智能技术的发展在便利人类生活同时，也在挑战社会原本的伦理框架与法律制度。高校是人工智能的创造主体之一。笔者在对高校人工智能创新的发展现状进行梳理后，发现其在人工智能创新中可能面临着伦理风险、信息风险、安全风险、责任风险与系统风险。因此，需要通过坚守类人探索的双重底线、强化数据信息处理流程的科学管理、建立防范算法风险的预警机制、明确高校创新中侵权责任的分配规则与完善人工智能创新成果转化的制度建构来应对其中的法律风险。

【关键词】 人工智能　高校创新　法律风险　应对

科技的发展无限拓展了人类智力的边界与想象空间，从智能语音识别到人脸识别，从智能家居到无人驾驶，从智能芯片的开发到模拟神经元网络的研究再到类人机器的探索，人工智能（artificial intelligence，AI）再也不是斯皮尔伯格影像中的未来。自1956年达特茅斯会议首次正式提出"人工智能"概念以来，其技术之发展已然经历了60余载，目前学界仍未对该概念形成统一的释义。史罗米特·扬斯基·拉维得（Shlomit Yanisky Ravid）等提出了人工智能的八大关键特征：①具有创造力；②不可预测；

---

[*] 作者简介：贾柠宁，河北大学法学院2020级博士研究生，研究方向为知识产权法和民商法。

③独立且自主；④理性；⑤不断发展；⑥具备数据收集和沟通能力；⑦高效、准确；⑧能在所有选择中进行自由选择。❶ 整体而言，与传统计算机程序相比，人工智能最根本的特点是对人智力的延伸，同时具备更多类似于人类的智能活动，是从原生"机器智能"到模拟"自然智能"的转变。

近年来，人工智能的创新在工业、医疗、教育、文化艺术等各个领域都有长足的发展，人工智能技术正以惊人的速度悄然飞入寻常百姓家。在突如其来的新型冠状病毒肺炎疫情中，人工智能技术在"智慧战疫"中的突出贡献有目共睹。习近平总书记在2018年中共中央政治局第九次集体学习时强调，人工智能是引领这一轮科技革命与产业变革的战略性技术，具有溢出带动性很强的"头雁"效应。❷《中共中央关于制定国民经济和社会发展第十四个五年规划和二〇三五年远景目标的建议》中将"坚持创新驱动发展，加快发展现代产业体系"作为"十四五"发展的主要目标之一。❸ 这其中很大程度是强调人工智能的重要发展战略。

人工智能的创新离不开高校的助力。高校作为人工智能发展的重要阵地，肩负着科技创新、人才培养和社会服务的多重使命，其中人工智能的创新研发与知识成果转化又是重中之重。2017年国务院发布《新一代人工智能发展规划》后，教育部于2018年发布《高等学校人工智能创新行动计划》。该行动计划指出，"高校

---

❶ RAVID S Y, LIU X Q. When Artificial Intelligence Systems Produce Inventions: The 3A Era and an Altermative Model for Patent Law [J]. Cardozo Law Review, 2018, 39: 2215 - 2263; 刘强. 人工智能知识产权法律问题研究 [M]. 北京：法律出版社，2020：1.

❷ 习近平主持中共中央政治局第九次集体学习并讲话 [EB/OL]. (2018 - 10 - 31). [2020 - 10 - 31]. http: //www.gov.cn/xinwen/2018 - 10/31/content_5336251.htm? cid=303.

❸ 中共中央关于制定国民经济和社会发展第十四个五年规划和二〇三五年远景目标的建议 [EB/OL]. (2020 - 11 - 03) [2020 - 11 - 03]. http: //www.gov.cn/zhengce/2020 - 11/03/content_5556991.htm.

处于科技第一生产力、人才第一资源、创新第一动力的结合点"❶，因此，做好高校人工智能创新中的法治保障工作十分必要。目前，在高校人工智能创新工作的整体布局中，并未着力于高校人工智能创新中的法律风险分析，相关法治保障工作也并未启动。本文旨在分析高校人工智能创新领域所面临的特定法律风险，并针对这些风险提出相应的法律政策与制度建议，以期对高校人工智能创新的高质量发展有所助益。

一、高校人工智能创新发展的现状分析

目前，高校整体的创新工作风向标已逐渐从倡导"互联网+"模式转变为"人工智能+"模式。《高等学校人工智能创新行动计划》中提到探索"人工智能+X"的人才培养模式之理念。❷ 设置人工智能专业的高校数量已从 2019 年首次获批的 35 所增加到 2020 年的 340 余所（见图 1）。❸ 目前，在人工智能发展的进程中，高校的创新工作主要从以下方面开展。

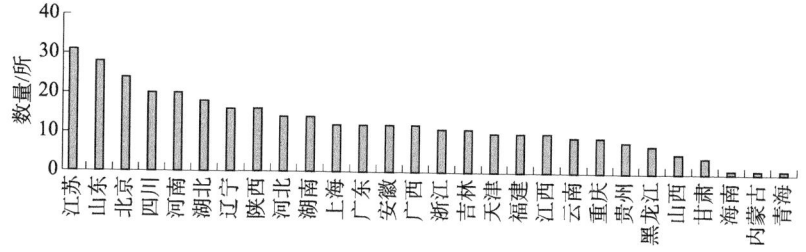

图 1　2020 年各省区市设置人工智能专业高校的数量

---

❶❷　教育部关于印发《高等学校人工智能创新行动计划》的通知［EB/OL］. (2018 - 04 - 03)［2020 - 10 - 31］. http://www.moe.gov.cn/srcsite/A16/s7062/201804/t20180410_332722.html.

❸　数据原始信息根据教育部各年度普通高等学校本科专业备案和审批结果的通知统计而得。

（一）加强人工智能基础理论的创新培育

人工智能基础理论的研究是未来人工智能技术发展的重要基石与关键驱动力，是了解与掌握人工智能技术的"元命题"。人工智能理论主要建立在数学、计算机基础理论、信息学、逻辑学、心理学与哲学等多学科基础之上。❶ 在《高等学校人工智能创新行动计划》重点任务中，首要的是对于加强新一代人工智能基础理论的研究要求。❷ 与科研院所对于专门问题的基础理论研究不同，高校在开展人工智能理论研究中注重各基础学科的人才培养与学科间的深度融合性创新，用以为人工智能未来的体系化变革发展提供理论支持。早在我国人工智能专业创设之前，自 2016 年起大批"数据科学与大数据专业"作为人工智能学科中的基础理论学科已在各主要高校进行设置。作为先头部队，截至 2020 年已有 612 所高校设置该专业。

2019 年，清华大学人工智能研究院还专门成立了基础理论研究中心，一方面是为了加强人类对于智能本质与机理的认识，另一方面旨在整合校内各学科之间的优势，推动人工智能在源头上的创新，为人工智能重大理论创新打下坚实基础。❸

（二）着力人工智能核心技术的攻坚研究

《高等学校人工智能创新行动计划》的另一重点任务便是人工智能核心技术的创新。近年来围绕中美贸易摩擦的中心问题便是知识产权，知识产权中的关键问题之一即是智能芯片技术的创新

---

❶ 党家玉. 人工智能的伦理与法律风险问题研究［J］. 信息安全研究，2017，3(12)：1080 - 1090.

❷ 教育部关于印发《高等学校人工智能创新行动计划》的通知［EB/OL］.（2018 - 04 - 03）［2020 - 10 - 31］. http：//www. moe. gov. cn/srcsite/A16/s7062/201804/t20180410_332722. html.

❸ 唐兆玲. 清华人工智能研究院成立基础理论研究中心向第三代 AI 算法发力［EB/OL］.（2019 - 05 - 08）［2019 - 05 - 08］. http：//nic. upc. edu. cn/2019/0508/c7404a205191/page. htm.

开发，而智能芯片技术又属于人工智能核心技术之一。

广义而言，能够运行人工智能算法的芯片都可以称为智能芯片，这类芯片是对于人工智能算法作出加速运行的芯片。近期，台积电断供华为手机芯片，又使国人目光聚焦于"中国芯"问题，智能芯片技术直接关乎国家智能化与信息化战略的发展。中国的科研院所与具备创新能力的各大高校需要针对智能芯片技术加快攻坚创新的步伐。目前，智能芯片技术的创新开发主要由两类主体分别进行：一是以企业研究院为代表的研究团队，包括华为海思、瑞芯微、百度、阿里巴巴、腾讯等企业组建的智能实验室，例如阿里巴巴开发的"含光800芯片"，其性能比位居第二名的英伟达最新T4芯片高出15倍；二是以高校、科研院所为代表的从事智能芯片基础创新与研究工作的教研单位，如清华大学、中国科学院大学、电子科技大学等，在积累了相当技术与基础理论后，这些教研单位正在积极地推进技术产业化发展，深鉴科技、寒武纪正是这一类的代表。❶

（三）拓展人工智能应用领域的开发利用

人工智能技术的创新最终需落实到应用。在"人工智能＋X"的行动中，支持高校在智能教育、智能制造、智能医疗、智能城市、智能农业、智能金融、智能司法和国防安全等领域开展技术转移和成果转化，加强应用示范，是人工智能领域应用创新的重要任务。❷ 目前，高校为了深度融合人工智能在各领域中的创新工作，将学校双创培优工作的部分重心转移到了人工智能方向的挖掘上。2019年，首届全国高校"人工智能＋"大学生创新创业创造大赛在北京举办。这不仅是落实《高等学校人工智能创新行动

---

❶ 贾柠宁，周燕，袁艳平. 高校人工智能创新保护的法律导向［J］. 国际公关，2020（4）：173－175，177.

❷ 教育部关于印发《高等学校人工智能创新行动计划》的通知［EB/OL］.（2018－04－03）［2020－10－31］. http：//www.moe.gov.cn/srcsite/A16/s7062/201804/t20180410_332722.html.

计划》的要求,更是落实《中共中央关于制定国民经济和社会发展第十四个五年规划和二〇三五年远景目标的建议》中"创新驱动发展,全面塑造发展新优势"与"加快发展现代产业体系,推动经济体系优化升级"的切实行动。❶

目前,人工智能的各项技术已主要应用于工业、医疗、教育、公共服务等多个领域,在使人们生活便捷的同时改变着大众的生活方式。由于人工智能技术在应用领域的发展仍处于初级阶段,因此在将技术融入应用的过程中也暴露出许多问题。例如,数据样本选取的大小与选取类型的偏差将会导致算法进行数据学习时出现偏见,进而造成应用障碍;又如,算法设计者自身的主观性与局限性会导致算法自设计之初便存在应用隐患。这些问题都有待高校与科研院所在开发中进一步完善,同时进行配套制度的保障。

(四)探索类人智能前沿技术的开拓试验

类人智能,又称类脑智能,是通过计算建模,对脑神经机制和认知行为机制进行研究,运用软硬件协同实现模拟人类大脑逻辑思维的智能系统。❷ 如果说一般的人工智能系统本身不需要经过太多的综合信息进行逻辑判断,只需按照事先设定好的简单程式,在单机或简单的局域网内运行,就可以完成某项工作,那么类人智能基本上都是需要依托互联网跨多平台终端与服务器共同运行才能完成某项工作的系统。这里的"智能"是指一种宽泛的思维能力,能够进行抽象思考、计划、解决问题、理解复杂概念、快速学习等操作。

现阶段,人工智能技术的发展主要处于"弱人工智能阶段",

---

❶ 中共中央关于制定国民经济和社会发展第十四个五年规划和二〇三五年远景目标的建议[EB/OL].(2020-11-03)[2020-11-03]. http://www.gov.cn/zhengce/2020-11/03/content_5556991.htm.

❷ 陶建华,陈云霁. 类脑计算芯片与类脑智能机器人发展现状与思考[J]. 中国科学院院刊,2016,31(7):803-811.

而类人智能的探索便是从"弱人工智能"走向"强人工智能"的过程。在《高等学校人工智能创新行动计划》重点任务中提到，要在类脑智能、自主智能、混合智能和群体智能等领域取得重大突破，形成新一代人工智能技术体系。❶ 自 2016 年谷歌公司研发的阿尔法狗（AlphaGo）成为首个战胜人类职业围棋手的人工智能机器人后，2017 年美国汉森公司生产的类人机器人索菲亚（Sophia）成为首个获得国家公民身份的机器人。类人智能的研究一方面是具有开拓性的，另一方面也在不断地挑战人类伦理与法律的最初框架。

二、高校人工智能创新中的法律风险

人工智能技术的跨越式发展在不断改变着人类的生活方式、社会的生产结构，起初的"人工智能工具论"也逐渐变成人们担心的"人工智能威胁论"，而人类建构的伦理与法律框架并未给人工智能的发展预留出足够的空间。上述因素导致了我们现在的讨论与担忧。杰伦·范·德·霍文（Jeroen van den Hoven）教授曾提出"负责任创新"（responsible innovation）这一概念，其倡导站在人类生存与发展的角度，严肃地对待创新中的一切问题，且尽量作出正确的价值判断。❷ 高校作为人工智能的创新主体，会首先面对人工智能研究与开发的潜在与未知风险，也是对于人工智能技术所产生的风险最先了解且能够最早作出预判的主体，因此高校对于人工智能的发展与风险管理具有重要的作用。高校在进行人工智能创新过程中，会遇到一定的法律风险。这些风险常常是人工智能产品进入社会应用领域的预演，或者可以称其为"元

---

❶ 教育部关于印发《高等学校人工智能创新行动计划》的通知 [EB/OL]. (2018 - 04 - 03) [2020 - 10 - 31]. http：//www.moe.gov.cn/srcsite/A16/s7062/201804/t20180410_332722.html.

❷ 晏萍. 负责任创新、价值设计与人工智能伦理：访范·德·霍文教授 [J]. 哲学动态，2020（9）：121 - 127.

风险"。其中，一些风险并不能全部利用"技术中立原则"进行抗辩与免责，因此需要认真分析与对待高校在人工智能创新中的风险问题。

(一) 高校人工智能创新中研究开发的伦理风险

在任何一项新技术发展过程中，解决伦理风险、达成伦理共识与建构伦理框架都是解决该技术法律风险的前提。人工智能技术的发展也不例外。伦理风险是高校在人工智能创新中首先面对的前提性风险。伦理共识的达成与伦理框架的建构将为人工智能问题的立法提供价值导向。尤其是在高校创新阶段，由于该阶段是各项人工智能技术发展的初创阶段，伦理风险与法律风险并不能划分出明显界限，两者存在相互伴生性。

目前，高校作为人工智能的创新主体，负责人工智能各类各项产品的研发。高校在人工智能创新研发中的每一个价值考量，都首先需要思考其中的智能伦理。一旦某项创新存在一定的伦理隐患，则要考虑补救方法或者不予继续研发。高校创新中的伦理风险主要包括类人研究、隐私安全与算法偏见等问题，尤其是要关注类人智能创新中的伦理风险。类人智能本身就存在对于其民事主体资格与授予其公民身份的争议。在很大程度上，类人智能研究的初始即会发生颠覆现有伦理与法律秩序的潜在风险。例如，社会生活中的人机交互与人机共情、在知识产权领域中关于人工智能生成物的认定、在工业生产中社会资源的分配以及在侵权责任中的规则制度等都可能是未来类人智能普遍应用后遇到的问题。在类人智能的研发中，高校科研团队为了单纯的创新，可能会存在跨越伦理底线的风险。例如，在模拟人类个性实验时，可能会设定善与恶、野心与欲望的算法程序，一旦带有该算法程序的类人智能投入产出，其后果不堪设想。

2017年"阿西洛马会议"在美国加利福尼亚州召开，"阿西洛马人工智能原则"由此诞生。❶ 该原则意在呼吁世界范围内人工智能领域需要遵守的共同原则。该共同原则将伦理学观点渗透其中，特别提出人工智能研究的目的是创造服务于人并为人所控，在研究和开发人员的伦理意识中体现并要求其在研发过程中遵守该原则。2019年，由北京智源人工智能研究院联合多所高校共同发布的《人工智能北京共识》，为研发、使用、治理提出15条原则。其中重点提出：人工智能的研发要符合伦理要求，对潜在的伦理风险与隐患负责。❷

（二）高校人工智能创新中数据发掘的信息风险

人工智能技术的发展本质上需要海量的数据信息作为支撑，与优质的算法相互配合完成学习与运行。人工智能的发展离不开数据，数据信息可谓是人工智能发展的养料。在这场新的技术革命过程中，数据信息已成为全球最重要的资源。但在数据挖掘与数据交易中，争抢、滥用、泄露事件层出不穷。人工智能初创公司 Clearview AI 平台上超过2000家客户数据、30亿张人脸数据被曝泄露，其中不乏美国移民局、美国司法部、美国联邦调查局等重要执法机构的数据信息。以前本不起眼的个人信息如今在人工智能时代却变得炙手可热。世界各法域国家都在加大对数据信息的立法、执法与司法力度，但风险依旧存在。

高校作为人工智能创新的重要基地，在人工智能基础理论研究、人工智能深度学习开发等各个方面都需要进行数据信息的挖掘利用。作为人工智能创新的基础资源，数据信息的挖掘风险必定会增加，一旦信息泄露，将直接侵害公民的人格权益与财产权益，部分信息泄露甚至可能会危害国家安全。

---

❶ 在此次会议上，一共设定了包括研究问题、道德标准与价值观念、长期问题在内的3类23项原则。

❷《人工智能北京共识》发布［EB/OL］.（2019-05-30）［2019-05-30］. http://www.cssn.cn/wlwh/201905/t20190530_4909799.shtml.

从某种意义而言,高校在人工智能创新过程中是数据信息利用的合法主体,但合法主体的合理利用与安全利用才是数据挖掘的重要保障。这需要高校在数据信息挖掘的技术层面与制度层面双管齐下,保障信息安全。

(三) 高校人工智能创新中算法执行的安全风险

除数据信息外,人工智能的发展离不开算法 (algorithm)。算法的实质是一个关于解决问题的清晰指令集,优质的算法可以使问题迎刃而解且保证效率。但看似程式化的算法指令在执行过程中并不稳定,而且会受到算法偏见与算法黑箱的困扰,从而产生安全风险。

对于算法偏见,一方面,人工智能算法主要通过对于各种不同类型海量信息的收集、加工、处理与学习进行输出类执行活动,而在网络世界中不可能做到对于所有信息的纠正处理。一旦算法中所运行的信息存在价值观上的偏见,那便会作用于人工智能的学习与算法的执行之中,从而出现算法偏见。❶ 另一方面,由于算法设计本身带有人的主观意识,因此在算法设计或信息筛选中也可能在某种程度上存在偏见。Facebook 曾宣布,经世界上人脸识别最知名数据库之一的 Labeled Faces in the Wild 测试,其面部识别系统的准确率高达 97%。但当研究人员查看这个所谓的黄金标准数据库时,却发现这个数据库中有近 77% 来自男性,同时超过 80% 来自白人。

另外,算法黑箱是环境本身的复杂性与人工智能深度学习后自主运行所产生的一种现象。易言之,一旦人工智能产品广泛应用于社会生活、进入自行决策的算法运行模式,其产生的结果是不可能完全在设计者与使用者的意料之中。在这种情况下所产生的安全风险便被称为算法黑箱风险。例如,近期引发热议的

---

❶ 姚万勤. 大数据时代人工智能的法律风险及其防范 [J]. 内蒙古社会科学 (汉文版),2019,40 (2):84-90.

"外卖骑手被困在算法中"的事件,便是外卖平台运用人工智能算法进行外卖订单配送所产生的算法黑箱问题。在这样的人工智能算法平台中,外卖骑手只能越送越快,以致最终给骑手们戴上"紧箍咒",算法的安全风险不言而喻。

高校作为人工智能创新主体之一,应从开发源头对算法设计与信息选取予以充分考虑和分析,减少算法执行中的安全风险。

(四)高校人工智能创新中侵权发生的责任风险

随着人工智能技术越来越多地运用于社会生活,工业机器人、医疗智能助手、无人驾驶与智能投资顾问等技术逐步开启了人类的智能生活。基于上述算法安全风险所带来的不确定性,必然会在一定程度上发生人工智能的侵权行为,产生侵权责任。1978年,世界第一宗机器人"杀人"事件在日本广岛发生,一家工厂的切割机器人在切钢板时造成值班工人死亡。2016年,世界第一宗无人驾驶汽车致人死亡事件发生。由于人工智能是通过算法指令集进行运转的,其并不能像人类一样具备有意识的紧急避险预判能力,因此人工智能的侵权行为在未来的社会应用中仍可能不断上演。在这种情况下,侵权责任的承担主体是谁?更甚之,一旦未来脑机接口技术成熟至可以应用于医疗实践,那么这种混合的侵权责任该如何分担?

《中华人民共和国产品质量法》第 43 条对于产品缺陷造成损害后果的责任主体进行了规定。❶ 但从产品的特征分析,基于大数据与算法产生的人工智能类产品一旦发生侵权,其研发方的因素就大于传统产品缺陷致损的生产方与销售方。虽然,高校与科研院所这类研发主体可以通过"技术中立原则"进行抗辩与免责,但针对人工智能技术领域的应用类产品要慎用该原则,应加强创新研发主体在源头上的质量保障责任。

---

❶ 《中华人民共和国产品质量法》第 43 条规定,因产品存在缺陷造成人身、他人财产损害的,受害人可以向产品的生产者要求赔偿,也可以向产品的销售者要求赔偿。

（五）高校人工智能创新中成果转化的系统风险

2017年国务院印发的《新一代人工智能发展规划》中要求加强人工智能领域的知识产权保护，促进该领域的创新成果转化。高校作为人工智能创新的重要力量，无论是在人工智能的基础理论研究还是应用开发中，均为人工智能领域的发展作出了开拓性贡献。高校人工智能成果的转化是高校人工智能创新的重点目标。在我国全面加强知识产权保护、赋能经济高质量发展的背景下，教育部、国家知识产权局、科学技术部于2020年2月发布了《关于提升高等学校专利质量促进转化运用的若干意见》，强调在质量优先的前提下，促进转化，加大政策引导。目前，高校人工智能成果转化存在市场需求导向弱、配套激励机制不完善、没有统一的人工智能创新成果质量评价体系、转化程序复杂、政策支持力度不够等问题。这些问题汇集在一起，便形成了高校在转化其人工智能创新成果中的系统风险。

三、高校人工智能创新中的法律风险应对

应对上述人工智能创新中的法律风险，需要结合高校自身特点与人工智能的创新逻辑，在坚守创新伦理底线的前提下，围绕高校数据信息的处理流程、算法风险的预警机制、创新中侵权责任的分配与人工智能创新成果的转化，进行配套规则与制度的建设。

（一）坚守高校类人智能探索中的双重底线

在类人智能研究中，高校要坚持伦理与法律的双重底线。伦理底线是法律底线的基础，法律底线能够充实伦理底线、保障伦理底线的落实。

---

❶ 国务院关于印发新一代人工智能发展规划的通知［EB/OL］．（2017-07-20）［2020-10-31］．http：//www.gov.cn/zhengce/content/2017-07/20/content_5211996.htm．

人工智能伦理原则的雏形来自艾萨克·阿西莫夫（Isaac Asimov）在《我，机器人》中提到的关于机器人的三大定律。❶ 近年来，随着人工智能技术的快速发展，人工智能伦理核心原则的话题成为讨论的热点。在总结各方观点之后，可以看出，世界对于人工智能创新伦理核心原则的基本观点是一致的，即可以参考微软2018年在《未来计算》（The Future Computed）一书中提出的六大开发原则：公平、可靠和安全、隐私和保障、包容、透明、责任。高校在类人智能探索中同样要遵循这些原则。同时，进行人工智能技术重点研发的高校可以考虑建立"人工智能伦理审查委员会"。该委员会的职责主要可以分为两项：一是对人工智能创新研究中的实质伦理问题进行讨论与审查，作出伦理风险的评估与预判；二是对高校人工智能创新中的相关伦理标准进行细化规定，例如针对类人智能探索过程中的具体伦理标准作出规定。

在法律上，目前各国并未对人工智能进行正式的专门立法。但各国已开始编制各类人工智能的相关规划与报告。日本于2015年发布《日本机器人战略：愿景、战略、行动计划》。欧盟议会法律事务委员会专门成立了研究与机器人和人工智能发展相关法律问题的工作组，在2016年发布《欧盟机器人民事法律规则》并在该规则中提出了类人智能的"电子人"主体身份理念。同年，美国发布《国家人工智能研究和发展战略计划》。中国在2017年印发了《新一代人工智能发展规划》。目前，高校在类人智能探索中仍应遵循"人工智能仅是权利客体"的法律底线，在现行的法律框架中进行各项活动。法律规制的目标是构建可靠的人工智能应用体系，而不是人工智能的权利义务体系。

---

❶ 艾萨克·阿西莫夫的机器人三大定律：①机器人不得伤害人类，或坐视人类受到伤害；②除非违背第一定律，机器人必须服从人类的命令；③在不违背第一及第二定律下，机器人必须保护自己。

（二）强化高校数据信息处理流程的科学管理

目前，世界各国对于数据信息，尤其对于可能危害个人权益的个人信息的重视程度都超乎想象。各国纷纷对于数据信息进行立法规定。我国在《中华人民共和国民法典》总则编第111条与第127条中对于信息与数据的保护作出了宣示性规定，并在人格权编中首次将个人信息纳入其中，标志着个人信息作为人格权益中不可分割的一部分受到保护。2020年10月公布的《中华人民共和国个人信息保护法（草案）》拟对于个人信息进行专门立法保护。❶

高校作为人工智能创新的主要单位，对于数据信息挖掘的配套制度必须及时跟上立法规定。对于高校人工智能创新中的数据信息挖掘要在数据信息处理的合法、合理、比例、公开透明、目的限制、信息安全原则指导下进行信息的收集、处理、存储与删除的全生命周期管理。❷ 另外，如若在数据信息的共享与交易中发生恶意泄露与滥用，可以借鉴知识产权侵权惩罚性赔偿的相关规定；同时，在数据信息使用量大、涉及不法目的、严重破坏社会公共秩序与市场经济秩序时，进行刑事处罚。❸

（三）建立高校防范算法风险的预警机制

对于高校人工智能创新中的算法风险控制，需要分别从人、技术与制度三方面统筹预警机制的建构。首先，在人的方面，需要提升高校中算法工程师在设计算法过程中自身的客观意识，其应当对算法设计的公平性、正义性、社会稳定性进行综合判断，

---

❶ 2021年8月20日，第十三届全国人民代表大会常务委员会第三十次会议通过《中华人民共和国个人信息保护法》。该法自2021年11月1日起施行。——编辑注

❷ 贾柠宁，韩玫. 后疫情时代个人信息公开与保护的路径建构［J］. 河北农业大学学报（社会科学版），2021（1）：7-13.

❸ 贾柠宁，周燕，袁艳平. 高校人工智能创新保护的法律导向［J］. 国际公关，2020（4）：173-175，177.

同时提升筛选数据信息的能力，避免存在偏见的信息出现在人工智能的学习中。其次，在技术上优化程式算法的过滤体系。虽然不同目的的算法差距较大，但每个算法本身都有其必要的过滤体系。在优化算法过滤体系的构建中，尝试加入人类的伦理道德算法作为附件，将会在一定程度上减少算法偏见，降低算法黑箱出现的频率。最后，在制度方面，借鉴美国公共政策委员会提出的关于算法的原则设置，即意识原则、准入和补救原则、问责原则、透明原则、数据来源原则、可审计性原则、验证和测试原则，必要时在校内成立人工智能算法合议组，加强算法设计过程中合理性与正当性的论证。

（四）明确高校人工智能创新中侵权责任的分配规则

在人工智能领域，侵权责任复杂的根本原因在于其无法在法律层面上确定人工智能的主体地位。尽管现在学界充斥着"人工智能客体说""人工智能主体说之代理人""人工智能主体说之电子人"三种主要观点，但依据现行法，人工智能仍被认定为客体。质言之，人工智能本质上仍是工具性质，与传统产品在性质上并无二致。目前，在我国现行侵权责任法律体系中只对产品生产者、销售者以及第三人的侵权责任进行分配规定。但基于人工智能产品数据与算法的特性，研发主体对于人工智能产品的塑造具有至关重要的作用与意义。在传统的法律框架中，创新研发主体通常可以使用"技术中立原则"进行抗辩或免责。针对人工智能产品的特殊性，建议考虑在人工智能侵权责任分配时加入创新研发主体，促使其有意识地在创新源头减少人工智能产品自身的缺陷，提升人工智能产品的高质量创造与高效率应用。联合国发布的《关于机器人伦理的初步草案报告》中建议：让所有参与到人工智能发明、授权和分配中的主体来平均分担责任。另外，考虑到创新研发主体的特殊性，高校也可以通过充分举证，表明自身已尽到"合理注意义务"而减轻其自身承担的责任风险。这样有利于在保障人工智能创新严谨性的同时保持创新主体的创造积极性。

（五）完善高校人工智能创新成果转化的制度建构

针对面向高质量发展的知识产权制度建设的背景，高校的人工智能成果亟须进行全面的知识产权产业化发展与战略性布局。高校在进行这两个转向过程中，可以加快产教融合步伐，开拓校企合作新局面。针对上文所述的市场需求导向弱、配套激励机制不完善、没有统一的人工智能创新成果质量评价体系、转化程序复杂、政策支持力度不够等问题，需要在找到问题症结后，统筹布局。

首先，针对市场需求导向弱的问题，需要通过加强校企合作，充分了解市场信息，进行符合市场需求的人工智能创新，同时尽快建立统一的科技成果交易平台，有利于市场与高校的双向引导。其次，配套激励机制不完善主要体现在对于激发高校创新工作者的创新活动力度较小。2020年5月，科学技术部等九部门印发了《赋予科研人员职务科技成果所有权或长期使用权试点实施方案》，旨在通过赋权改革激发高校科技成果转化的内在动力。再次，在人工智能成果评价体系的建构中，需要加强产学研之间的深度融合，在频繁的交流与实践中筛选各项评价指标，建立统一且合理的评价体系。然后，在支持高校科技成果转化的大背景下，简化转化审批流程、审批手续，提高成果转化效率，对于高校科技成果转化具有重要意义。最后，在政策上尽快制定针对于人工智能方面的专项"高校人工智能创新成果转化方案"，对于加速成果转化与保障成果转化的顺利进行具有重要作用。

四、余论

高校人工智能创新中的法律风险只是人工智能技术改变现有社会伦理与法律框架的一个缩影，高校在人工智能创新领域中遇到的风险，同样也会在人工智能技术的社会应用中有所遇见，但高校人工智能风险的缩影确是一个关键的缩影。作为技术的创新主体之一，高校必然肩负着人工智能发展的初始使命，即艾萨克·阿西莫夫的"机器人定律"。正如柏拉图所言,好的开始即是成功的一半。人工智能技术所带来的风险也许不能完全消失,但可以得到有效控制。高校如果能够在人工智能的创新阶段有效解决或者控制这些风险问题,那么当人工智能走向社会时,便能够更好地造福于人类。

高校文化创意产业中的知识产权问题

戴 琳 吴凯杰[*]

【摘 要】高校的文化资源日益成为创意开发的热门领域,高校、企业、新兴创业者都希望能在高校文化创意产业中获得竞争发展的机会。从现实来看,高校文化资源开发运营过程中普遍存在参与者复杂、合作方式多元、权益约定模糊等现象,相关方对产品研发、转化、运营等环节中所存在的知识产权细节问题往往认识不清、定位不准,易导致资源利用不规范、成果权益归属不明确等问题。本文仅就有限调研了解到的情况进行介绍并作简要分析。

【关键词】高校 文化创意产业 知识产权问题

21世纪以来,我国高校进入黄金发展期,高校数量及师生数量剧增,社会影响力持续提升。社会公众及广大师生对高校往往怀有醇厚且持久的校园文化情结,对承载高校文化符号的相关创意产品颇为青睐。由于拥有规模可观的消费人群,高校文化创意产品具备良好的市场基础和发展前景,由此便催生出一个新兴的创意产业发展领域——高校文化创意产业。该产业以创意开发为方向,挖掘高校丰富的文化资源和景观资源,通过市场化运营激

---

[*] 作者简介:戴琳,法学博士,云南大学法学院副教授、硕士研究生导师;吴凯杰,云南大学法学院2017级全日制法律硕士。

本文系国家社会科学基金一般项目(批准号:19BMZ127)资助的阶段性成果。

活这些资源的经济价值和社会价值。一般认为,"创意"和"知识产权"是文化创意产业发展的两大核心,在以实现知识产权价值为目标的前提下,立足文化,再造传统行业(或产业)并促使其市场化、商业化运营是文化创意产业的典型特征。

一、我国高校文化创意产业的发展基础

客观而言,高校发展文化创意产业一般具备得天独厚的优势:拥有丰富的文化资源和厚重的历史积淀,具有稳定且数量可观的极具校园认同感的师生消费群体,还有可依托的创意开发和市场运营等产业化推进条件。但从笔者所了解到的部分高校的文化创意产业的发展情况来看,无论是规模、质量,还是组织、保障,均尚未形成与其先天优势条件高度匹配的良好发展态势。

(一)有丰富、优质的精神文化资源和景观文化资源

1. 精神文化资源

精神文化资源是高校生存和发展的根基,也是高校师生长期创造积累的无形文化财富。各高校的文化资源虽然存在禀赋差异,但诸如校名、校徽、校训、校园精神、科研成就、学术贡献等能够直接或间接产生经济利益的精神文化内容均普遍存在于各高校中。文化资源铸就了高校的"文化性格",彰显高校独特的"文化个性","文化立校""创意强校"成为各高校发展的目标。例如,毛泽东主席给湘潭大学的亲笔题词"一定要把湘潭大学办好"激励着一代代湘潭大学师生戮力奋进;中国人民大学的校徽标识寓意"人民""人本""人文",又隐含"三人行,必有我师焉""三人成众""同行并进"等意❶。

2. 景观文化资源

高校的景观可谓集"颜值"与"气质"之大成——恢弘精致

---

❶ 中国人民大学校徽及设计理念[EB/OL]. [2020-10-05]. https://www.logoids.com/icon/23G67BGKNC.html.

的建筑、错落有致的林木、构思精巧的园艺等要素相得益彰，这些景致往往见证并承载了各种重要的校园史实……总之，各式各样关于"美"的校园名片成为创意研发的核心关切，如北京大学的牌匾、武汉大学的樱花道、云南大学的至公堂（闻一多先生"最后一次演讲"所在地）等。

（二）有规模可观、数量稳定的消费市场基础

1. 量化分析

从高校数量来看，截至2019年6月15日，全国（不含港澳台地区）高等学校共计2956所。❶ 从在校生和毕业生的总体规模来看，教育部2019年7月发布的《2018年全国教育事业发展统计公报》表明，截至2018年7月，全国各类高等教育在学总规模达3833万人，毛入学率达48.1%。笔者根据公开的数据资料累计计算，1949~2020年，我国历届高校毕业生规模总计高达12091.24万人。❷ 显然，我国高校庞大的师生数量规模为高校文化创意产业提供了巨大的消费市场和潜在的市场驱动力。

2. 认同感分析

在校师生常年受本校历史文化资源、景观资源、学术科研成就等蕴含大学精神的校园文化熏陶，往往形成了醇厚的校园文化认同感、归属感和自豪感；毕业生关注母校发展，怀有持久的校园文化情结。高校教育阶段对学生"三观"往往产生终身性的影响，即使是已经毕业的学生，对母校亦有持久的关注。广大师生的校园文化情结和高度认同感，显然能为高校文化创意产业吸引稳定的消费群体奠定精神基础。

---

❶ 2019年全国高等学校名单［EB/OL］.（2019-06-17）［2021-02-27］. http://www.moe.gov.cn/jyb_xxgk/201906.html.

❷ 天圣我才. 中国历年高校毕业生人数［EB/OL］.（2020-07-07）［2021-02-20］. http://www.360doc.com/content/20/0707/16/37637738_922802506.shtml.

（三）有可依托的创意开发和市场运营人才及物质等产业化推进条件

对此，笔者是从客观可能的角度进行分析的。自 20 世纪 90 年代末以来，我国高校均以"大而全"作为发展目标，很多高校已经摆脱了单一专业的桎梏，朝着多专业综合性大学迈进，"文、理兼具，农、工并蓄，商、经、法、媒共进"已然成为现代高校的共性发展目标。各高校在广纳天下英才的同时，也为学校自身的多元化发展提供了优质的智慧资源和物质条件。仅以文化创意产业的发展来看，凭借高校自身的人才储备和硬件条件，在各专业、各环节能形成协调合力的前提下，足以满足低、中、高各层次创意产业发展的需求。

二、我国高校文化创意产业发展中存在的主要问题

高校在其文化和景观资源市场化开发和商业化运营过程中，主要存在对自身文化和景观资源控制力不足、授权及收益分配机制不明确、对相关知识产权问题处理不到位等问题。

（一）高校对所拥有的文化资源进行创意开发的重视度及控制力不足，管理略显粗放

为提升学校的社会影响力，各高校普遍重视校园文化及景观建设，着力利用多种渠道进行宣传，但这些工作多体现在常规性的形象塑造层面，在市场化的资源挖掘、开发、运营等方面往往显得被动、滞后、管理粗放，对学校作为资源拥有者的权益重视程度及维护力度均显不足。

例如，早在 2017 年 5 月就有一批校外人士利用"云南大学""云大"校名、校训等标识及云南大学的各种景观资源自行开发、生产并销售茶罐、书签、扇子、笔筒、手袋、钢笔、文化衫、装饰屏风等各种创意产品，当时他们的简易摊位就设在校园里人流量大的地方，似乎也得到校方的宽容默认。这样的状态持续 3 年多后，2020 年 7 月，他们终于以"云大品牌文化店"的新身份进

驻到由云南大学提供的装修精美的正式店面。据该店工作人员介绍，该店由一家名为"云南素年文化创意有限公司昆明分公司"的企业经营，开这家店是云南大学校方主动联系他们，让他们"做起文创这件事来"，据说该店已获得云南大学投管公司的品牌授权及和股份投资。目前，有关文化创意产品的开发、转化与营销等工作均由该公司成员推进，现已开发出300多个品类。当笔者问及产品开发设计等相关成果是否有专利申请、作品登记等方面的工作推进或计划时，该工作人员表示"估计很难，也不太了解这方面的情况，暂无计划"，此外，还谈及他们所了解到的业内情况："现在高校发展文创产业，有选择合作外包的，有通过本校的专业学院来做的，校方的参与主要体现在品牌授权方面。有一家名牌大学，与合作机构在授权问题上谈不拢就没继续合作，但那家机构依然自己在开发运营文创产品，只不过主要转到线上推广。总体上看，这个行业的发展还处于中低端阶段，很多产品都存在相互借鉴学习的情况。"

2018年9月，西南林业大学在后勤服务集团项目经营中心的支持下，成立了由该校学生创办的昆明山间文化传播有限公司（以下简称"山间公司"）。该公司通过线上（开通"西林文创"微信公众号）和线下（创办西南林业大学校园文创品牌店）结合方式，挖掘西南林业大学校园文化和景观资源，设计开发文化创意产品和服务。截至2020年1月，该公司已经开发出21类共计100余种校园文化创意产品及服务。

笔者曾与该校后勤服务集团的一位主管领导有过交流，对方表示，尽管学校高度重视校名、校徽、校训等精神资源的价值和意义，也希望能将这些宝贵精神财富融入学校的文化创意产品和服务中，但因校方暂无专门的无形资产管理机构和专职人员，学校对此类资源的管理仍处于"摸索阶段"，需要"摸着石头过河"。对于校方与山间公司关于文化创意产品的知识产权归属问题，双方约定："山间公司可以在合同约定期限内挖掘西南林业大学的文化和景观资源，设计开发出来的文创产品和服务所涉及的知识产权由山间公司享有。"这也是学校基于"为学生带去最大收益、提供最大便利"考虑的具体体现。

（二）高校文化资源开发利用的授权管理及收益分配机制不明晰

高校文化创意产业的健康发展离不开清晰的文化资源授权管理与收益分配机制。现阶段，高校文化资源市场化开发利用具有牵涉范围广、涉及种类多、整合难等特点，加之缺乏强劲控制力及相应的知识产权管理支撑，导致出现授权管理机制不健全、收益分配机制不明晰等问题。

1. 缺乏高效的授权管理机制

对于高校文化资源市场化开发利用而言，完善的授权机制显得尤为重要。鉴于我国公办高校的法律定位是非营利法人（公益性教育文化组织），不同的管理模式决定了不同的授权机制。笔者整理了国内公办高校主流授权管理模式，有学校主导下单独授权管理模式、混合所有制授权管理模式、知识产权实施权授权管理模式等。下文分别从概念、运行机制和运行基础等方面进行介绍、比较。

（1）学校主导下的单独授权管理模式

该模式目前处于理论讨论层面，具体如表1所示。

表1 学校主导下的单独授权管理模式

概念	过去的做法	运行机制	运行基础
将文化资源等无形资产从高校国有资产管理范围中剥离出去单独管理，以促进提高知识产权管理效能	高校遵照国有资产管理规定运营无形资产，经请示汇报获批后授权实施	在不涉及国家利益、重大社会公共利益的前提下，高校的部分知识产权成果使用权、处置权和收益权原则上由国有资产主管机关授权下放给设置有专门无形资产管理机构的高校，对在境内的使用、处置不需再审批或备案	《关于深化体制机制改革 加快实施创新驱动发展战略的若干意见》《深化科技体制改革实施方案》等

(2) 学校主导下的混合所有制授权管理模式

以西南交通大学为例说明该模式,具体如表 2 所示。

表 2　学校主导下的混合所有制授权管理模式

概念	运行机制	运行基础
国家对高校知识产权成果的单独所有状态转变为国家、高校或者具体个人共同所有状态,目的是以知识产权鲜明的产权激励制度鼓励高校进行知识产权成果的授权转化	高校设立专门的转化机构(如大学生创新创业科技园),再授权转让;转化机构依法向国家有关部门出具变更申请材料申请权利变更,经评估作价后,以入股方式与高校或个人形成平等股权关系	《西南交通大学专利管理规定》❶《西南交通大学职务科技成果转化实施细则(试行)》❷

混合所有制改革触及了知识产权的权利归属问题:一方面,对公办高校知识产权权属状态有所调整,允许在一定条件下将部分权利进行授权转让,从而调动高校及其师生、科研人员的积极性;另一方面,仍旧是在国家享有公办高校知识产权所有权的前提下所进行的授权管理改革,方向并未发生根本性偏转。虽然有西南交通大学的成功实践个例,但由于该模式仍处于试验阶段,暂不具备推广价值,因此不具有普遍适用性。

(3) 学校主导下的知识产权实施权授权管理模式

该模式参见表 3。

---

❶ 西南交通大学. 规章制度《西南交通大学专利管理规定》[EB/OL]. (2016 - 01 - 22) [2020 - 02 - 05]. http://www.yrtrc.org.cn/show.asp? id=14.

❷ 西南交通大学. 成果转化《西南交通大学职务科技成果转化实施细则(试行)》[EB/OL]. (2017 - 03 - 16) [2020 - 02 - 05]. https://cyc.swjtu.edu.cn/info/1015/1055.htm.

表3　学校主导下的知识产权实施权授权管理模式

概念	运行机制	运行基础
允许在一定范围内授权他人实施知识产权	不改变知识产权归属情形下的知识产权实施模式	学术探讨

知识产权的权能多元，包括使用权、收益权、处置权以及实施权。知识产权的实施权授权模式能在一定程度上解决高校知识产权运用障碍问题。从本质上讲，在遵守现行知识产权法律规范、尊重高校知识产权管理现状的条件下，灵活运用知识产权的实施权，可在不改变知识产权权利归属的前提下促进资源转化实施。❶ 相较于前述学校主导下的混合所有制授权管理模式，尽管知识产权的实施权属于知识产权的权能形式，但其并未实际触及支配权这一核心权能。

2. 收益分配机制不明晰

与市场经济密切相关的是收益分配机制。高校文化资源进行市场化开发和商业化运营不仅需要有效的授权管理机制，还需明确收益分配方式，防止因收益分配纠纷造成不必要的损失。因此，建立健全高校文化资源开发利用的收益分配机制十分必要。目前，高校文化资源市场化开发利用收益分配还存在落实不到位、主体责任不明、程序缺失、覆盖范围小等问题。而实施收益分配的本质是一种正向激励机制及策略。高校对其文化资源的组织管理体系不健全，导致高校文化资源市场化转化利益分配机制运行基础较差。以云南师范大学为例，在未成立"西南联大文创中心"之前，学校在西南联大文化资源授权管理方面存在不足。当高校文化创意成果市场化转化后，因校方缺乏明确的收益分配制度，时常发生创意者与高校之间在收益分配上的纠纷。这对校方和创意

---

❶ 宋河发，吴博，吕磊. 促进科技成果转化知识产权实施权制度研究 [J]. 科学学研究，2016，34（9）：1319 – 1325.

者均造成不利影响。因此，明确创意开发及经营过程中所涉成果的知识产权归属及具体收益分配机制是高校文化创意产业持续健康发展的重要保障。

（三）高校与具体研发、运营单位之间对资源授权及产品开发、运营中涉及的知识产权问题约定不明确、处理不到位

一段时间以来，高校校名等符号在未经授权的情形下被商业机构巧取滥用而导致高校名誉及经济利益受损事件频发，各高校开始意识到校名（包括简称）、校徽、校训等特色符号的重要价值，遂开始采取一些确权保护措施，较为常见的是将校名、校徽等重要符号通过申请全类型商标注册的方式进行保护。但对学校的其他文化资源，如建筑物造型、校园特色景观等，除可能存在的建筑作品、摄影作品著作权外，难以阻止他人以此为素材进行独立创作产生作品并取得著作权。当然，对高校文化资源的价值评价不能断章取义，倘若离开与特定高校的专有符号连接，相应独立景观资源的开发利用价值也会相应降低，甚至毫无意义。因此，高校的文化资源"授权使用"往往是包括已注册商标等专有符号在内、能较好彰显校园个性的资源要素。

近几年来，越来越多的高校开始重视并推进本校文化创意产品的开发、运营工作，但大多采用简单的合作或外包方式。就笔者了解的情况来看，这些高校推进该项工作的主要目的并不在于营利，而是以此方式为窗口宣传学校，提升学校的知名度和影响力。因此，高校与创意开发协作单位之间在"品牌授权"等知识产权问题上的约定均显粗放，大多是概括性授权模式；对后续开发的文化创意产品的知识产权归属问题或无约定，或约定简单（多以实际开发运营单位享有为主）。这样的粗放状态在产业初创阶段一般不易产生大的争议，但随着开发运营向高级阶段发展，将会牵涉更多、更大的权益问题。因此，高校无论采用何种发展方式，均应清醒认识到自己作为资源、权益主体的地位及应有诉

求,在资源支配及责、权、利的归属问题上应确保主导地位并尽量全链条参与。

三、提升高校文化创意产业知识产权保护质量的几点看法

如前所述,尽管高校自身客观上具备发展文化创意产业的各方面条件,但就目前的发展情况来看,大多数高校并未真正调动起本校的丰富创意资源,多以委托或合作的方式推进。"让专业的人做专业的事",委托或合作本无可厚非,关键是高校与受托方或合作方对在此过程中所涉创新成果的知识产权归属及具体收益分配等问题往往缺乏约定或者约定不明,这就容易导致"肥水外流"或为日后发生争议留下隐患。

(一)从高校角度看

在高校文化资源的产业化开发利用问题上,作为资源的保有者,高校应始终居于主导地位。这就要求高校应有准确的自我定位和全面筹划产业发展目标及路径的积极性和主动性。

1. 确定专门机构及人员,全面收集、整理本校的文化资源

对高校而言,"摸清家底"是发展文化创意产业的基础性工作。相较于普通的文化创意产品,高校文化创意产品的核心价值就在于对经过提炼的校园经典文化元素进行创新开发,创造出兼具艺术性和实用性的产品,作为承载校园文化的载体,在使用中持续传递美与文化。针对特定使用目的,学校应确定专门机构及具有较强文化及艺术鉴赏力的专业人员,从事对学校文化资源的收集、整理工作,并根据具体类别进行要素提炼,提出意向性开发利用建议。

2. 指定专门机构及人员,负责统筹策划文化资源的保护与开发工作

如前所述,高校本就是人才济济之所,客观上具备发展文化创意产业的各项条件。从长远来看,由高校在整合本校各类资源

的基础上全面发展属于自己的创意产业，将有更美好的前景。当然，无论是自我发展还是对外协作，关键还得有明确的发展目标和具可操作性的发展规划。由于各高校管理存在客观差异，对有关校内资源开发利用等工作的组织管理状态差别较大。据笔者了解，较为常见的是，由后勤集团或学校投资管理公司之类的机构囫囵授权、粗放参与，专业度及精细度均有明显欠缺。

例如，北京大学有关学校视觉形象标志工作的组织及管理细致且明确，值得借鉴和推广：

其一，学校设有专门的"标识管理办公室"。该机构的具体职责为：①组织设计并不断完善《北京大学视觉形象识别系统管理手册》，宣传推广并监督落实视觉形象识别系统的使用；②制作和管理视觉形象识别系统物品，管理和监督全校各单位使用学校视觉形象识别系统的行为，维护视觉形象识别系统的统一性，维护学校对外形象；③就学校纪念品、礼品、宣传品等物品的设计制作、市场开发与经营，代表学校统一对外授权；④负责视觉形象识别系统的保护和维权，监督并纠正校内外非法使用视觉形象识别系统的行为；⑤审核和管理各院（系、所、中心）、机关职能部门、直属附属单位及其内设机构的中英文标准名称及简称，协助信息化建设与管理办公室审核和管理互联网域名；⑥在北京大学形象建设委员会指导下，统筹协调校园网形象建设、校园景观设计工作。❶

其二，有可资适用遵循的《北京大学视觉形象识别系统管理办法》。值得注意的是，该办法规定："北大资产经营有限公司直接投资的企业及其下属企业，以及与北京大学有资产关系的企业均不得使用北京大学标志及校名。特殊情况下使用北京大学校名时，应当遵守《关于规范北京大学'企业冠名权'的规定》（校发

---

❶ 北京大学标识管理办公室. 机构概况［EB/OL］.［2020-10-10］. https://vim.pku.edu.cn/.

〔2004〕25号）。"❶ "以经营为目的，使用北京大学校名或标志，应当向办公室申请北京大学视觉形象识别系统的使用许可。未获使用许可之前，任何单位和个人均无权生产、制作和销售载有北京大学校名或标志的商品。各院（系、所、中心）、机关职能部门、直属附属单位和个人均无权向其他单位和个人进行授权。"❷

其三，在官网上设置问题解答专区，对校园专有标志的管理和要求进行细致解答，极大地提升了管理效能。

3. 确保对具体文化创意合作或委托开发项目中涉及的知识产权事项进行专业审查

文化创意产业的两大核心就是"创意"和"知识产权"。其中，"创意"的转化需有可供创新的资源、具有创造能力的人才、支撑创造活动的资金和物质技术条件，"知识产权"则是确保"创意"转化投入能获得社会尊重和经济回报的重要制度保障，两者缺一不可。在高校文化创意产业发展过程中，可能涉及如下主体的相关权益：①高校作为文化资源保有者（或权利人）的权益；②与高校进行合作、接受高校委托或经高校许可具体从事文化创意产品开发的研发单位的权益；③对成熟的创意成果进行生产制造的单位的权益；④对创意产品进行市场推介、运营的单位的权益。上述四个角色或分属于不同单位，或属于同一单位，但因创意成果产出及流转环节不同，所涉相关方的权利义务配置状态亦有差别。为避免可能发生的权益争议，各利益相关方应以明确的合同约定形式，除常规内容外，还应注意详细商定其中每一环节涉及的知识产权类型、权能及权利归属和收益分配的具体事宜，如创意产品的专利申请权归属、技术成果的使用和保密等相关事宜。

（二）从具体创意产品开发、运营单位角度看

目前，具体从事高校文化创意产品开发与运营的机构以校外

---

❶❷ 北京大学标识管理办公室．标识规范［EB/OL］．［2020 - 10 - 10］．https：//vim.pku.edu.cn/bsgf/index.htm．

机构居多，它们与高校之间大多属于商事合作关系。双方既有共同的发展目标，又有各自独立的利益诉求。因此，依法建立良好的协作与交流关系至关重要。

1. 与校方就利用开发该校文化资源事宜签署详细的合作协议

文化资源属于学校的无形资产。从常识来看，只有校级决策机构才有权对学校资产进行处分，校内职能部门无权进行处分。例如，北京大学明确规定："各院（系、所、中心）、机关职能部门、直属附属单位和个人均无权向其他单位和个人进行授权。"有鉴于此，拟从事特定高校文化创意产品开发运营的单位或个人，在授权问题上应审慎确定与自己签署合作或委托协议的部门是否具有合法、合规的资质。在确信无虞的基础上，与校方签署详细的合作或委托协议，详细商定其中每一环节涉及的知识产权类型、权项及权利归属和收益分配的具体事宜，如创意产品的专利申请权归属、技术成果的使用和保密等相关事宜。

2. 增强知识产权保护意识，以灵活的思维争取更高的效益

作为文化创意产品的直接开发与运营者，必须谙熟知识产权制度及规则，做到"知法""懂法""守法"："知法"侧重于对知识产权权属的认知，只有清楚地认识知识产权的权属，才能真正了解自己的权利范围，"知法"是运用知识产权维权的前提；"懂法"强调对知识产权保护的灵活运用，突出体现在市场活动的商业谈判过程中懂得灵活运用知识产权保护，能够在商业谈判中确保在自身的合法权益不受侵犯的前提下为自身赢得更大的权益；"守法"要求对知识产权保护的正确运用，以正当竞争获取合法利益，以正当方式捍卫合法权益。❶ 对知识产权问题，人们往往关注居于防御环节的"保护维权"环节，若无权利冲突就先置之不理，

---

❶ 韩天. 知识产权保护与文化创意产业发展平衡点探究［EB/OL］.（2016-05-31）［2020-10-15］. http：//media.people.com.cn/n1/2016/0531/c404609-28399286.html.

对知识产权规则体系中的规定确权、用权（开发、经营）环节不够重视。事实上，市场主体若能真正"知法""懂法""守法"，将知识产权规范要求内化为企业的日常发展和管理规则，未雨绸缪，利用知识产权规则为自己的创意和成果营建一个坚固的知识产权堡垒，进可攻、退可守，就可降低知识产权侵权或被侵权风险，有效提升企业及产品的市场竞争实力。

概言之，高校文化创意产业的高质量发展离不开知识产权制度保驾护航，活用知识产权规范营建文化创意产业发展的精密保护屏障，将能有效提升产业的发展质量和效率，也将更好地激活高校文化资源的社会价值和经济价值。

有关《日本著作权法》中权利限制规定的修订过程

井手李咲[*]

【摘　要】以往《日本著作权法》所保护的作品，是作家、画家、音乐家等的著作。如果不对于这样的作品加以保护，则无法实现《日本著作权法》之立法目的。然而，随着技术的发展，电脑程序等也成为《日本著作权法》的保护对象，一般人也都可以轻易进行创作活动，《日本著作权法》的保护对象发生了巨大的变化。同时，随着复制技术、通信技术等的发展，一方面，如果不相应改变侵权的范围，则无法充分保护著作权；另一方面，著作权法是人为制定的规则，是对于原本任何人都可自由利用的信息规定了强有力的禁止权，偏重保护的著作权法势必会阻碍对于作品（或信息）的利用，从而阻碍作品价值的实现、难以实现立法目的。

【关键词】日本著作权法　权利限制规定　制度灵活性　平成大修订　互联网

一、前言

《日本著作权法》第 1 条❶中规定，该法的立法目的为"贡献

---

[*] 作者简介：井手李咲，法学博士，日本一般财团法人知识产权研究教育财团知识产权研究所（IIP）主任研究员。

❶《日本著作权法》第 1 条（立法目的）：本法是规定作品以及实演、唱片、播放及有线播放相关的作者权利及与此相邻接的权利，在留意这些文化所产的公正利用的同时，谋求作者等权利的保护，依此而贡献于文化的发展为其目的的法律。

有关《日本著作权法》中权利限制规定的修订过程

于文化的发展"。为了实现这一立法目的，该法在保护著作权人等（包括著作邻接权人）的权利的同时，为作品等文化产品的公正利用而制定了权利限制规定。然而，《日本著作权法》中不存在一般性的合理使用规定，权利限制是以限定列举的方式规定的。也就是说，条文中未被列举的行为就不在权利限制的范围之内，因此将构成著作权侵权。而近年来，特别是随着数字技术的飞速发展，作品的利用形式也发生了翻天覆地的变化，著作权法不得不进行相应的修订以迎合这样的变化。著作权制度的灵活性是近年来日本著作权法领域的一个重要课题。

本文以权利限制规定的历次修订为线索，就2020年《日本著作权法》中贯穿其中的考虑方式的变化作一探析。

二、关于权利限制规定的基本考虑方式

就此问题，有学者认为，"即便是法要求留意公正的利用，但这终究是在将权利的保护作为第一重要的同时，作为例外，在一定的被限定的范围内对于权利加以一定的限制而已。……由此，在解释和适用第30条为代表的权利限制诸规定之际，也应当时常考虑这是'例外性地'被规定的。也就是说，这些权利限制规定的解释和运用应当努力严格进行"❶；同时也有从与国际条约之间的协调性角度出发认为应严格解释权利限制规定的观点❷。

对此，特别是在近期，也有学者认为，权利限制规定并非为了从著作权人手中剥夺权利，而是为了引导至权利原本应当所具有的样态。❸ 由此，有学者认为"权利限制规定应当进行可协调作者的经济上和精神上的利益与利用信息的社会整体的利益等的立法或司法解释，而为了实现这样的协调，作为其路径而存在的权

---

❶ 斋藤博. 概说著作权法[M]. 3版. 半田：一粒社，1994：13.
❷ 半田正夫，松田政行. 著作权法评论2：第23条—第90条之三[M]. 东京：劲草书房，2009：303-304.
❸ 作花文雄. 详解著作权法[M]. 5版. 东京：GYOSEI，2018：295.

利限制规定,可以称之为是著作权法中的国际性标准装备"❶。

另外,随着复制技术、互联网技术等的飞速发展,著作权之禁止权的范围激增,一般人、完全的"门外汉"极为简单地或者是在毫无觉察的情况下就有可能侵犯他人的著作权。商业模式也发生了重大的变化,有些时候不得不复制或向公众传输他人的作品,如果过于严格解释权利限制规定,则将会使上亿人成为犯罪者,还会导致创作活动或新型商业活动大幅萎缩。

三、2018 年修订前

权利限制规定当中最具有代表性的当属《日本著作权法》第30条❷中规定的为了私人使用的复制。该条中规定,如果是以私人或与此相类似的被限定范围内使用为目的,则即便是进行了复制也不会构成复制权侵权。

现行《日本著作权法》(以下简称"现行法")是以全面修订旧著作权法(以下简称"旧法")的形式而在1970年被制定的。在对这一次法律全面修订进行审议的过程中,有意见认为,"关于私人使用不问其以任何的复制手段而允许其自由利用,随着今后复制手段的发达以及普及的程度,有可能会给著作权人带来显著侵害,对于这一点进行再检讨是重要的"❸。依据旧法中的规定,"没有发行之意思且不以机械性或化学性方法而进行复制的",构成著作权侵权。然而,随着复制机器的发展,以机械性、化学性或者光学性方法的复制渗透到了家庭内,旧法中"根据手段"的规制变得困难,因此被修改为现行法中"个人或家庭内以及其他与此类似的被限定范围内使用"为目的的复制就不构成侵权,即

---

❶ 中山信弘. 著作权法 [M]. 3 版. 东京:有斐阁,2020:347.

❷ 《日本著作权法》第 30 条(为了私人使用的复制):作为著作权对象的作品……在以个人或家庭内以及其他与此类似的被限定范围内使用……为目的之际,除了以下所举情况,该使用人可以进行复制……

❸ 参见 1966 年 1 月日本文部科学省《著作权制度审议会审议记录(一)》第 70 页。

变成了"根据目的"的规制。

（一）2009年修订❶

在2008年的日本文化审议会著作权分科会上，从高度信息化社会中从互联网上庞大的信息群中抽取信息或知识从而促进创新这一观点出发，对在图像、声音、语言、网络解析技术等研发的过程中利用作品等中存在的课题进行了检讨。这次会议对信息解析技术研发领域的权利限制作了设定，而对于其他不限研究领域的权利限制的考虑方式也进行了检讨。

在该会议的报告书中，关于为了信息解析领域的研发目的而利用作品的情况，虽然就"在一定条件下进行权利限制"达成了大体一致的意见，但对于"其他与一般研究有关的权利限制"，认为应当允许权利限制存在一个范围的意见占多数，但是关于权利限制的主体的理想存在方式、是否区别营利目的与非营利目的等具体范围或条件被认为仍应继续进行检讨而作为今后的探讨课题。

结合该报告书的内容而在2009年进行的法律修订，新规定了"为了信息解析的复制等"相关权利限制规定（法律修订当时为第47条之七，现行法中为第30条之四第1款第2项）。

同时，这次法律修订中还有一个重要的内容便是，在一定条件下即便是为了私人利用也将被判断为违法。如前所述，《日本著作权法》第30条第1款中规定，"在私人或家庭内以及其他与此相类似被限定范围内使用"（私人使用）的情况，在原则上，可以不经著作权人许可而进行复制。针对这一原则，在2009年法律修订中作了如下变更："接收侵害著作权的自动公众传输而进行的数字方式的录音或录影，知道该事实而进行的情况"（第30条第1款第3项），也就是将违法上传的音乐或影像，知道这些是违法上传却进行下载的情况下，即便是为了私人使用目的而下载也仍为违法。

---

❶ 2009年1月《文化审议会著作权分科会报告书》第36～113页。参见：https://www.bunka.go.jp/seisaku/bunkashingikai/chosakuken/pdf/h2101_shingi_hokokusho.pdf。

然而在 2009 年法律修订中，一是由于各个私人的违法下载本身是轻微的，二是由于确保在家庭内所进行行为的规制本身存在困难，因此并未将其作为刑事罚则的对象。另外，关于擅自上传音乐等行为，在 2009 年法律修订之前便已是刑事罚则的对象，对于这样的行为将处以 10 年以下的徒刑或 1000 万日元以下的罚金，还可两项并罚。

（二）2012 年修订❶

但是，在 2009 年法律修订后，日本唱片协会等权利人团体反复强调应当对于违法下载行为加以刑事处罚。例如在 2011 年 7 月 7 日的文化审议会著作权分科会法制问题小委员会会议中，日本唱片协会提出，"违法的音乐、影像等下载数量，如果包括从仅允许视听的流媒体网页上不正当下载的数量，则一年之间将达到 43.6 亿个文件"，因此希望"为了减少大量流通的著作权侵权文件的总量而检讨'与违法上传相同，对于违法下载也导入刑事罚则'的法律修订"；而日本映画制作联盟也提出，"应当对于第 30 条第 1 款第 1 项、第 2 项、第 3 项所对应行为设定刑事罚则"。❷ 在这样的情况下，关于违法下载的刑事罚则化，经过审议，修正案被提交到了日本第 180 届国会审议。

在修订草案中，对有偿作品等的私人违法下载设定了罚则，即《日本著作权法》第 119 条第 3 款中规定的 2 年以下的徒刑或 200 万日元以下的罚金（可以两项并罚）。而该行为被规定为亲告罪，也就是说，如果没有权利人的控诉就不会被提起公诉（第 123 条中规定）。在 2009 年法律修订中被作为违法的是"接收侵害著

---

❶ 2011 年 1 月《文化审议会著作权法分科会报告书》第 25~61 页。参见：https://www.bunka.go.jp/seisaku/bunkashingikai/chosakuken/pdf/h2301_shingi_hokokusho.pdf。
❷ 2011 年 7 月 7 日《文化审议会著作权分科会法制问题小委员会会议记录（第 3 次）》。参见：http://www.bunka.go.jp/chosakuken/shingikai/housei/h23_shiho_03/gijiyoshi.html。

作权的自动公众传输而进行的数字方式的录音或录影",而 2012 年法律修订中将刑事罚则对象的范围作了进一步缩小,仅限于"有偿作品等"。而"有偿作品等"的定义是指,"被录音或被录影的作品或实演等,有偿向公众展现,或者是被展现的",例如,作为 CD 被销售的、有偿在互联网上发行的音乐作品,作为 DVD 被销售的、有偿在互联网上发行的电影作品等。

除此之外,在修订草案中,追加了与违法下载刑事罚则化相关的 4 项附则:①对于国民的启蒙等(国家以及地方公共团体,为了加深对于防止违法下载之重要性的理解,必须充分实施对于国民的启发或未成年人的教育);②相关事业者的举措(相关事业者为了防止违法下载必须努力施以举措);③运用上的考量(在违法下载刑事罚则化运用上,有必要考量互联网利用不会被不当受到限制);④法律实施 1 年为目标设定检讨条款。

特别是在日本参议院进行审议的过程中,针对违法下载刑事罚则化的运用中警察或检察官恣意进行搜查的可能性,参加审议的成员表示担心。❶ 这样的法律修订,使违法下载行为刑事罚则化,那么包括未成年人在内谁都有可能只因为一个点击就被追究刑事责任,或者也有可能作为警察进行逮捕的借口而被利用。而事实上,比日本早一步将违法下载规定为违法的韩国,因为很多青少年被警察检举侵犯著作权而被追究刑事责任,其父母为了不给孩子留下不良烙印而多方奔波和协调而成为社会问题。

同时,还有人认为,由于"明知该事实"这样的语句含糊不够明确,有可能会造成恣意搜查。❷ 除此之外还有,在互联网上区分是否为违法文件异常困难,有可能会由此造成因畏惧刑事罚则而使得一般用户的互联网利用萎缩的结果。对此虽然修订草案起

---

❶ 2012 年 6 月 19 日日本第 180 届国会参议院文教科学委员会会议记录第 6 号第 5 页。
❷ 2012 年 6 月 19 日日本第 180 届国会参议院文教科学委员会会议记录第 6 号第 5 页。

草者认为随着"L"标志❶的普及,该问题自然会得到解决。然而,有实务专家指出❷,"L"标志的知名度并不高,而且就算是正规的发行网页,例如苹果公司的 iTunes 商店,也有并未附有"L"标志的网页;作为现实情况,无法认为仅有"L"标志存在就足够。

通过上述的审议,在日本国会参议院文教科学委员会会议中针对修订草案进行了附带决议。下面仅就关于违法下载刑事罚则化介绍其中的几点:"政府以及相关主体在施行本法之际应当特别考量以下事项:……三、为了加深理解防止明知是源于违法互联网所发行的音乐、影像却进行录音、录影的重要性,在构筑启蒙等举措之际,国家或地方公共团体与有偿向公众提供或呈现作品等的事业者应促进协力合作,以更具效果的方法推进启蒙工作等;四、有偿向公众提供或呈现作品等的事业者,应当为了防止明知是来源于违法互联网发行等的违法音乐或影像却进行录音、录影而努力构筑相关举措;五、在著作权法运用之际,防止不构成犯罪的人却蒙受不当的不利益是至关重要的,特别是在运用第119条第 3 款规定之际,应当考量防止警察滥用搜查权或者不当限制互联网的利用。"

四、2018 年修订

在 2018 年《日本著作权法》修订中,最为重要的修订内容是关于权利限制规定的完善,从而进一步实现了更为灵活的著作权制度。具体来说,根据给著作权人等所带来的不利益,分三个层次将以往的权利限制规定整理统合并作了概括性规定。

在"第一层"中,就不以享受作品所表现的思想或感情为目

---

❶ 参照"License"中的"L"设计而成的标志。具体可参见日本唱片协会官网:http://www.riaj.or.jp/shikibetsu/。

❷ 2012 年 6 月 19 日日本第 180 届国会参议院文教科学委员会会议记录第 6 号第 21 页。

的的利用,在第 30 条之四❶或第 47 条之七中作了规定;在"第二层"中,将通过电子计算机的信息处理或将其结果加以提供之际所伴随的少量的利用等相关内容在第 47 条之五进行了规定;而在"第三层"中,就其他现行法中的权利限制规定中与新设规定之间权利限制之旨趣共通部分进行了整理统合。

特别是对不以享受被表现于作品上的思想或感情为目的的利用进行了规定的第 30 条之四,可以说是 2018 年《日本著作权法》修订中最为重要的部分,被普遍认为是日本平成时代最大规模的法律修订。在对于该条规定加以理解时,首先应当了解何谓"享受"。在日本著作权法中,"享受"被理解为为了满足智慧上或精神上的欲望而利用作品❷。而所谓作品是指,作为人的思想或感情的表现在著作权法中被表现的的样态,由此也可以认为,在著作权法当中只要那些以享受这一被表现的思想或表现的利用方为原本的利用,在著作权法当中仅对于这样的利用样态加以规制便是需要且充分的。

另外,《日本著作权法》第 30 条之四与修订前的第 40 条之三的不同之处还在于,未设"已被公开发表的作品"这一要件。也就是说,即便是还未公开发表的作品,只要对它的利用样态并非为了享受该作品中被表现的思想或感情,就属于权利限制的范围之内,不构成著作权侵权。而且,条文中规定"不管是以任何方式",可见该条款规定是相当具有弹性的,并且覆盖范围较广。单单因为这一条款的规定,当然不能说与作者的意愿相悖,会出现

---

❶ 《日本著作权法》第 30 条之四(不以享受被表现于作品上的思想或感情为目的的利用):作品在以下方式,或者其他不以自己享受或让他人享受被表现于该作品上的思想或感情为目的的情况下,在被认为需要的限度内,不管是以任何方式,可以利用该作品。但是,对照该作品的种类和用途,以及该利用形式,如果是属于不当侵害著作权人利益的情况之时,不为此限。……

❷ 2017 年 4 月《文化审议会著作权分科会报告书》第 41 页。参见:https://www.bunka.go.jp/seikaku/bunkashingkai/chosakuken/pdf/h2q04.shingi_hokokusho.pdf。

原未被公开发行的作品被大量公开的情况。然而即便是个别会有这样的情况出现,也可以通过其后的但书规定,对于"属于不当侵害著作权人利益的情况"将其判断为构成著作权侵权即可。

同时,该条规定并非仅适用于"非营利的情况",这一点被评价为在数字时代具有相当大的意义。❶ 以营利为目的的作品利用,特别是随着大数据或人工智能时代的到来,其使用频度激增。因《日本著作权法》第30条之四的条文本文是一般、概括性的规定,所以从可预测性角度在第1~3项中规定了典型情况的例示。即在第1项中规定了提供于为了研发或实用化而进行实验所用的情况。该规定是将2012年《日本著作权法》修订之时所修改的内容(当时的第30条之四)基本不变地移到了第30条之四第1款第1项中。第2项中就提供于信息解析所用的情况,以2009年进行的《日本著作权法》修订第47条之七的条文内容为基础,删除了限于以"电子计算机"解析,同时还删除了"统计性分析"之要件。通过解除这些限定条件,信息解析的成果物也变得可以进行转让或进行公共传输。第3项是针对利用电子计算机进行的通过人的知觉无法被认知的利用进行了规定,例如在电子计算机的背后作品被复制等。

五、2020年法律修订

根据日本文化厅的资料❷,在被称为"漫画村"的网页上大约3000亿日元价值的出版物被擅自阅读,使得漫画家和出版社的收入减少了约20%,而日本最大规模的Leech网页"遥遥梦之址"❸

---

❶ 中山信弘. 著作权法 [M]. 3版. 东京:有斐阁,2020:384.

❷ 日本文化厅. 关于著作权法以及程序作品相关注册特例的法律部分修订之法律(说明资料) [EB/OL]. [2020-10-01]. https://www.bunka.go.jp/seisaku/chosakuken/hokaisei/r02_hokaisei/pdf/92359601_02.pdf.

❸ Leech原为水蛭之意。Leech网页是指集约了指向侵权内容的链接信息等的互联网网页。

中受害金额高达大约 731 亿日元（至取缔的一年之间），上述网页被封锁之后仅仅是出版宣传中心所把握的部分就存在 500 个以上的网页。仅仅是访问数为前 10 位的网页一个月的访问数量就有 6500 万人以上，而且 10 个网页中的 7 个网页为"下载型盗版网页"。除了漫画或杂志之外，写真集、文艺书、专门书、商务软件、游戏、学术论文、报纸等，不分作品的领域、种类都存在被损害情况。未经著作权人许可而上传的内容，因为被粘贴在 Leech 网页上，结果被视听的次数增加了大约 62 倍。

为此，作为法律修订内容，主要有应对 Leech 网页的对策以及下载违法化和刑事罚则化这两个方面，并将其适用对象从部分作品扩大到了所有的作品上。期望通过这样的修订能够有效实现促进文化发展的立法目的。在修订前的《日本著作权法》中，未经作者同意而擅自将作品（适用对象不作限定）上传到互联网上的行为被作为违法行为，而且明知是违法上传的音乐或影像却进行下载的行为也被作为违法行为。而在这一次的法律修订中，作为针对 Leech 网页问题的对策，为了制约这样的网页运营行为，将其作为了刑事罚则的对象，并将提供链接的行为看作著作权侵权行为并追究民事上或刑事上的责任；对违法上传的作品（漫画、书籍、论文、电脑程序等），明知其为违法上传还进行下载的行为，在一定要件之下即便是私人使用目的也作为违法行为，还会成为刑事罚则的适用对象。

具体来说，作为 Leech 网页问题的对策，将这种网页运营行为作为刑事罚则的适用对象，将在 Leech 网页等登载侵权内容（在这里"侵权内容"是指被违法上传的作品等）之链接的行为等看作著作权侵权行为而追究民事上、刑事上的责任。同时，关于将下载侵权内容之行为作为违法行为的举措是：对于明知是被违法上传的内容而将侵权内容进行下载的，在一定要件之下，即便是私人使用目的也作为违法行为；将通常被有偿提供的正版连续且反复进行下载的情况，则将其作为刑事罚则的对象。当然，针对音乐或影像的上述类型的下载行为是早已被规定为违法行为的,而且是早已被作为刑事罚则的适用对象的。

另外,在这一次《日本著作权法》修订中还扩大了"被拍进去"相关的权利限制规定的对象范围(第 30 条之二)。关于与被拍进去相关权利限制规定,将现场直播或截屏也包含在对象范围之中。

六、结语

无论是在中国还是日本,知识产权制度可以说是被期待起到促进创新作用的重要制度之一。而以大数据或人工智能等为特征的第四次产业革命中,对于不断涌现的新的类型的创作物应当施以怎样的保护,同时如何促进其利用且不会产生极为不自然的结果,是今后应当继续关注的问题。

而关于新的保护客体,我们不能单单因其存在经济上的价值就认为应当在法律上对其加以保护。❶ 同时,对于他人成果的搭便车行为,对其加以指责无可厚非,然而也有观点指出,对他人成果搭便车并非即刻便应当对其加以禁止。❷ 著作权本身的保护范围,以及从这样的范围中划出作为权利限制规定之范围,看似简单的问题却关系着著作权制度的基础,关系着能否实现立法目的,需要今后对此继续加以关注并进行探讨。

---

❶ COHEN F. Vicious Circle, Transcendental Nonsense and the Functional Approach [J]. Columbia Law Review, 1935, 35: 809, 815.

"The vicious circle inherent in this reasoning is plain. It purports to base legal protection upon economic value, when, as a matter of actual fact, the economic value of a sales device depends upon the extent to which it will be legally protected."

❷ 田村善之. 解说:论坛财产的多样化与民法学的课题 [J]. 私学, 2015 (77).

从司法案例看网络游戏整体画面的保护

王若婧*

【摘　要】 网络游戏的相关案件因案情复杂、涉及法律问题多样、标的额高而引起了广泛关注。本文将以在先司法案例为基础，探讨在司法实践中对于网络游戏整体画面的保护路径，其中尤其关注网络游戏司法保护的几个核心问题。第一，关于网络游戏整体画面的作品定性，目前虽各地法院的论证思路不同，但网络游戏连续动态的影像画面是视听作品的表达已基本达成共识；第二，关于实质性相似的判断，实践中多见整体观念及感觉法和摘要层次法；第三，关于侵权认定，较为多见的是主张侵犯权利游戏的复制权、改编权以及信息网络传播权。网络游戏的整体画面的司法保护在不断地探索和完善，在2020年通过的《著作权法修正案》实施后，将其作为视听作品保护也是合理有效的维权路径。

【关键词】 网络游戏　整体画面　类电作品　视听作品

近年来，网络游戏的相关案件因案情相对复杂、涉及法律问题多样、标的额较高而引起了广泛关注。实践中较为多见的侵权行为如：将他人的游戏名称作为搜索关键词，可能涉嫌商标侵权；擅自使用他人游戏中的素材、角色名称与角色形象等，可能构成美术作品的著作权侵权及虚假宣传等不正当竞争行为；对他人游戏整体进行抄袭，则有可能违反反不正当竞争法的一般条款或构

---

* 作者简介：王若婧，北京允天律师事务所律师。

成电影作品和以类似摄制电影的方法创作的作品的著作权侵权。但无论是适用反不正当竞争法还是著作权法,最终实现的目的都是保护权利人的智力劳动成果或经营利益。本文将以在先案例为基础,探讨在司法实践中对于网络游戏整体画面的保护路径。需要说明的是,在 2020 年 11 月 11 日修正后的《中华人民共和国著作权法》(以下简称《著作权法》)中,已删除"电影作品和以类似摄制电影的方法创作的作品"的概念,代之以"视听作品",但本文所讨论的司法案例均是根据 2020 年修正之前的《著作权法》作出的,因此,本文将仍以"电影作品和以类似摄制电影的方法创作的作品"(以下简称"类电作品")这一概念进行讨论。笔者认为,在 2020 年修正的《著作权法》生效后,对于游戏整体画面的保护的基本逻辑不变,仍可给予"视听作品"的保护。

在我国的司法实践中,将网络游戏的整体画面作为类电作品保护是一个不断探索和完善的维权路径。最早将网络游戏的画面作为类电作品进行保护的,是在 2014 年由上海市第一中级人民法院审理的《炉石传说》与《卧龙传说》著作权侵权案(以下简称"《炉石传说》案")❶。在该案中,原告的权利游戏为一款卡牌游戏,法院认定:原告请求保护的视频和动画特效,由一系列画面组成,符合类似以摄制电影的方法创作的特征。同时,以摄制电影的方法创作的作品,虽然必须具有独创性,但法律并没有规定明确的创作高度。因此,在无证据表明原告请求保护的视频和动画特效并非源自自身创作,也没有证据表明其内容属于公有领域或者游戏中的惯常表达的情况下,确认其可以作为以摄制电影的方法创作的作品获得保护。此后,直到 2017 年,各地法院才陆续有一批将游戏整体画面作为类电作品进行保护的案例,且基本上为角色扮演类的网络游戏。2019 年底上海市浦东新区人民法院审

---

❶ 参见上海市第一中级人民法院(2014)沪一中民五(知)初字第 23 号民事判决书。为了叙述方便,本文中案件名称,以涉案作品而非当事人来表示。

理的《守望先锋》与《英雄枪战》著作权侵权及不正当竞争纠纷案❶（以下简称"《守望先锋》案"）中，首次将射击类游戏的连续动态画面纳入类电作品进行保护。笔者将2019年之前对游戏整体画面予以类电作品保护的司法案例进行了整理，如表1所示。

表1 对游戏整体画面予以类电作品保护的司法案例

时间	案件名称	审理法院	案号	游戏类型
2014年	《炉石传说》与《卧龙传说》著作权侵权纠纷案	上海市第一中级人民法院	（2014）沪一中民五（知）初字第23号	卡牌游戏
2017年	《奇迹MU》与《奇迹神话》著作权侵权及不正当竞争纠纷案	上海市浦东新区人民法院	（2015）浦民三（知）初字第529号	角色扮演类游戏
		上海知识产权法院	（2016）沪73民终190号	
2017年	《梦幻西游》游戏直播著作权侵权及不正当竞争纠纷案	广州知识产权法院	（2015）粤知法著民初字第16号	角色扮演类游戏
2019年	《昆仑墟》与《青云灵剑诀》等著作权侵权纠纷案	广州互联网法院	（2018）粤0192民初1号	角色扮演类游戏
2019年	《蓝月传奇》与《烈焰武尊》著作权侵权及不正当竞争纠纷案	杭州知识产权法庭	（2018）浙01民初3728号	角色扮演类游戏
2019年	《守望先锋》与《英雄枪战》著作权侵权及不正当竞争纠纷案	上海市浦东新区人民法院	（2017）沪0115民初77945号	第一人称视角射击游戏

---

❶ 参见上海市浦东新区人民法院（2017）沪0115民初77945号民事判决书。

续表

时间	案件名称	审理法院	案号	游戏类型
2019年	《太极熊猫》与《花千骨》著作权侵权纠纷案	江苏省高级人民法院	（2018）苏民终1054号	角色扮演类游戏

综合分析以上判决可以发现，将网络游戏的整体画面作为类电作品进行保护的首要问题在于对网络游戏的整体画面进行著作权法意义上的作品定性，在定性之后，进一步需要解决的问题就是如何进行侵权比对。

一、关于网络游戏整体画面的作品定性

关于作品定性的问题，实务界多有讨论，甚至有观点认为应在修改《著作权法》时单独规定"游戏作品"。而从上述案例中也不难发现，原告在诉讼请求中关于权利游戏的作品类型的主张也不一而足，其中不乏主张权利游戏的整体画面构成类电作品，或者主张构成《著作权法》（2010年修正，下同）第3条第（九）项规定的"法律、行政法规规定的其他作品"。但是，学界的主流观点仍然是认为我国《著作权法》采取了"作品类型法定"的模式，目前并没有法律、行政法规在《著作权法》之外规定《著作权法》第3条第（九）项的"其他作品"，因此，作品类型限于《著作权法》第3条列举的8类作品和第14条规定的汇编作品。❶ 在《昆仑墟》与《青云灵剑诀》等著作权侵权纠纷案（以下简称"《昆仑墟》案"）中，法院亦持此观点，认为"如果游戏与现有某种法定作品类型的表现形式、传播利用方式大致相同，则选择合适的法定作品类型予以保护比较恰当，毕竟立法中确定的作品类型是长期以来文艺理论与创作实践的总结，既根据其表现形式和使用方

---

❶ 王迁. 论作品类型法定：兼评"音乐喷泉案"[J]. 法学评论，2019（3）：10-26.

式确定了相应的著作权内容，也明确了权利归属认定原则和侵权比对原则，具有找法便利及减轻司法解释负担的优势"。

然而，在将网络游戏的整体画面认定为类电作品的案件中，不同案件有着不同的思路。对于卡牌游戏（《炉石传说》案），法院认为，其中的视频和动画特效由一系列画面组成，符合类似以摄制电影的方法创作的特征，因此构成类电作品。而对于角色扮演类网络游戏，法院则多从"电影"的角度出发进行认定。如在《昆仑墟》案中，法院从创作过程、表现形式、作品内容、作品的传播利用方式、创作手段五个方面综合来看，最终认定《昆仑墟》游戏前81级画面为类电作品。在《奇迹MU》与《奇迹神话》著作权侵权及不正当竞争纠纷案（以下简称"《奇迹MU》案"）中，法院则从网络游戏的创作过程（游戏的编程过程则相当于电影的拍摄）和表现形式（随着玩家的操作游戏剧情展开并出现画面的连续变动）两个方面认定《奇迹MU》游戏的整体画面构成类电作品。虽措辞不同，但落脚点都是游戏连续动态的影像画面是类电作品保护的表达。而在《守望先锋》案中，法院更是简洁明了地认定，某一类型的网络游戏的游戏画面是否可以视为类电作品，应衡量此画面是否由一系列有伴音或无伴音的具有独创性的画面组成，《守望先锋》游戏无论是英雄的移动还是使用武器释放技能的过程，呈现出来的都是连续的动态画面，因此可认定为类电作品。

在此类案件中，被告往往会援引《著作权法实施条例》（2013年修订）第4条第（十一）项的规定，即"电影作品和以类似摄制电影的方法创作的作品，是指摄制在一定介质上，由一系列有伴音或者无伴音的画面组成，并且借助适当装置放映或者以其他方式传播的作品"，来质疑游戏整体画面"固定"的属性。对此，在多个判决中，法院都是回归到著作权法的立法目的，认为著作权法保护电影作品的目的不是保护创作的方法，而是保护创作的结果，即连续动态的影像画面，是否通过摄制方法固定于一定介质上并不是判断是否构成电影或类电作品的必要条件。并且,多个判决中均援引《保护文学和艺术作品伯尔尼公约》第 2 条第 1 款对于类电作品的描述 "assimilated works expressed by a process analogous to cinematography",即以类似电影的方法表现的作品,强调的亦是表现形式而非创作方法。因此,通过非摄制的方式创作出来的游戏影像画面亦可以构成类电作品。这一难题在 2020 年修正的《著作权法》实施之后或可解决,虽相关的实施条例尚未出台,但可以明确的是,就视听作品而言,是不要求"摄制"这一要件的。

此外,被告多有以"玩家创作"来抗辩作品的独创性要件。可以说,在《奇迹 MU》案中,两审法院对此问题基本作出了非常全面的回答,从有限的可能性(所有的操作均由程序预设)以及玩家行为无法增加未预设内容,也就是脱离游戏之外的"创作"的角度否定了"玩家创作",并认为,连续活动画面是唯一固定还是随着不同操作而发生不同变化并不能成为认定类电作品的区别因素。在《守望先锋》案中,法院同样认为,玩家操作的根本目的是获得最终战斗胜利,而不是为了"创作"具有美感的动态画面,其游戏操作对游戏画面的产生并没有独创性的贡献,并非著作权法意义上的创作。

二、关于实质性相似的判断

实质性相似的判断方法,有普通观众测试法、抽象测试法、内外部测试法、逐字逐句比对的解构方法等。❶ 在《奇迹 MU》案中,法院认为由于网络游戏的画面繁多,且需要依赖玩家的操作而产生,故难以进行一帧帧的比对,但可以通过比对连续画面中的素材来认定两者的相似度。两款游戏的素材虽然部分造型在线条的组合细节方面有些许差别,但整体造型的视觉效果差别不大。

---

❶ 陈锦川. 何为"实质性相似"? [J]. 中国版权, 2018 (5): 16-18.

而且，基于原告提交的网友对于被诉游戏的评论，可以认定对于不具备特殊鉴赏力的普通观众和游戏玩家而言，两款游戏的整体画面相似度极高，不足以带来不同的美感。

可见，《奇迹 MU》案采用的是整体观念及感觉法。这一方法常用于摄影、美术、电影等具有艺术性或美感的作品的实质性相似判断中。而在《昆仑墟》案中，法院亦采取此种方法，并在论证逻辑上层层递进，更具说服力。

该案中，法院首先明确，类电作品因与电影作品类似，可以采取类似电影作品的比对方法。其次，电影作品的实质性相似判断，不仅需要考察单个画面，也需要进行整体认定和综合判断，判断受众在欣赏体验在后作品时，是否存在与在先作品相同或近似的感受。这种感受不独体现在视觉和听觉上，也反映在心理以及实际的体验上。在此种意义上，即使两部电影的影像画面有较大区别，但是如果故事发生的逻辑、人物出场顺序及其相互关系、由具体事件的发展进程所构成的情节等都相同或相似，则带给受众的观感体验也会相同或相似。当然，如果前述情节、结构和故事推进过程构成了著作权法意义上的表达，则两者构成实质性相似。此种比对方法应用到游戏的实质性相似判断中，则是游戏的人物设置、任务主线、情节结构和游戏效果等足够具体，符合著作权法上的表达，被诉游戏中包含这些内容，足以带给普通观察者相同或相近的欣赏体验的感受，则构成实质性相似。最后，具体到该案中，两款游戏每一级内容的设置路径、主角行动和成长的脉络、主角与 NPC 人物之间的关系等基本一致，形成了高度相似的表达，即使在不同的故事背景和场景下使用了不同的人物形象及角色技能等，仍然会给人带来相似的体验，构成整体观感上的实质性相似。

而在《守望先锋》案中，则是采用了文字作品比对中比较常见的摘要层次法。法院首先通过思想和表达的区分将《守望先锋》分为五个层次。第一层是游戏立项阶段的游戏类型定位。第二层是围绕游戏类型定位的规则设计。前两层属于游戏类型的基本规则，属于思想的范畴，不受著作权法保护。第三层为游戏资源的核心部分制作，包括地图行进路线设计、数值策划以及用户界面整体布局。第四层是资源串联及功能调试。第五层是游戏资源的进一步细化制作。后三层已经足够具体，可以以游戏素材形式呈现，构成表达。被控侵权游戏与《守望先锋》游戏地图的游戏玩法、行进路线等后三层的"表达"存在大量相似，因此构成实质性相似。这一比对方法还见于《太极熊猫》与《花千骨》著作权侵权纠纷案（以下简称"《太极熊猫》案"）以及《蓝月传奇》与《烈焰武尊》著作权侵权及不正当竞争纠纷案（以下简称"《蓝月传奇》案"）中。

三、关于侵权认定

此类案件中，原告一般会主张被控侵权游戏侵犯其权利游戏的复制权、发行权、改编权以及信息网络传播权。

在早期的判决中，如《炉石传说》案，法院认为构成类电作品的"视频和动画特效"侵犯了原告的复制权、信息网络传播权；《奇迹 MU》案中，法院认为，被告的开发行为侵犯了原告对《奇迹 MU》游戏整体画面享有的复制权，运营行为则侵犯了原告的复制权、信息网络传播权。

但在《太极熊猫》案、《昆仑墟》案、《守望先锋》案中，法院则支持了原告关于改编权的主张。在《昆仑墟》案中，法院首先明确，复制的本质属性是通过各种方式非创作性地再现作品，信息网络传播权实质上也是一个复制品的传播过程。而被诉游戏是在利用权利游戏基本表达的基础上进行了新的创作，体现了一定的独创性，两者之间的差异使普通观察者可从外观上识别原被告游戏之间的区别，不会直接混淆为同一款游戏。因此，被诉游戏并不是权利游戏复制权所保护的复制品。❶ 在《守望先锋》案中，法院也持相同观点，认为《英雄枪战》相较于原作品《守望先锋》在外观美术效果上已经具有一定程度的独创性，玩家从外观上可以将其与原作品区别开，构成对原告类电作品《守望先锋》改编权的侵犯。

虽然目前已无法看到《炉石传说》案、《奇迹MU》案中权利游戏和侵权游戏的"实质性相似"程度有多高，已足以被认定为构成复制，但从现有的案例和游戏行业的实际情况来看，原封不动的复制应该是不存在的。实践中，侵权游戏多是采用与他人权利游戏相同或相似的玩法规则、数值体系等，并对界面、角色技能效果图、道具和场景等素材稍作改动，一方面，可以利用与权利游戏相似的游戏整体画面的"观影体验"来吸引玩家，另一方面又可"规避"直接的侵权风险。因此，侵权游戏往往已经超出"复制品"的范畴，而落入"改编权"规则的领域。当然，复制和改编的界限在具体案件中有不同的把握，作为权利人，可视情况主张权利。

四、延伸与思考

正如本文一开始所提到的，目前的司法案例中将游戏整体画面作为类电作品保护的游戏，在《守望先锋》案之前基本上是角色扮演类游戏。这到底是《守望先锋》案的特立独行，还是可以作为类电作品保护的游戏本就不限于某种特定类型？

比如，在《夺宝捕鱼》商业贿赂不正当竞争纠纷案❷中，原告主张权利游戏《夺宝捕鱼》整体构成类电作品，但两审法院最终认定该游戏不具备特定的游戏角色或游戏故事情节，缺乏一般的

---

❶ 该案因原告并未主张侵犯改编权，最终被法院驳回起诉。但法院在判决中却又说明："原告菲狐公司若认为构成对其作品其他权利的侵犯，可另行主张"，结合法院对复制权和信息网络传播权的论述，此说法似乎又向原告指明了应主张"改编权"。

❷ 参见广州知识产权法院（2017）粤73民终1842号民事判决书。

以类似摄制电影的方法创作的作品的核心要素,不能构成《著作权法》规定的类电作品。在此后的案例中,虽未明确作为类电作品保护的游戏是否必须有某种"故事情节",但法院在游戏画面是否构成类电作品的论述中,则多从"类似电影"的角度出发,实则也考虑了"故事情节"的元素。而在《守望先锋》案中,法院则直接明确"预先设定的故事情节并不是类电作品的必备要素"。

笔者认为,讨论游戏整体画面的保护,应回归到类电作品(2020年修正的《著作权法》中为视听作品)的立法本意:所谓"类电",类的并不是电影的情节,而是电影的表现形式,即连续画面,只要特定的游戏的整体连续画面本身满足著作权法上的"独创性"和"固定"要件,就构成类电作品,"故事情节"并非作品的认定要件。

纵观国际立法和司法实践,将网络游戏的整体画面作为类电作品进行保护并不是我国法院的独创。早在20世纪80年代,美国就已经通过"斯坦恩案""威廉姆斯案"等判决,解决了关于电子游戏的版权保护问题,即电子游戏产生的图像和声音的整体效果可以作为视听作品获得版权保护。❶ 在相关的案例中,美国法院对于我国司法实践中仍存在较大争议的作品的固定、独创性以及游戏者参与对作品认定的影响等问题都作出了回应。此外,游戏产业发达的日本也在2002年的司法案例中首次认定电子游戏的整体画面构成电影作品。❷

在我国的立法层面,虽没有将游戏整体画面作为类电作品保护的明确法律规定,但值得关注的是已有相关的审理指南❸,明确运行网络游戏产生的连续动态游戏画面符合类电作品构成要件的,

---

❶ 李明德. 美国知识产权法 [M]. 2版. 北京:法律出版社,2014:917-921.
❷ 王迁,袁锋. 论网络游戏整体画面的作品定性 [J]. 中国版权,2016(4):19-24.
❸ 例如《北京市高级人民法院侵害著作权案件审理指南》《广东省高级人民法院关于网络游戏知识产权民事纠纷案件的审判指引(试行)》。

受著作权法保护。且前述司法案例也已然给出了保护的路径和思路。在2020年修正后的《著作权法》"视听作品"的概念下,游戏整体画面保护的逻辑和思路不变。

当然,本文讨论的是网络游戏整体画面的著作权保护,在具体的案件中,如果侵权人还存在如虚假宣传、攀附原告商誉、损害原告竞争利益的情形,仍然可适用《中华人民共和国反不正当竞争法》等进行规制。

网络音乐版权独占许可的反垄断分析

尹锋林*

【摘 要】版权保护在于鼓励文学艺术创作,促进社会文化繁荣。最近几年来,随着我国知识产权保护水平的大幅提升和网络音乐市场的迅速繁荣,我国音乐版权权利人通过有效的版权保护,获得了应有的市场回报。与其同时,国际主要跨国音乐巨头通过版权独家许可合作安排,试图垄断网络版权音乐市场,并进而获得超过市场合理价格的垄断利润。这种做法,既不利于国内网络音乐经营者之间的合法竞争,更会损害国内广大音乐爱好者的合法利益,理应受到反垄断法的约束和规制。

【关键词】网络音乐 版权 反垄断法

版权保护在于鼓励文学艺术创作,促进社会文化繁荣。合理、有效的音乐版权保护与利用,有助于音乐作品创造者和表演者通过市场化方式获得应有的经济收益。近几年来,随着我国知识产权保护水平的大幅提升和网络音乐市场的迅速繁荣,我国音乐版权权利人获得应有的市场回报。这是值得期许和鼓励的。同时,版权本身是一种天然的垄断性权利,但版权权利人的分散通常不会导致市场垄断问题。如果国际上主要的跨国音乐巨头在某一特定国家通过版权独家许可合作安排,使该国的某一公司获取该国市场上所需要的大部分音乐作品的独占使用权,那么,该国网络

---

* 作者简介:尹锋林,中国科学院大学公共政策与管理学院法律与知识产权系副教授。

音乐市场就极有可能产生比较严重的市场垄断问题。这种做法既不利于国内网络音乐经营者之间的合法竞争，又会损害国内广大音乐爱好者的合法利益，理应受到反垄断法的约束和规制。

一、网络音乐版权市场与独占许可

广义的音乐版权主要涉及三种类型的权利：一是音乐作品的著作权，二是音乐表演者的表演者权，三是音乐录制者的录音录像者权。音乐作品是指歌曲、交响乐等能够演唱或者演奏的带词或者不带词的作品。音乐作品的著作权由音乐作品的词作者和曲作者享有。音乐作品的传播和欣赏，主要不是通过文字形式进行，而是通过表演或录音录像方式。经音乐作品著作权人许可，表演者（如歌星）表演音乐作品，那么表演者即可对其表演享有表演者权，即现场直播和公开传送其现场表演、录音录像，复制、发行录有其表演的录音录像制品，通过信息网络向公众传播其表演的排他性权利。经表演者和音乐作品著作权人许可，对表演者的表演首次进行录音录像的人，是录音录像制作者。录音录像制作者对其录音录像享有录音录像制作者权，即复制、发行、出租、通过信息网络向公众传播其录音录像并获得报酬的排他性权利。❶

因此，传统音乐版权市场主要可以划分为三类：一是音乐作品的原创市场，二是表演市场，三是录音或唱片市场。音乐作品原创市场，通常由分散的个体词、曲作者组成。当然，唱片公司为了获取优质的原创歌曲，也有可能培养发展或雇用自己的原创词、曲作者。音乐作品原创市场在音乐市场中居于上游位置，国际上跨国音乐巨头通常会通过著作权转让、独占许可或普通许可的方式从分散的词、曲作者那里获取海量的音乐作品著作权。由于每位词或曲作者的著作权在音乐整体市场上的影响极小，因此

---

❶ 徐鹤薇，张雅光. 论音乐作品的著作权保护［J］. 行政与法，2012（9）：119－123.

跨国音乐巨头单独收购特定的词、曲著作权的行为，通常不会涉及市场垄断问题。

绝大部分音乐消费者主要的消费目的是欣赏音乐作品的表演，因此，音乐表演市场在音乐版权市场中占有重要的地位，同时也是文化产业市场一个极为重要的组成部分。❶ 表演者（包括表演组织者）一方面可以通过表演向观众提供现场的音乐享受服务，另一方面还可以通过录音或唱片等形式向消费者提供事后的音乐享受服务。录音或唱片市场则主要涉及唱片公司组织表演、录制唱片、复制发行唱片等行为。由于唱片公司需要整合词曲作者、表演者、录制者、发行者等各方面的力量和利益，因此唱片公司一般在音乐市场中占据主导地位。同时，由于一首特定的歌曲可以由多位表演者分别进行表演和录音录像，一位表演者也可以对一首特定的歌曲进行多次表演和录音录像，因此，对特定歌曲的表演或录音录像通常亦不会涉及反垄断问题。

自 20 世纪 90 年代以来，随着互联网特别是移动互联网的发展，通过网络欣赏音乐的市场需求越来越大，在传统音乐市场之外，网络音乐市场应运而生并且发展迅猛。在网络音乐市场中，网络音乐服务提供者通过互联网向消费者分享音乐，具体方式主要有两种。一是通过网络向消费者提供音乐下载服务，使消费者通过网络可以获得音乐的电子复制件。消费者在获得电子复制件后，即可以不受网络连接的限制在其电子设备上播放音乐。音乐下载服务又可以具体分为两种情况：一种是消费者下载的是可以永久保存且播放次数不受限制的电子复制件，另一种是消费者下载的电子复制件的保存期限受到限制或者该电子复制件的播放次数受到限制。二是通过网络直接向消费者提供音乐播放服务。网络直接向消费者提供音乐播放服务的技术，被称为流媒体技术，即网络音乐服务提供者通过网络向消费者实时连续传输音乐数据，

---

❶ 林少坚. 音乐表演专业发展市场前景浅析［J］. 艺苑，2014（3）：105 - 106.

消费者的电子设备接收到该音乐数据后实时播放该音乐。消费者的电子设备在播放音乐后即删除所收到的音乐数据，故此，通过流媒体技术提供音乐播放服务，不会使消费者电子设备中保存相关音乐的永久复制件以供其再次欣赏。流媒体服务又可分为如下两种情况：一是消费者可以自主选择时间、音乐作品等内容的交互性流媒体服务，二是消费者只能根据网络音乐服务提供者事先确定的时间表播放音乐的非交互性服务。❶ 事实上，网络音乐服务提供者通常会根据不同情况，针对不同人群，提供上述所有方式的网络音乐服务。

传统音乐版权市场是网络音乐版权市场的基础。网络音乐版权市场需要传统音乐版权市场中的词曲著作权人、表演和录音录像权利人的许可才能合法地通过网络向消费者提供音乐。因此，在传统音乐市场占有优势地位的音乐公司往往也可以在网络音乐市场获取市场主动权。由于跨国音乐集团在传统音乐市场通过企业并购提升市场占有率的行为容易引起各国反垄断执法部门的关注，近年来跨国音乐集团开始寻找迂回路径，以达到垄断某个单一国家网络音乐市场之目的。其中的一个主要的迂回路径就是"独占许可"。版权许可方式主要可以分为三类：一般许可、排他许可、独占许可。版权一般许可是指版权人在签订许可协议许可被许可人使用其作品之后，版权人自己仍然有权使用其作品，并且还有权向第三人再次发放使用许可。版权排他许可是指版权人在签订许可协议许可被许可人使用其作品之后，版权人自己虽然仍有权使用其作品，但不得再向第三人颁发使用许可。在版权排他许可情况下，就只有一个被许可人和版权人可以使用该音乐作品。版权独占许可则比排他许可更进一步，版权人在签订许可协议许可被许可人使用其作品之后，版权人不仅不能再许可第三人使用其作品，而且版权人自己也不得再使用其作品。在版权独占

---

❶ 刘家瑞. 论美国数字音乐版权制度及启示［J］. 知识产权，2019（3）：102 - 103.

许可情况下,就只有一个被许可人可以使用该音乐作品,而包括版权人在内的其他所有人则均不能再使用该音乐作品。由上述三种版权许可方式的分析可见,版权排他许可特别是版权独占许可具有严重的版权锁定效果。对于在网络音乐版权市场中发生的有一定影响的版权独占许可,需要从反垄断法角度审视其对正常市场竞争的影响。

二、网络音乐版权独占许可与垄断协议

垄断协议最典型的情况是价格共谋,即价格卡特尔。在传统音乐市场,由于每个市场主体所拥有的音乐版权各不相同,具有显著的差异性,消费者对某首特定歌曲的选择并不会因音乐版权权属的变化而发生变化,因此,一般情况下,市场主体之间进行价格共谋或卡特尔行为的经济动力并不充足。由于在传统市场中垄断协议的真正实施非常困难,因此无论竞争对手如何选择,市场主体的最好选择通常还是竞争。而在由传统市场引发的新兴市场中,特别是在涉及信息网络的新兴市场中,由于这样的新兴市场具有"重复参与"和便捷的"信息交换"性质,因此这样的价格共谋或卡特尔就具有现实的稳定性并有利可图。如果进入卡特尔门槛较低,并且该卡特尔因为参与市场主体越来越多而可以产生更多的利润,那么反过来该卡特尔就可以吸引更多的新的竞争者加入;这样,该卡特尔就会滚雪球式地增长。❶

网络音乐市场是适合传统的跨国音乐巨头达成垄断协议的理想新兴市场。网络音乐市场需要传统跨国音乐巨头提供合法的音乐版权才能够健康发展。特别是在我国知识产权保护水平明显加强、政府和民众对盗版的容忍度越来越低、网络音乐盗版的监测效率越来越高的情况下,网络音乐市场中的经营者必须拥有合法

---

❶ 希尔顿. 反垄断法经济学原理和普通法演进 [M]. 赵玲,译. 北京:北京大学出版社,2009:55-57.

版权才能行稳致远。❶ 跨国音乐巨头之间虽然在传统音乐市场达成垄断共谋的可能性很小，但是它们在特定国家在网络音乐市场达成垄断共谋却极有可能发生。跨国音乐巨头要想快速进入特定国家的网络音乐市场，通常需要借助该国已经存在的网络音乐平台。跨国音乐集团向特定国家已经存在的网络音乐平台颁发音乐版权许可的方式主要以下有三种情况。

第一，多对多的一般许可。如果跨国音乐巨头以一般许可的方式将音乐版权分别许可给该特定国家的多个网络音乐平台，那么由于该国存在多个被许可相同音乐版权的网络音乐平台，这些网络音乐平台之间将会存在严重的同质化竞争。这些网络音乐平台为了吸引国内消费者必然会尽力压低其销售价格，进而也会带动音乐版权购买价格的走低。当然，这样的充分市场竞争也会使国内消费者利益最大化。

第二，多对多的独占许可。如果不同跨国音乐巨头A、B、C单独向不同的国内网络音乐平台X、Y、Z颁发音乐版权的独占许可，由于国内网络音乐平台X、Y、Z分别拥有不同歌曲的音乐版权，它们之间在国内网络音乐市场中针对某首特定歌曲并不存在相互竞争。在这种情况下，国内网络音乐平台X、Y、Z之间的竞争主要表现在曲库大小、歌手、音质效果等方面的竞争。在一般情况下，这种竞争可以控制在合理的限度之内。

第三，多对一的独占许可。如果不同的跨国音乐巨头A、B、C分别将其音乐版权独占许可给国内的某个网络音乐平台X，使X可以在该国独占全部网络音乐市场，那么A、B、C向X颁发独占许可的行为虽然从表面上看是分别进行的，但在本质上可以视为一种特殊形式的垄断协议。《中华人民共和国反垄断法》（以下简称《反垄断法》）第13条第1款规定："禁止具有竞争关系的经营者达成下列垄断协议：（一）固定或者变更商品价格；（二）限制

---

❶ 蒋涵. 互联网环境下的音乐版权保护［J］. 知识产权，2016（7）：117-119.

商品的生产数量或者销售数量；（三）分割销售市场或者原材料采购市场；（四）限制购买新技术、新设备或者限制开发新技术、新产品；（五）联合抵制交易；（六）国务院反垄断执法机构认定的其他垄断协议。"由于这种多对一的独占许可一般会涉及固定独占许可价格事项，同时，这种多对一的独占许可必然会在客观上导致国内的其他网络音乐平台（如 Y 和 Z），不能再从这些跨国音乐巨头那里获得音乐版权许可，因此，多对一独占许可既有可能涉嫌固定价格垄断协议，又有可能构成联合抵制垄断协议。

三、网络音乐版权独占许可与经营者集中

根据《反垄断法》的规定，经营者集中主要有三种情况：一是狭义的经营者合并，即两个或两个以上的经营者通过吸收合并或新设合并的方式最终形成一个市场主体的行为；二是经营者通过取得股权或者资产的方式取得对其他经营者的控制权，即收购企业与被收购企业在不改变各自法律主体资格的前提下，通过改变股权或资产的方式取得对被收购企业的实际控制，进而使收购企业与被收购企业成为事实上的同一主体，但这种事实上的同一主体在法律上看又是两个经营者各自作为独立的市场主体从事经营；三是两个或两个以上的经营者在保留各自独立法人资格的前提下，通过合同等方式形成控制与被控制的关系。❶

各国历来重视新兴市场中的新兴市场主体与传统优势主体之间的集中行为。20 世纪早期，一种能够自动演奏乐曲的装置——钢琴卷（piano roll）成为美国家庭欣赏音乐的一种重要方式，并在当时形成一个新兴市场。在钢琴卷技术出现之前，美国版权法不可能通过立法形式给予音乐作品权利人利用钢琴卷自动演奏音乐的排他性权利，同时，美国法院在钢琴卷应用早期亦通过判例认为人们不能在正常情况下浏览或阅读钢琴卷中反映的音乐作品，

---

❶ 孟雁北. 反垄断法［M］. 2 版. 北京：北京大学出版社，2017：185.

故钢琴卷不能构成版权法意义上的复制。在这种背景下，钢琴卷制造商 Aeolian 公司预测美国国会将会通过立法给予音乐作品权利人利用钢琴卷演奏音乐的排他性权利——音乐作品机械复制权，故通过合同方式积极购买该项权利。由于 Aeolian 公司在购买音乐作品机械复制权时，该项权利尚未由美国国会立法明确，因此 Aeolian 公司的收购价格极为低廉，并迅速积累了大量音乐作品的相关权利。美国国会在立法时既考虑了给予音乐作品版权人机械复制权的必要性，同时，为了托拉斯目的又对该项权利进行了限制，即允许其他市场主体通过法定许可的方式对音乐作品进行机械复制。❶

虽然有学者根据 Aeolian 公司在当时并未控制绝大多数市场份额且该公司在多年之前就已经不复存在的事实而对法定许可的必要性怀有疑问，但是，对该事实亦可以有另外一种解读：正是因为美国国会设计了音乐作品机械复制权的法定许可制度，Aeolian 公司先前所收购的独占性权利在钢琴卷市场才变得无效，其他的钢琴卷厂商可以不必受到竞争对手 Aeolian 公司的制约而通过法定许可制度合法地获得授权制造、销售钢琴卷。这种制度设计既保证了音乐作品权利人可以获得合理的利益，同时又促进了钢琴卷市场竞争主体之间的公平竞争，带动了整个钢琴卷市场的繁荣。

同样，在当前新兴的网络音乐市场领域亦存在上述问题。具体到上述"多对一"的独占许可情况，跨国音乐巨头 A、B、C 分别将其音乐版权独占许可给国内的某个网络音乐平台 X，从跨国音乐巨头 A、B、C 的角度进行观察，它们的行为可能构成垄断协议；而如果从国内网络音乐平台 X 的角度进行观察，X 的行为则会涉嫌构成经营者集中。由于跨国音乐巨头的核心资产就是音乐作品的著作权，而音乐作品的著作权又具有明显的地域性特点，因此，X 从 A、B、C 处购买音乐作品国内版权的独占使用权，本

---

❶ 刘家瑞. 论美国数字音乐版权制度及启示 [J]. 知识产权，2019 (3)：87－104.

质上就是 X 收购了 A、B、C 在国内的核心资产。虽然 X 的收购行为由于仅涉及国内版权,可能并不会对国外音乐市场构成影响,但是在国内却有可能产生明显的反竞争效果。需要注意的是,虽然 X 购买的版权独占许可并非版权本身,但是由于知识产权独占许可具有排他性效果,因此各国对于市场主体获得知识产权独占许可的行为亦认为属于经营者集中的审查范围。❶

事实上,国家有关部门已经关注到版权独占许可对网络音乐市场的潜在危害,并在采取措施避免发生反竞争后果。2017 年 9 月,国家版权局专门针对网络音乐版权问题,分别约谈了网络音乐服务商和境内外音乐公司主要负责人,要求促进网络音乐全面授权、广泛传播,不得哄抬价格、恶性竞价,避免采购和授予独家版权。❷ 国家版权局作为版权行政管理部门,从著作权管理的角度对网络音乐市场主体进行行政指导,对于规范网络音乐市场主体的竞争行为具有重要意义。同时,对于符合我国经营者集中申报标准的网络音乐版权独占许可行为,反垄断执法部门亦应加强审查,对于应申报而未申报的经营者集中行为则应加强执法和处罚。当然,由于互联网行业的特殊性,在判断网络音乐市场集中行为的违法性时,不仅需要考虑传统行业集中行为的判断因素,同时,还必须考虑网络音乐市场中的核心知识产权、技术创新和新兴产业发展等新因素的影响。❸

四、网络音乐版权独占许可与滥用市场支配地位

在网络音乐市场"多对一"独占许可情况下,如果国内某个

---

❶ 李慧颖. 论与知识产权有关的经营者集中 [J]. 电子知识产权,2007 (7): 23 - 26.

❷ 倪伟. 国家版权局约谈网络音乐服务商及音乐公司,避免采购和授予独家版权 [EB/OL]. (2017 - 09 - 14) [2017 - 09 - 04]. http://www.bjnews.com.cn/news/2017/09/14/458011.html.

❸ 叶明. 互联网经济对反垄断法的挑战及对策 [M]. 北京:法律出版社,2019: 110 - 111.

网络音乐平台获得了大部分市场所需要的音乐版权的独占使用权，那么该网络音乐平台就有可能在国内网络音乐市场拥有市场支配地位，并进而涉及市场支配地位滥用问题。

在认定网络音乐平台的市场支配地位时，需要考虑互联网产业的特殊性。与传统产业相比，互联网产业具有以下特征。一是网络效应，即一个用户使用某种产品或服务所获得的效用会随着使用该产品或服务的用户人数的增加而增加的现象。二是锁定效应，即网络用户从一个产品或服务转移到另外一个产品或服务的转移成本很高，从而使用户对产品或服务的使用越多越难以退出。三是兼容性与标准化。互联网企业要想更好地满足用户需求，必须不断协调不同互联网企业的各种产品或服务之间的关系，这就需要数据的兼容性和技术的标准化。❶

互联网产业的上述特征，使得网络音乐平台市场支配地位认定的考量因素发生了显著变化。在传统产业中，市场支配地位的认定以市场份额为主；而在网络音乐市场中，市场支配地位的认定除了要考量市场份额之外，还应重点考量网络音乐平台的用户数量、音乐版权数量及占有率等情况。❷ 特别是由于版权本身就具有法定的排他性效力，如果网络音乐平台所获得的音乐版权（包括版权所有权和版权独占使用权）数量超过了市场所需要的50%，那么通常就应直接认定该平台拥有市场支配地位。

版权作为知识产权，是一种法定的排他性权利。通常情况下，版权权利人有权拒绝许可他人使用其版权作品，这是版权权利人依据《著作权法》所享有的合法权利。《反垄断法》第55条规定："经营者依照有关知识产权的法律、行政法规规定行使知识产权的行为，不适用本法；但是，经营者滥用知识产权，排除、限制竞

---

❶ 刘佳. 互联网产业中滥用市场支配地位法律问题研究［M］. 北京：人民出版社，2018：26-30.

❷ 贾东明. 数字音乐独家版权反垄断规制的路径探析［J］. 法制与社会，2019(34)：32-33，42.

争的行为，适用本法。"由此可见，版权权利人在行使其版权时如涉嫌滥用知识产权排除、限制竞争，亦应受到《反垄断法》的规制。

在网络音乐市场，网络音乐平台滥用市场支配地位主要涉及"必需设施"理论。反垄断法意义上的"必需设施"，也被称为"必要设施"或"核心设施"，是指基于地理、法律或经济上的原因其他竞争者无法或者非常难以复制且竞争者进行市场经营所必需的设施。在"必需设施"理论中，当一个设施被认定为"必需"之后，设施的拥有者就在一定程度上需要承担以合理条件开放使用的义务，而不得拒绝交易。这在反垄断理论与实践上具有非常重要的意义。因为在"必需设施"理论下，设施的拥有者将不再具有契约自由的权利，市场被完全封闭的状况也将因此而大为改善。❶

根据国家市场监督管理总局《禁止滥用市场支配地位行为暂行规定》第 16 条规定，具有市场支配地位的经营者拒绝交易相对人在生产经营活动中以合理条件使用其必需设施，属于滥用市场支配地位；在依据该种情形认定经营者滥用市场支配地位时，应当综合考虑以合理的投入另行投资建设或者另行开发建造该设施的可行性、交易相对人有效开展生产经营活动对该设施的依赖程度、该经营者提供该设施的可能性以及对自身生产经营活动造成的影响等因素。在网络音乐市场，具有市场支配地位的网络音乐平台 X 因为拥有该市场所需要的大部分音乐版权，那么在这种情况下，其他竞争者如果要合法地开展网络音乐服务，则必须使用 X 所拥有的音乐版权，否则，其他竞争者就难以合法地开展网络音乐服务。质言之，X 所拥有的音乐版权是其他竞争者进入网络音乐市场的必要条件，同时也是其他竞争者难以复制的条件，即其

---

❶ 李剑. 反垄断法中核心设施的界定标准：相关市场的视角[J]. 现代法学, 2009, 31（3）：69-81.

他竞争者基本上没有另行获取相应音乐版权的可能性。因此,在这种情况下,网络音乐平台 X 所拥有的音乐版权就会构成网络音乐发展的"必需设施",网络音乐平台 X 如拒绝以合理的条件向其他竞争者颁发音乐版权许可,则可以构成滥用市场支配地位。

五、结语

网络音乐市场经过最近几年的发展,已经成为我国最具活力、发展最迅速的市场之一。以腾讯音乐发展为例,根据该公司的财务报告,2019 年全年腾讯音乐娱乐集团总营收同比增长 34.0% 至人民币 254.3 亿元,营业利润同比增长 126.7% 至 46.2 亿元;与此同时,2019 年第四季度,腾讯音乐娱乐集团在线音乐付费用户达到 3990 万,同比增长 47.8%,环比上一季度净增加 450 万,达到其上市以来最高增速。❶ 在网络音乐市场快速发展繁荣的同时,网络音乐市场上的参与者、竞争者亦应在法律的限度内进行公平竞争。如果音乐公司、网络音乐平台利用不合理、不合法的方式获取或滥用网络音乐市场垄断地位,将不利于我国网络音乐市场的正常竞争,进而使广大消费者不能获取优质的、价格合理的音乐作品,那么,其理应受到《反垄断法》的约束和规制。另外,为了促进网络音乐市场的健康发展,我国亦有必要考虑建立类似于美国的法定许可制度,使得网络音乐平台可以以法定许可的方式使用已经发表的音乐作品。❷ 这样既可以有效保护音乐作者和网络音乐消费者的合法权益,又可以一劳永逸地解决网络音乐市场的垄断问题。

---

❶ 腾讯音乐娱乐集团发布 2019 年报:财报超预期,付费用户创纪录增长 [EB/OL]. (2020-03-17) [2020-03-17]. https://tech.qq.com/a/20200317/012324.htm.

❷ 《美国法典》第 17 编第 115 条(a)款。

论不可分割使用的合作作品共有著作权的单方行使

赵旖鑫*

【摘　要】 依作者单独创作之部分是否可以分割使用，我国立法将合作作品区分为可分割使用与不可分割使用两类。两类合作作品各有个性，又具十足之共性。合作创作之制度择其共性，容其个性。合作作者共有著作权基于共同的合意与共同创作之行为。创作完成时，不可分割使用的合作作品中各作者的贡献相互交融、难以区分，并不具备单独利用之可能性。由此，合作作者仅能通过行使共有著作权获取创作之收益，权利的行使方式也因此区分为单方行使与共同行使。其中，单方行使需满足法定要件，如发起协商程序、听取其他作者之意见并进行收益分配等，以上要件待于解释论上的厘清。本文以此类合作作品中共有著作权的单方行使为研究重点，研究后发现，协商具有程序性意义，其是其他作者发表意见的有效渠道；其他作者的反对意见具有利益维护上的正当性时，可以阻却权利之行使；不存在合作协议的约定时，收益分配应当推定由作者平均享有。同时，应赋予作者单独起诉之权利，以克服维权之所难。

【关键词】 合作作品　合作作者　不可分割使用　权利行使

---

* 作者简介：赵旖鑫，中国科学院大学知识产权学院民商法学 2018 级硕士研究生，研究方向为知识产权法。

论不可分割使用的合作作品共有著作权的单方行使

2020年11月11日,第十三届全国人民代表大会常务委员会第二十三次会议通过关于修改《中华人民共和国著作权法》(以下简称《著作权法》)的决定,两类合作作品实现了于《著作权法》中的"首次会面"。根据2020年修正后的《著作权法》第14条第2款,"转让""出质""许可他人专有使用"事项须征求全体作者的一致意见,其他事项可以由作者附条件地单独行使。其中,"其他事项"主要指发放普通许可之权利。

假定某一作品由A、B、C三人共同创作完成,其中,三人的贡献不存在单独利用之可能,应认定为不可分割使用的合作作品(下文为论述方便,称作"不可分作品")。A欲对D发放普通许可时,应当满足以下四个原则。一是协商一致原则。由于作品不存在单独利用之可能,为维护合作作者间的稳定关系,A意图行使权利时,应当征求B与C的同意。二是正当理由认定原则。B或C不同意行使权利时,提供正当理由是其阻却A行使权利的最佳途径。三是转让等事项的排除原则。转让、出质、许可他人专有使用三个事项被排除出合作作者单方行使权利的范畴,即A欲对权利进行转让时,即使B或C无正当理由,也可以拒绝其行使。四是收益公平分配原则。无论以上三位合作作者在协商时是否达成一致意见,当A通过行使权利获得收益时,其应当将收益合理分配给B和C。

一、协商是权利行使的必经程序

从应然角度讲,《著作权法》第14条第2款中"合作作品的著作权由合作作者通过协商一致行使"应当为作者行使共有权利的"第一重障碍"。但是,由于该条的权威解释论基本不存在,❶司法实践对于该要件的解释不甚相同。

---

❶ 解亘. 著作权共有人的权利行使:评齐良芷、齐良末等诉江苏文艺出版社侵犯著作权纠纷案[J]. 交大法学,2015(2):168-176.

（一）解释之一：协商非必要要件

实践中，部分法院将合作作者间的协商程序认定为倡导性规范，而非强制性规范，因此，其认为协商非合作作者行使权利的必要前置条件，即单方合作作者可以自行决定发放权利的普通许可。

长影集团电影频道经营有限公司涉诉的一则纠纷中，法院的态度坚决且十分明确。面对被告方关于"原告方并不享有基于单方决定的许可行为的著作权，其非本案适格主体"的辩解，吉林省高级人民法院认定："合作作者作为合作作品的共同著作权人，有权自行决定权利许可事项。"❶ 面对单独合作作者未经协商擅自将出版之权利许可给出版社的行为，河南省郑州市中级人民法院运用目的解释的方法认同了该行为，其认为："相关条款的立法目的并非使著作权人对于作品传播享有绝对的垄断权，因此，被告中州古籍出版社取得李某单独的许可即应视为已合法授权。"❷ 由重庆市高级人民法院审判的一则案件同样涉及这一问题：涉案电影《无极》为四个电影公司的合作作品，其中包含三家国内影视公司及一家美国影视公司；在缺乏美国影视公司参与的情形下，法院直接认定三家国内出品单位可以行使合作作者的权利进行合法授权。❸

有学者以上述案例作为论据进行观点的证成，认为协商程序会造成权利行使的效率低下，不利于作品的传播与利用。❹ 笔者并不认同这一解释。忽略协商程序意味着保护作品自由传播的利益重于保护作者达成合意共同行使权利的利益。然而，这样的判断会使得合作作品制度形同虚设：既然某一合作作者不需履行任何

---

❶ 参见吉林省高级人民法院（2014）吉民三知终字第 48 号民事判决书。
❷ 参见河南省郑州市中级人民法院（2017）豫 01 民初 3669 号民事判决书。
❸ 参见重庆市高级人民法院（2009）渝高法民终字第 142 号民事判决书。
❹ 曹新明. 合作作品法律规定的完善［J］. 中国法学，2012（3）：39-49.

义务就可以行使基于合作作品的共有权利,那么,其他作者对于权利行使的意见将无以发表。

(二)解释之二:协商为必要要件

更多法院倾向于将协商认定为权利行使的必要前置条件。这更符合相关规范的应有之义,是符合法律规范的做法。

2016年,上海知识产权法院在审理一则纠纷时,从民法的基本原则切入,肯定协商要件的法律效力:"协商一致既是相关法律规定的前置程序,也是民事主体应当遵循的平等诚实信用原则的基本要求。"❶ 2015年,在一起中国科技出版传媒股份有限公司涉诉的纠纷中,北京知识产权法院围绕协商的程序性意义展开论述:"合作作者在使用合作作品前,应与其他合作作者就合作作品的使用有一个协商的过程,需要征询、了解其他合作作者的意见。"❷

诚然,协商制度设计的主要目的并非达成一致意见,尊重合作作者就权利行使发表意见的权利远比达成一致的权利行使意见更为重要。大富翁网吧曾因在其电脑上为用户提供涉案的两部电视剧免费播放渠道的行为涉诉,审理法院认为,无论权利行使方与其他合作作者是否达成一致意见均不影响除转让外其他权利的行使。❸ 同样,北京知识产权法院在审理一则案件时,也曾发表类似观点:"事先协商并非可有可无的程序,在没有正当理由拒绝的情况下,事先协商的意义在于可以免除合作作者的侵权责任,而不论协商能否达成一致。"❹

(三)解释之三:以不协商为例外

本质上来说,认为协商存在例外情况的法院仍然尊重协商的效力,当出现不能进行协商且无法克服的情况时,应适当放宽对

---

❶ 参见上海知识产权法院(2016)沪73行保复1号民事裁定书。
❷ 参见北京知识产权法院(2015)京知民初字第8号民事判决书。
❸ 参见常州市中级人民法院(2011)常知民终字第5号民事判决书。
❹ 参见北京知识产权法院(2016)京73民终字第27号民事判决书。

于协商要件的要求,以促进作品的传播与公共利益的实现。

合作作品创作之时,为及时沟通创意与具体想法,各作者间往往保持着密切的联系。当作品创作完成后,伴随着时间的流逝,各作者有可能失去联系。那么,当一方作者欲行使权利时,协商制度发挥作用的空间应适当缩小。上海市高级人民法院在审理一则案件时曾言明:"在无法与另一作者取得联系的情况下,原告作为共有著作权人之一单独起诉被告的侵权行为应予准许。"❶ 笔者认为,此种情况下,法院"否定"协商的效力乃利益平衡的举措。欲行使权利的合作作者由于客观原因无法与其合作者进行协商,这时,法院不能因协商的程序性意义而放弃维护正常的经济交易活动。否则,合作作品的共有权利将会陷入无法行使且事实上不能行使的"怪圈"。

同时,对于不能协商的情况,应区分客观上的不能协商与主观上的不能协商。上文中所提及的无法与其他作者取得联系的情形属客观上无法协商的情形。对于其他合作作者故意躲避协商、阻碍协商程序正常行使的情形,应认定为有作者发起协商程序,但其他作者不能提供合理意见的情形。

(四)协商之对外效力

协商要件的对内效力在上述法院的论述中逐渐明晰。一般认为,协商是法律给予合作作者的义务,相关规范并非倡导性规范,该程序应为合作作者所尊重。同时,协商过程中不必然产生一致的权利行使意见。客观上确实无法联系到其他合作作者的,可以适当"跳过"该步骤。

协商的对外效力主要体现在与第三人利益的冲突上。实践中,部分法律素养较低的合作作者能协商而不协商,凭借"一己之力"与第三人签订权利许可合同;当其余合作作者以共有著作权受到侵犯而发动诉讼程序时,许可合同的受让方往往以物权法理论中

---

❶ 参见上海市高级人民法院(2009)沪高民三(知)终字第89号民事判决书。

的善意取得制度❶请求法院保护该项权利许可。有学者也认同这一诉求的正当性。❷

否认协商要件内部效力的法院自然不会受这类问题的困扰，因为此类行为在其观点中本就属于合法行为，转让合同不具有无效要件时，相关法院无须面对利益保护的"单选题"。然而，持"协商为必要要件"观点的法院在案件审理中则会直面内外效力的冲突问题，若依民法理论分析，未经协商而擅自授权的行为类似于"无权处分"行为，其效力有待其他合作作者的追认。审理过程中，站在利益平衡的天平前，部分法院更倾向于将保护的砝码加于第三人之上。

河南省高级人民法院曾在审理相关纠纷时认定："部分共有人对他人使用作品进行单独许可，被许可人不能取得'完整的信息传播权'。"❸ 在该案中，法院在一定程度上保护了被许可人的利益。另一则案件中，审理法院同样认可了许可使用合同的效力，保护了这一经济交易活动。其认为，协商要件必不可少，未经协商而擅自授权纵然会构成对于其他合作作者著作权之侵害，但不能阻却许可使用合同之效力。❹ 广东省高级人民法院曾论述过善意取得制度与著作权保护之关系。其认为，这一制度的适用范围应取决于其构成要件与价值目标，与财产权客体的具体类型无关。因此，这一制度能够在著作权领域中适用。❺

---

❶《民法典》第311条规定："无处分权人将不动产或者动产转让给受让人的，所有权人有权追回；除法律另有规定外，符合下列情形的，受让人取得该不动产或者动产的所有权：（一）受让人受让该不动产或者动产时是善意；（二）以合理的价格转让；（三）转让的不动产或者动产依照法律规定应当登记的已经登记，不需要登记的已经交付给受让人。受让人依据前款规定取得不动产或者动产的所有权的，原所有权人有权向无处分权人请求损害赔偿。当事人善意取得其他物权的，参照适用前两款规定。"

❷ 吴建伟. 论共有著作权行使的法律调整 [J]. 法律适用，1993（9）：13-15.

❸ 参见河南省高级人民法院（2011）豫法民三终53号民事判决书。

❹ 参见北京市朝阳区人民法院（2015）朝民（知）初字第20526号民事判决书。

❺ 参见广东省高级人民法院（2017）粤民再244号民事判决书。

二、"正当理由"的认定应遵循利益平衡之原则

"正当理由"要件具有抽象性,有学者认为,该要件系立法者为裁判者提前预留的审判空间。然而,另有学者从法律的可预测性出发,认为该要件认定标准的缺乏使得共有人之间的争议没有权威的解释路径。

事实上,权利行使的各要件相互依存,并不互相独立。合作作者 A 欲行使权利时,须首先与其他作者进行协商,而协商的主要目的便是寻求其他作者对于权利行使的意见。若其他作者认为此次的权利行使行为有助于发挥作品价值,发表同意意见后,相关权利可按照 A 的规划顺利行使,此乃皆大欢喜之事。

若其他合作作者不同意权利的行使,其须提供正当理由。不难看出,此要件的判断关系合作作品共有著作权最终的行使结果。因此,对于此要件认定标准的把握须格外谨慎。由于德国采用"诚实信用"原则认定法,日本采用"信义"原则认定法,有学者提出正当理由的认定可与"诚实信用"原则挂钩。该种方式实质上并没有将要件具体化。对此,有学者提出了"三步检验法"认定法与"比例原则"认定法。

(一)"三步检验法"认定法

"三步检验法"源自《保护文学和艺术作品伯尔尼公约》第 9 条第 2 款❶。该条款系关于各成员国复制权保护例外情况的宣示性条款,后迁移至《与贸易有关的知识产权协定》(TRIPS)第 13 条❷

---

❶ 《保护文学和艺术作品伯尔尼公约》第 9 条第 2 款规定:"本同盟成员国法律得允许在某些特殊情况下复制上述作品,只要这种复制不损害作品的正常使用也不致无故侵害作者的合法利益。"

❷ 《与贸易有关的知识产权协定》第 13 条规定:"各成员对专有权作出的任何限制或例外规定仅限于某些特殊情况,且与作品的正常利用不相冲突,也不得无理损害权利持有人的合法权益。"

中作为著作权限制的反限制条款出现。❶《著作权法》第 24 条将《中华人民共和国著作权法实施条例》第 21 条的内容迁移。至此,"三步检验法"正式在我国《著作权法》中被确定下来。

有观点认为,正当理由要件的功能与"三步检验法"相同,可以借鉴"三步检验法"判断合作作者拒绝行使权利的理由的正当性。由于《著作权法》第 14 条已经对第一步"在特殊且特定情形下"进行了限定,因此,直接通过第二步"不得影响该作品的正常使用"与第三步"不得不合理地损害著作权人的合法利益"对相关理由进行检验即可。

笔者对这一观点并不认同。第二步"不得影响该作品的正常使用"关注著作权人从行使其专有权利中获得经济利益的行为,第三步"不得不合理地损害著作权人的合法利益"则关注对于权利人潜在损害或利益。某一合作作者提出反对行使权利的理由时,应当考察其是否会影响其他合作作者从权利的行使中获取收益的机会。然而,不同于"合理使用"❷的考察,第二步和第三步的检验在合作作品的领域内几乎无法通过,因为权利行使的提议一般是基于经济利益的考量。这样,当某一作者提出反对意见时,一定会在某种程度上影响其他合作作者从这一行为中获取收益,除非其可以争取到价值更高的交易机会。

"三步检验法"的设立目标是对著作权的限制实行反限制。将该方法引入"正当理由"的判断程序中有其不适应性,究其根本是该原则主要关注著作权人私益与公共利益的协调;然而,合作作品由多主体完成,被多主体所共有,合作作品共有著作权的行使除需关注私益与公益的调和外,还需关注合作作者之间的利益冲突,即寻求私益与私益间的平衡。

---

❶ 林楠. 三步检验法的司法适用新思路:经济分析主导下合理使用的引入 [J]. 西南政法大学学报, 2016, 18 (6): 37 - 47.

❷ 我国立法中并未使用"合理使用"这一概念,出于论述的便利性,此处仍以"合理使用"的提法替代"权利的限制与例外"这一用语。

(二)"比例原则"认定法

"比例原则"原是公法领域内限制公权力的"黄金法则",有观点认为,当公权力介入私法自治领域内时,"比例原则"可以为其提供正当性依据。❶

虽然协商的终极目的并非取得权利行使的一致意见,但是,当有合作作者不愿行使权利并提出反驳理由时,合作作者内部实质上存在着"行使权利"与"不行使权利"的利益冲突。这时,对反驳理由进行认定便是打破"僵局"的方法。"比例原则"追求"手段-目的"的正当性。因此,将"比例原则"引入合作作品纠纷时应满足以下三个步骤:一看相关反驳所基于的目的是否正当;二看阻止权利行使的手段是否具有合法性;三看目的和手段之间是否合乎"比例",即合作作者为达到上述目的,是否采取了损害最轻的手段。

实际上,"三步检验法"中的第三步在文义上已经体现了"比例原则"的要求,❷ 两个原则均服务于权利限制。因此,以上两种认定方法的出发点是一致的:对于正当理由的认定,应采利益平衡视角。

正当理由是不行使权利的理由,是对抗权利行使的理由,也是防止权利滥用的理由。此要件认定的实质是在合作作者间、合作作品与公共利益间找寻一个合适的平衡点。这也是合作作品权利行使问题的复杂程度高于一般作品的原因。因此,笔者结合"三步检验法"与"比例原则",归纳出正当理由认定的几个参考标准:

第一,该理由的提出必须是在协商程序当中。申言之,若某

---

❶ 袁野. 著作权共有之权利行使:再评齐良芷、齐良末等诉江苏文艺出版社侵犯著作权纠纷案[J]. 广西政法管理干部学院学报,2018,33(4):63-68,110.
❷ KUR A. Of Oceans, Islands, and Inland Water: How much Room for Exceptions and Limitations under the Three-Step Test? [J]. Richmond Journal of Global Law and Business,2009,8(3):317.

一作者在共有关系形成之初便表明拒绝进行权利行使之态度，或该作者在某一次协商程序中表明拒绝态度并给出理由，上一次的理由被认定具有正当性后，不得成为判断下一次权利行使事项成功与否的依据；否则，协商程序将失去其实际效用。

第二，该理由的提出必须基于维护己方或他方利益的需要。对于拒绝行使权利的合作作者而言，提供正当理由是其对抗权利行使的最好路径。一般来说，以下几种理由可能具有正当性：①权利行使的成本过高，收益状况不理想；②权利行使的对象不理想；③权利行使的方式不理想；④权利的行使可能会打破合作作者间的关系等。当然，以上理由的列举不能包容实践中的所有情形，同时，判断以上理由是否正当，还需结合下一个标准。

第三，判断该理由的正当性时，应对利益进行权衡。申言之，需权衡拒绝行使权利的合作作者所维护之利益与权利行使之利益孰轻孰重。当然，这一判断需结合具体情况而为之。不过，相较于维护合作作者间的稳定关系的利益而言，鼓励作品进行传播以实现社会公众的知识增值的利益的筹码似乎更重一些。当某一理由难以认定为"正当"或"不正当"时，应当认定其为"不正当理由"，不能阻却其他作者行使共有权利。

三、不存在相关约定时，推定各作者平均享有收益

合作作者成功行使权利后，须将收益合理分配给所有合作作者。这里实际存在着一个当事人可分之债的问题。

为了节省交易成本，被许可方通常将许可费支付给其中一位合作作者（该名作者可能是此次权利行使的"代表人"）。获得经济收益后，该作者须将所获取的收益在所有合作作者间进行分配，无论在此次许可事项中所有作者是否达成一致意见。某一名作者在协商程序中或许提出了相左意见，当运用以上认定方法，认定这一意见并不具有正当性时，其必须面对权利行使的后果，也当然享有权利行使带来的收益。但是，从合同相对性的角度出发，

当被许可方因为某些原因迟迟未支付许可费时，这些作者不能够向被许可方直接主张。

胡康生主编的《著作权法释义》中对于这一问题的解释借鉴了份额推定理论，约定不明的报酬采等额分配法❶。这一方法符合合作作品立法的基本理念。相关研究中，有学者主张借鉴德国立法例❷，以合作作者参与创作的程度决定其收益。❸ 这一观点是不足取的。

首先，合作作者共同享有著作权，在不存在相反约定的情况下，每一位作者均对于所获报酬享有同等的权利。❹ 同时，这一主张也加重了法院的负担：在合作作品尤其是不可分作品中，作者的贡献本就相互交融、难以分离，要求法院在进行收益分配时划定出各作者的贡献程度，无疑是在要求其进行美学判断。❺

四、著作人身权行使适用《著作权法》第 14 条第 2 款之规定

著作人身权（精神权利）不同于民法意义上的一般人身权，一般人身权基于自然人的生命而产生，而著作人身权基于作品而产生。❻ 作品的创作行为中体现着作者的人格利益，是某一时期内作者思想感情的表达。相较于英美法系国家，大陆法系国家更加注重作者精神权利的保护。在合作作品语义下，合作作者形成合意，共同为创作行为，作品中体现合作作者共同的情感。阅读一

---

❶ 胡康生. 著作权法释义 [M]. 北京：北京师范学院出版社，1990：38.

❷ 德国著作权法第 8 条规定："共同作者之间无其他约定的，因利用作品而产生的收益根据共同参与创作的程度而分配给各共同作者。"

❸ 郭雨洒. 著作权共有制度研究 [D]. 郑州：郑州大学，2015.

❹ Thomson v. Larson, 147 F. 3d 195, 201 (2d Cir. 1998).

❺ LAFRANCE M. Authorship, Dominance, and the Captive Collaborator: Preserving the Rights of Joint Authors [J]. Emory Law Journal, 2001, 50: 193.

❻ 陶鑫良. 论"署名权"应改为"保护作者身份权" [J]. 知识产权，2020（5）：15 – 21.

本合作著作时，仿佛同时在与所有的作者进行交流。因此，著作人身权受到共有关系的规制，为全体作者共同所有。某一由张三、李四共同撰写完成的书籍需由两人共同署名，王五将书籍中的署名删去而替换成为自己的姓名时，其侵犯了张三、李四基于这本书籍共有的署名权。

但是，通过《著作权法》第 10 条第 2 款和第 3 款的规定可推知，该条第 1 款第（一）项至第（四）项的权利内容（著作人身权）一般没有许可他人行使并获取报酬的空间，同时，著作人身权也不能在贸易活动中转让并获得报酬。❶ 若在合同中规定相关内容，那么合同应属无效。❷ 因而，著作人身权一般限于合作作者的自行行使。不过，发表权作为一项特殊的人身权又与财产权紧密相连，因为当合作作者之一许可他人以特定方式行使经济权利时，往往可以推定为这名作者许可他人发表作品。❸

这样，在理论上，著作人身权由合作作者共同享有。从实际角度来看，《著作权法》第 14 条第 2 款并未区分著作人身权与著作财产权的行使规则。然而，除发表权之外的人身权本身不具备在经济活动中许可或转让的可能性，只能由合作作者自行行使。因此，相关问题便演变成为这样两个问题：著作人身权的共有如何实现？共有的著作人身权的行使是否受到《著作权法》第 14 条的约束？

首先，《著作权法》第 14 条第 2 款中的"转让""许可他人专有使用""出质"等事项被法律排除适用单方行使规则，且在"转让、许可他人专有使用、出质"后，该句使用了"以外"的排除性词汇，而非"等"字这一扩张性词汇。因此，著作人身权的行使不属于合作作者共同行使的事项，即署名权等权利的行使不需

---

❶ 郑成思. 有关作者精神权利的几个理论问题 [J]. 中国法学，1990 (3)：71-78.
❷ 参见河南省高级人民法院（2006）豫法民三终字第 54 号民事判决书.
❸ 王迁. 著作权法 [M]. 北京：中国人民大学出版社，2015：148.

要征得全体合作作者的同意。

但是，这也并不意味着著作人身权的行使可以由合作作者单独行使而不受到其他作者的阻碍。试想这样一例：若允许单方合作作者任意变更署名，或任意修改自己所完成的部分，该作者与其他作者赖以维系的作品原貌将被肆意更改，合作作品本身将处于不稳定的状态之中。同时，由此也会推导出这样一个谬论，即合作作者仅共有著作财产权，而这一范围无法延及著作人身权中。

因此，共有的著作人身权的行使仍应服从于《著作权法》第14条的规定。既然其被排除于共同行使的范围之外，单独行使又有违法理，其应当被解释成为附条件单独行使的事项。不过，这样解释又会带来以下问题：《著作权法》第14条第2款后半句的规定"但是所得收益应当合理分配给所有合作作者"是否和人身权的行使相斥？应当认为，该半句的设立基于公平原则，是为防止某一作者独享利益，置他人的创作行为于不顾。因此，该句应该理解为：有收益的才需分配给全体作者；如果权利的行使没有收益，便不涉及分配问题。著作人身权的行使限于作者的自行行使，如在作品上署名、将作品上传至博客中进行发表等，这样的行使不会直接带来经济利益。基于此，对于那些行使人身权利的合作作者而言，其不必发起"收益分配"程序。

五、应赋予合作作者以单独起诉之权利

依"诉权二元理论"，诉权区分为程序法意义上的诉权与实体法意义上的诉权，前者是绝对权，后者只存在于具有实体法关系的当事人之间。❶虽然，二者已打破一元结合关系❷，但民事诉讼

---

❶ 王晓. 民事诉权保障论纲［J］. 法学论坛，2016，31（6）：58-67.

❷ 吴奇琦. 论诉权与实体权利的合一与分流：从罗马法的 Actio 开始直至近代的路径追问［J］. 北方法学，2013，7（1）：11-20.

是实体法和程序法共同作用的"场",实体法与程序法相互连接、相互统合时方能发挥其最大功能。❶

《著作权法》并未赋予合作作者以单独起诉的权利,即某一作者针对共有权利而独自发动诉讼程序之权利。然而,这一"单独诉权"规定曾短暂地出现在2014年《中华人民共和国著作权法(修订草案送审稿)》第17条第4款❷中。这说明立法者曾经慎重考虑过这一问题。但是为何2020年修改后的《著作权法》并未加入这一规定呢?笔者推论原因主要有二。

第一,立法者认为这一实体法意义上的诉权无须保障。这一推论的出发点又分为两个方面。首先,立法者或许认为合作作者不能基于合作作品进行单独起诉,而需与其他作者共同起诉;其次,合作创作是《著作权法》所认同的一种创作方式,在这一制度设计中,应首先尊重合作作者的约定。

第二,立法者认为这一规定已经隐含在该条文或其他条文当中,无须花费笔墨进行强调。无论立法者基于哪一种考量而未将这一规定纳入《著作权法》中,在司法实践中,面对当事人的诉求和裁判的需要,部分法院已经走在立法者之前,对这一问题形成了许多认识。

由于单独起诉条款的缺乏,不可分作品的侵权之诉中,被控侵权方常以"该合作作者没有单独起诉的资格"为理由进行抗辩。各法院对于"任一合作作者能否以自己的名义进行单独起诉"这一问题立场不一,相关争论主要总结于表1中。

---

❶ 胡云腾. 法院改革与民商事审判问题研究:全国法院第29届学术讨论会获奖论文集:上. 北京:人民法院出版社,2018:454—467.
❷ 《中华人民共和国著作权法(修订草案送审稿)》第17条第4款规定:"他人侵犯合作作品著作权的,任何合作作者可以自己的名义提起诉讼,但其所获得的赔偿应当合理分配给所有合作作者。"

表 1　各法院关于"合作作者独立起诉"问题的意见

观点	审判法院	相关论述
合作作者可以单独提起诉讼	福建省高级人民法院	合作作者均有权单独或者共同提起诉讼[1]
	河南省高级人民法院	法院不能禁止原告保利公司作为共有著作权人单独起诉要求二上诉人停止侵权[2]
	北京市西城区人民法院	特殊情况下合作作者有权单独提起诉讼[3]
	广东省深圳市中级人民法院	作为合作作者之一,在相关权利被侵害时,以自己名义提起诉讼并无不妥[4]
合作作者不能单独提起诉讼	廊坊市中级人民法院	取得其他合作作者的授权后才享有起诉的资格[5]
	广东省惠州市中级人民法院	涉案教材作为合作作品,其全部著作权人均应作为原告参加诉讼[6]

注:
1. 福建省高级人民法院（2018）闽民终 1156 号民事判决书。
2. 河南省高级人民法院（2011）豫法民三终字第 19 号民事判决书。
3. 北京市西城区人民法院（2015）西民（知）初字第 22630 号民事判决书。
4. 广东省深圳市中级人民法院（2017）粤 03 民终 15421 号民事判决书。
5. 廊坊市中级人民法院（2007）廊民三初字第 17 号民事裁定书。
6. 北京知识产权法院（2020）京 73 民终 522 号民事判决书。

对于不可分作品而言，合作作者只能基于共有著作权提起诉讼，某一作者作为原告发动诉讼程序也必然基于维护合作作品权利的需要，其具备"诉的利益"。同时，知识产权权利的救济往往带有急迫性，若不及时维权，可能导致证据丧失，进而使得侵权者逃避法律的追究。共有关系诉讼制度的设置和运行应该是对共有权利的保障而不是剥夺，赋予合作作者以单独诉权有利于及时、有效地打击侵权行为，维护合作作品的整体利益。

六、结语

不可分作品中，进行权利的转让、出质和专有许可行为时，需由全体合作作者一致同意，拒绝行使权利的作者无须提供正当理由也可以对抗行使权利之提议。

至于其他权利的行使，相关规则的设定为单方行使著作权提供了可能，但每一权利行使要件都具有可解释性。当任一合作作者意图行使权利时，如欲与第三人签订著作权许可使用合同进行普通许可时，启动协商程序是该合作作者之义务，且在协商程序中，所有作者不必然形成一致意见。为避免权利行使的提议走入"死胡同"，也为促进更多优质作品向公众传播，其他合作作者在协商程序中提出的反对理由只有被认定为正当理由时，才能够对抗权利的行使。认定相关理由的正当性时，"三步检验法"与"比例原则"可提供一个利益平衡的角度，但这两个规则不适宜直接迁移入合作作品领域中。

权利成功行使后，所得收益应首先按照约定进行分配；无约定或约定不明时，直接推定各作者平均享有收益。同时，当某一作者作为原告时，法院应认定该合作作者具有单独起诉的诉讼资格，而无须其征得所有合作作者同意后起诉。

电子商务中的商标保护

李明德*

【摘　要】 本文从商标与域名、商标保护与平台责任、商标保护与关键词搜索等几个方面，结合中日两国商标法的相关规定以及相关的司法判决，探讨电子商务中的商标保护问题。

【关键词】 商标　域名　平台责任　关键词搜索　电子商务

一、引言

商标是指示商品或者服务来源的标记。按照《与贸易有关的知识产权协定》（TRIPS）第 15 条的规定，任何标记或标记的组合，在指示商品或者服务来源的意义上，都可以作为商标而注册。其中的标记主要是指文字（包括姓氏）、字母、数字、图形要素、色彩的组合，以及上述要素之组合。《中华人民共和国商标法》（以下简称《中国商标法》）第 8 条规定："任何能够将自然人、法人或者其他组织的商品与他人的商品区别开的标志，包括文字、图形、字母、数字、三维标志、颜色组合和声音等，以及上述要素的组合，均可以作为商标申请注册。"《日本商标法》第 2 条中也规定："本法所称的商标，是指人的直觉能够识别的文字、图形、符号、立体形状、颜色，或者上述要素之结合，以及声音和政令规定的标记。"

---

* 作者简介：李明德，中国社会科学院知识产权中心名誉主任、研究员。

商标是商业活动中使用的标记，应当使用在商品或者服务上，或者与商品或者服务相关的媒介上。例如《中国商标法》第48条规定："本法所称商标的使用，是指将商标用于商品、商品包装或者容器以及商品交易文书上，或者将商标用于广告宣传、展览以及其他商业活动中，用于识别商品来源的行为。"根据《中国商标法》第4条，这一规定同样适用于服务商标。又如，《日本商标法》第2条规定了商标使用的含义，包括两方面的内容：将商标附着于商品或者商品的包装上，进而销售、赠与、进口、出口或者通过互联网提供相关的商品；在提供服务的过程中，通过服务用的物品、电子显示屏、广告、价目表、交易文书等展示商标。该条还规定，商标使用还包括将商标附着于商品或者其他物品上，包括将商标使用在与商品或者服务相关的广告上。

商标侵权的判定标准是消费者混淆的可能性。在这方面，《日本商标法》第37条规定了8种商标侵权的行为，大体是指将相同或者近似的商标，使用在同类或者类似的商品服务上。这个规定虽然没有提及消费者混淆可能性的侵权认定标准，但在相关的司法实践中，法院总是会在分析商标相同或者近似、商品服务同类或者近似的基础上，讨论消费者混淆、误认的问题。❶《中国商标法》在2013年以前，同样规定了商标侵权是将相同或者近似的商标，使用在了同类或者类似的商品服务上。2013年商标法修正后，则在第57条中引入了消费者混淆可能性的商标侵权认定标准。根据该规定，将近似的商标使用在同类或者类似的商品或者服务上，将相同的商标使用在类似的商品或者服务上，容易导致混淆的，构成商标侵权。至于将相同的商标使用在同类的商品或者服务上，亦可以认定为商标侵权。❷ 这表明中日两国关于商标侵权的认定标准大体是一致的。

---

❶ 例如，日本最高法院："小僧寿司"案，平成9.3.11，民集51卷3号1055页。
❷ 参见《中国商标法》第57条第（一）项和第（二）项。

早期的商标是指商品商标，英文中的"trademark"就是指商品商标。随着市场经济的发展，服务在商业活动中的地位和作用逐步凸显，因而又有了服务商标（service mark）的保护。例如，《中国商标法》于 1993 年修订时增加了服务商标的注册和保护，❶《日本商标法》于 1991 年修订时增加了服务商标的注册和保护。❷ 就目前国际上的商标注册和保护来看，商品商标和服务商标是两个基本的商标类别。至于集体商标和证明商标，虽然在商业活动中具有某种特殊性，但可以分别纳入商品商标和服务商标的范畴。事实上，中日两国的商标法对于商品商标、服务商品和集体商标、证明商标的注册和保护，就属于上述情形。

无论是商品商标还是服务商标的注册和保护，都是传统市场交易模式的产物。20 世纪末和 21 世纪初，随着计算机技术和互联网技术的飞速发展，通过互联网而提供商品或者服务，成为现代商业活动的一个显著特征。这就是通常所说的电子商务。电子商务的产生和发展，以及相关商业模式的不断更新，也对商品商标和服务商标的保护提出了一系列挑战。从立法和司法的角度来看，应对电子商务对商标保护的挑战，可以有两个途径：一是将原有的关于商标保护的规则，包括商标使用的定义，解释到电子商务的环境之中；二是针对电子商务的具体特点，对商标保护的规则，包括对商标使用的含义，进行修订。在这方面，中国大体是采用了第一种方式。具体来说，就是通过司法和学说，将商标保护的规则，包括《中国商标法》第 48 条规定的商标使用的含义，解释到电子商务的环境之中。而日本则是采取了第二种方式，具体规定了电子商务环境中商标使用的具体情形。例如，日本于 2002 年修订《日本商标法》第 2 条，针对电子商务增加了 3 种商标使用的情形，包括通过互联网提供带有商标的商品，以电子、电磁的方

---

❶ 参见 1993 年《中国商标法》第 3 条和第 4 条。
❷ 参见 1992 年《日本商标法》第 2 条和其他条文的相关规定。

式在显示器上展示服务商标,以及以电子、电磁的方式展示带有商品商标和服务商标的广告、价目表、交易文件。❶

显然,无论是《中国商标法》关于商标使用的一般性规定,还是《日本商标法》关于商标使用的具体性规定,都涉及电子商务中的商标使用。与此相应,无论是《中国商标法》关于商标保护的规则,还是《日本商标法》关于商标保护的规则,都可以适用于电子商务中的商标保护。同样,在有关商标侵权的案件中,中日两国的司法机关都依据消费者混淆可能性的标准,处理电子商务环境中的商标使用纠纷,维护了商标所有人的合法权益。

本文将从域名与商标保护、商标保护与平台责任、商标保护与关键词搜索等几个方面,结合中日两国商标法的相关规定以及相关的司法判决,探讨电子商务中的商标保护问题。

二、域名与商标保护

在电子商务或者互联网环境中,商标保护所遇到的第一个挑战是域名注册。域名具有计算机技术的特征,通过一系列编号、数字、字符和符号,可以识别处于世界各地的计算机和相应的信息。然而,当域名之中出现商标和商号的时候,就具有了法律的性质。因为域名中的商标和商号,可以起到指示商品、服务和企业经营者的作用。如果域名注册的所有人使用了自己的商标、商号,通常不会发生误导消费者和社会公众的作用。但如果域名注册的所有人未经许可,在域名中使用了他人商标或者商号,就有可能产生误导消费者和社会公众的作用。

按照全球互联网管理体系,域名属于自动注册,不需要审查。任何人,不论是自然人还是法人,都可以向域名注册机构提出申请。在收到域名注册的申请之后,计算机系统会进行自动识别。只要相关的域名申请与已有的域名不相重复,就可以在域名系统

---

❶ 参见《日本商标法》第2条第3款第2项、第7项和第8项。

中获得注册。这样的注册方式一方面方便了相关企业或者市场主体的域名注册,另一方面也为一些不良申请者将他人的商标或者商号注册为域名甚至在商业活动中予以使用提供了机会。

面对域名注册和域名使用对于商标保护带来的挑战,世界各国的司法机关探讨了相关纠纷的处理办法。在这方面,司法机关并没有为域名的技术特征所困扰,而是从消费者混淆可能性的角度,认定相关的域名注册和域名使用是否侵犯了商标或者商号所有人的权利。如果认定域名的注册和使用侵犯了他人的商标或者商号权利,司法机关都会责令域名注册者停止使用和注销相关的域名。下面来看几个中日两国的典型案例。

2001年7月由上海市高级人民法院判决的"宝洁诉晨铉"一案❶,是中国第一例有关域名的争议案件。该案的原告是美国的宝洁公司,在包括中国在内的多个国家获准注册"SAFEGUARD"文字商标,指定使用的商品是香皂和各类肥皂。该案的被告是上海晨铉科贸有限公司,于1999年1月18日向中国互联网络信息中心申请注册了"safeguard.com.cn"的域名。在协商无果的情况下,宝洁公司向上海市第二中级人民法院提起诉讼,主张自己的"SAFEGUARD"文字商标具有很高的知名度,被告将其注册在域名中使用,属于恶意注册和搭便车的不正当竞争行为,要求被告停止使用和撤回域名注册。被告则抗辩称,自己的业务范围为"安防系统的设计、安装和维修",其中"安防"的英文是"safe-guard",因而不存在恶意注册域名的问题。一审法院经过审理,认定原告的"SAFEGUARD"文字商标具有很高的知名度,被告将其注册为域名使用,有可能造成消费者的误认;同时,被告将原告的商标"SAFEGUARD"抢先注册为域名,也妨碍了原告注册自己的域名和在域名中使用自己的商标。法院由此判决,被告将原告的文字商标"safeguard"注册于自己的域名中,属于恶意注

---

❶ 案号:(2001)沪高知终字第4号。

册和不正当竞争,责令被告立即停止使用,并在判决生效后的 15 日内撤销其域名注册。被告不服一审法院的判决,向上海市高级人民法院提起上诉。二审法院经过审理,维持了一审判决。

2002 年 6 月由北京市第一中级人民法院判决的"杜邦诉国网公司"一案❶,也是一个有影响力的域名争议案件。在这个案件中,原告是美国的杜邦公司,在包括中国在内的多个国家获准注册"DU POND"文字商标。随着网络时代的来临,该公司还在全球一些国家注册了"dupond.com"的域名。被告国网公司是一家信息服务公司,于 1998 年 12 月在中国互联网络信息中心抢先注册了"dupond.com.cn"的域名,但没有实际使用。原告与被告多次协商无果,于是向北京市第一中级人民法院提起诉讼,主张被告抢先注册"dupond.com.cn"的域名侵犯了自己的注册商标权利,构成不正当竞争,要求被告立即撤销涉案的域名。被告则抗辩称,自己是依据域名注册程序合法获得域名注册,不存在侵犯原告商标权和不正当竞争的问题。法院经过审理认定,原告的"DU POND"文字商标无论在国际上还是在中国,都属于具有很高知名度的商标,应当认定为驰名商标。被告在知道原告商标具有很高知名度的情况下,抢先注册"dupond.com.cn"的域名,具有主观上的恶意,有可能造成消费者在商品来源上的混淆。被告的抢注行为不仅侵犯了原告的注册商标权利,而且构成不正当竞争。法院最后判决被告应当在判决生效之后的 10 日内,撤销"dupond.com.cn"的域名注册。

大体在同一个时期,日本法院也受理了几个抢先注册域名的案件。例如在 2000 年的"JACSS"一案❷中,原告是一家信用卡公司,自 1976 年以来就使用"JACSS"的商号。该案的被告是一家简易厕所的销售和租赁公司,于 1998 年 5 月在日本互联网信息

---

❶ 案号:(2000)一中初知字第 117 号。
❷ 富山地方法院:"JACCS"案,平成 12.12.6,判时 1734 号 3 页。

中心注册了"jaccs.co.jp"的域名,同时开设了相应的网站。于是,原告依据《日本不正当竞争防止法》第2条第1款第1项和第2项提起诉讼,主张被告注册和使用"jaccs.co.jp"域名的行为构成不正当竞争。其中的第1项是关于混淆的规定,第2项是关于淡化的规定。被告则辩称,域名注册是先申请先获得,域名不具有指示商品或者服务来源的作用,因而自己的行为不构成不正当竞争行为。富山地方法院指出,网络域名确实是由一系列字符和符号构成,便于在互联网上识别相关的网站。然而,当域名中带有商标或者商号的时候,也会在同时具有指示商品或者服务来源的作用。富山地方法院认定,原告的"JACCS"商号属于"著名"商业标记,被告将其注册在自己的域名中,不仅容易造成消费者的混淆,而且有可能淡化原告的著名商业标记。法院最后作出判决,被告注册和使用涉案域名的行为,已经构成不正当竞争,应当立即停止使用"JACCS"的标记。

又如,2001年由东京地方法院判决的"J-Phone"一案❶,也是关于域名与商标的纠纷。在这个案件中,原告是一家服务经销商,以"J-Phone"的名称提供手机通信服务。被告是一家食品进口和销售公司,于1997年8月在日本互联网信息中心注册了"J-Phone.co.jp"域名,并且开设网站提供相关的商品,包括食品和手机。于是,原告依据《日本不正当竞争防止法》第2条关于制止混淆和淡化的规定,提起了诉讼,要求被告立即停止使用"J-Phone"的标记。而被告则抗辩称,自己注册和使用"J-Phone.co.jp"的域名,仅仅是识别相关网页的地址,而非商业标识,不存在不正当竞争的问题。东京地方法院经过审理认定,原告的"J-Phone"属于著名商业标识,被告在域名和网站上使用"J-Phone"的标志,不仅有可能造成消费者的混淆,而且有可能淡化原告的著名商业标识,已经构成不正当竞争。法院最后裁定,

---

❶ 东京地方法院:"J-Phone"案,平成13.4.24,判时1755号43页。

被告应当立即停止对于原告"J-Phone"标志的使用。

就在世界各国的法院探讨如何处理域名与商标保护关系的时候，国际上的互联网组织也介入了域名纠纷解决机制的探讨。在这方面，互联网名称与数字地址分配机构（Internet Corporation for Assigned Names and Numbers，ICANN）于1999年10月发布了《统一域名争议解决政策》（Uniform Domain Names Dispute Resolution Policy）。根据这个文件，域名注册相当于一个合同，域名注册组织、域名注册人都应当受到这个合同的约束。在发生了域名注册争议的情况下，域名注册组织和域名注册人都应当接受第三方的仲裁，以解决相关的纠纷。根据这个文件，中日两国的域名注册机构都制定了各自的域名注册争议解决规则。例如，日本互联网信息中心于2000年7月发布了《日本域名纠纷处理办法》，并于同年10月发布了实施细则。❶ 又如，中国互联网络信息中心先是在2000年10月发布了《中文域名争议解决办法（试行）》，后又在2002年9月发布了《中国互联网络信息中心域名争议解决办法》，授权中国国际经济贸易仲裁委员会作为域名争议解决机构。❷

大体说来，随着互联网名称与数字地址分配机构《统一域名争议解决政策》的发布，以及各国域名解决争议规则的出台，域名注册和使用所涉及的商标保护问题，基本都由第三方仲裁机构予以解决。而域名争议仲裁机构在处理相关争议的时候，更多的是从商业标识的角度，判定域名所有人对于域名的注册和使用是否侵犯了他人的商标权利。在这方面，笔者一直担任中国国际经济贸易仲裁委员会域名争议解决中心的仲裁员，处理过若干个有关域名与商标的争议。在相关案件的审理中，都是基于保护在先

---

❶ 田村善之. 日本知识产权法 [M]. 4版. 周超，李雨峰，李希同，译. 北京：知识产权出版社，2011：101-102.

❷ 李虎. 中国域名争议民间解决机制及其审理原则 [J]. 中国专利与商标，2003 (4)：78-83.

商标的理念，作出了相应的裁决。例如，在笔者于2015年办理的"穗宝"一案❶中，投诉人是广州穗宝家具装饰厂，其生产和销售"穗宝"牌床垫。该品牌床垫具有较高的市场占有率，属于床垫产品的知名品牌。被投诉人是广东东莞的一家寝具销售公司，在域名注册机构注册了"穗宝集团．中国"的域名。于是，广州穗宝家具装饰厂向中国国际经济贸易仲裁委员会域名争议解决中心提出投诉，主张被投诉人注册的"穗宝集团．中国"域名，与自己的商标近似，有可能造成消费者的误认，侵犯了自己的商标权利。投诉人还主张，被投诉人在知道"穗宝"商标为知名商标的情形下，注册"穗宝集团．中国"的域名具有主观恶意。而被投诉人则辩称，自己申请注册"穗宝集团．中国"的域名没有恶意，自己就"穗宝集团．中国"的域名享有知识产权。域名争议解决中心经过审查，认定投诉人的"穗宝"商标具有很高的知名度，被投诉人申请注册"穗宝集团．中国"的域名具有主观上的恶意；"穗宝集团．中国"的域名与"穗宝"商标近似，有可能造成消费者的误认。最后，根据域名争议解决规则的相关规定，裁决将"穗宝集团．中国"的域名转移给投诉人。

中日两国在出台了域名争议解决规则之后，尽管绝大多数域名纠纷都通过仲裁得以解决，但仍然有少数商标与域名的纠纷，夹杂在商标侵权与否的纠纷中，进入了司法的环节。例如，日本大阪地方法院于2004年判决的"MAXELL"一案❷，就涉及商标侵权与域名的问题。在这个案件中，原告是一家生产和销售录音磁带、录像带、CD、MD和DVD等电子存储设备的企业，自1975年以来就使用了"MAXELL"的商标和商号，具有很高的声誉。被告是一家风味餐饮店，于1999年开始使用了"maxell"

---

❶ 案号：CND-2015000049。

❷ 日本大阪地方法院："MAXELL"案，平成16.7.15，载于：中山信弘，等．商标、外观设计、不正当竞争判例百选 [M]．东京：有斐阁，2007：198-199．

"maxellcorporation""MAXELL""MaXell"等商号。同时,被告还注册了"maxellgrp.com"的域名,并开设网页宣传自己经营的餐饮店。于是,原告依据《日本不正当竞争防止法》第2条第1款第2项关于反淡化的规定和第13项关于域名争议的规定,向大阪地方法院提起了诉讼。原告主张,自己的"MAXELL"商标和商号,不仅具有广为知晓的特性,而且具有著名的特性,属于著名商标和商号。而被告使用与自己的著名商标、商号近似的商号,注册和使用与自己的著名商标和商号近似的域名,不仅违反了《日本不正当竞争防止法》第2条第1款第2项有关淡化的规定,而且违反了该款第13项关于域名的规定,应当停止侵害和赔偿损失。大阪地方法院经过审理,认定被告使用"MAXELL"商号的行为构成了对于原告商业标识的淡化;被告注册和使用"maxell-grp.com"域名,并且在网站上宣传自己的经营活动,属于利用域名获取不正当的利益。

又如,在北京市第一中级人民法院于2010年判决的"通用电器公司"一案❶中,原告是一家照明灯具和器材公司,长期使用"GE"或者"ge"的文字商标,并且在很多国家获准注册。被告是位于浙江省宁波市的一家电器经营公司,于2006年12月注册了"gelingting.com.cn"的域名,并且在网站上宣传自己的产品来自"通用电器"或者"GE",甚至通过网站订购的方式提供自己的产品。于是,通用电器公司向北京市海淀区人民法院提起诉讼,主张被告将自己的知名商标"GE"或者"ge"用于其域名,在相应的网站上从事销售活动,侵犯了自己的商标权。一审法院经过审理,认定被告在知道他人商标"GE"和"ge"具有很高知名度的情况下,申请注册"gelingting.com.cn"域名,并且在相应的网站上从事商业活动,造成了消费者的混淆,违反了《中国商标法》的相关规定。一审法院因此而责令被告立即停止侵权行为,并且

---

❶ 案号:(2010)一中民终字第4100号。

支付相应的损害赔偿。被告不服一审判决,向北京市第一中级人民法院提起上诉。二审法院经过审理,认定上诉人的行为构成不正当竞争,违反了《中华人民共和国反不正当竞争法》的相关规定,责令其立即停止利用域名实施的不正当竞争行为,并且支付损害赔偿。

再如,在北京市第二中级人民法院于2009年判决的"开心网"一案❶中,原告是开心人信息技术公司,于2008年3月创办了"开心网"(kaixin001.com),并且获准注册"开心"文字商标。由于原告创意独特,迎合了社会公众的需求,"开心网"在短短的几个月里成了知名度很高的网站。被告看到相关的商机,很快注册了"kaixin.com"域名,并且开设了功能相同的"开心网"。由于被告使用了与原告相同的"开心网"商标,使用了与原告域名"kaixin001.com"基本相同的"kaixin.com",造成了消费者的误认。随着原告网站访问者数量的急剧下降,原告向北京市第二中级人民法院提起诉讼,要求被告立即停止使用"开心网"或者近似的网站名称,立即停止使用"kaixin.com"域名,并赔偿损失和赔礼道歉。法院经过审理认定,在原告的"开心网"和"kaixin001.com"域名具有很高知名度的情况下,被告使用相同的商业标识,注册使用"kaixin.com"域名,构成不正当竞争的行为,因而责令被告停止使用"开心网"或者与之近似的名称,包括"kaixin.com"域名。

根据中日两国的司法实践可见,如果商标与域名的纠纷与商标侵权的诉讼纠缠在一起,当事人也可以在主张商标侵权的诉讼中,提出与域名相关的权利主张。但法院在判决中,通常都是责令被告停止侵权,包括不得继续使用相关的域名。在这种情况下,商标所有人可以通过域名仲裁的解决机制,要求域名争议解决机构将相应的域名转让给自己所有。

---

❶ 案号:(2009)二中民初字第10988号。

三、商标保护与平台责任

在电子商务或者互联网环境中,商标保护遇到的第二个挑战是如何确定网络平台的责任。在互联网来临之前,无论是商品交易还是服务交易,都是通过线下方式进行。例如,商品可以经由店铺完成交易,可以通过买卖合同完成交易,甚至通过期货的方式交易。又如,服务可以现场提供,也可以通过买卖合同提供,甚至通过预期服务的方式提供。然而,随着计算机技术和网络技术的发展,商品和服务不仅可以线下交易,而且可以通过线上方式交易。例如,搭建线上销售平台,发布线上广告,通过平台签订销售合同,等等。商品或者服务的线上交易,可以是相关的企业自行设立网站或者平台,也可以是通过他人设立的网站或者平台进行交易。在这方面,中小企业所从事的商品或者服务的线上交易,绝大多数都是通过他人设立的网站而进行的。例如著名的"eBay""Amazon""淘宝"等,都是中小企业从事商品或者服务交易的平台。

大型企业设立平台,销售自己的商品或者服务,一般不会发生商标侵权的问题。例如著名的服装企业、化妆品企业、手机企业设立交易平台,航空公司和铁路公司设立交易平台,更多的是让自己的商品或者服务有了线上交易的平台。然而当中小企业和自然人在"eBay""淘宝"等平台上从事交易的时候,则有可能发生商标侵权甚至假冒他人商标的问题。按照商标保护的原理,在商标侵权或者商标假冒的情况下,应当由商品或者服务的出售者承担侵权责任,甚至承担必要的刑事责任。这与传统的商品或者服务的交易模式完全相同。然而在电子商务的条件下,除了责令售假者或者侵权者承担法律责任,是否也应当让提供交易服务的线上平台承担一定的法律责任呢?毕竟,类似于"eBay""淘宝"这样的线上平台,向他人提供了出售假冒产品或者侵权产品的空间。假如没有这样的平台,也就不会有假冒或者侵权商品的线上交易了。

值得注意的是,线上商品或者服务交易中的商标保护问题,以及由此而产生的平台责任问题,与著作权和相关权保护具有相似的特征。在这方面,如果有人未经许可而在互联网上传播了他人的作品或者录音制品,不仅传播者应当承担侵权责任,网络服务商,例如存储空间服务、搜索服务和链接服务提供商,也应当在一定的条件下承担帮助侵权或者间接侵权的责任。就著作权和相关权而言,网络服务提供商承担帮助侵权或者间接侵权的责任,应当符合一定的要件,例如知道或者应当知道他人的侵权行为,仍然提供存储服务、搜索服务或者链接服务。其中的知道或者应当知道,包括在接到权利人的通知之后,没有及时删除侵权信息或者断开侵权链接。这就是《美国版权法》第512条规定的"通知与删除"制度。在这方面,我国《信息网络传播权保护条例》第14~17条也针对网络存储空间服务、搜索服务和链接服务规定了通知与删除的规则,要求网络服务提供商在接到权利人发出的侵权通知之后,及时删除侵权信息或者断开侵权链接。

本来,按照《美国版权法》第512条,通知与删除的规则仅仅适用于网络环境中的版权保护,而不适用于专利、商标和其他民事权利。在这方面,我国《信息网络传播权保护条例》也是针对著作权和相关权规定了通知与删除规则。然而到了2010年生效的《中华人民共和国侵权责任法》❶(以下简称《侵权责任法》)中,则规定了宽泛的通知与删除的规则。其中的第36条先是规定:"网络用户、网络服务提供者利用网络侵害他人民事权益的,应当承担侵权责任。"在此基础之上又规定:"网络用户利用网络服务实施侵权行为的,被侵权人有权通知网络服务提供者采取删除、屏蔽、断开链接等必要措施。网络服务提供者接到通知后未及时采取必要措施的,对损害的扩大部分与该网络用户承担连带

---

❶ 该法于2021年1月1日起废止。

责任。""网络服务提供者知道网络用户利用其网络服务侵害他人民事权益,未采取必要措施的,与该网络用户承担连带责任。"其中的民事权益,不仅包括著作权和相关权、专利权、商标权等知识产权,而且包括财产权、人格权等。按照这样的规定,通知与删除规则毫无疑问可以适用于电子商务环境中的商标保护,包括责令电商平台为他人侵犯商标权的行为承担连带责任。

2020年3月通过的《中华人民共和国民法典》(以下简称《民法典》)在第1194~1197条对于通知与删除的规则作了更为详细的规定。其具体规定如下:

第1194条:"网络用户、网络服务提供者利用网络侵害他人民事权益的,应当承担侵权责任。法律另有规定的,依照其规定。"

第1195条:"网络用户利用网络服务实施侵权行为的,权利人有权通知网络服务提供者采取删除、屏蔽、断开链接等必要措施。通知应当包括构成侵权的初步证据及权利人的真实身份信息。

"网络服务提供者接到通知后,应当及时将该通知转送相关网络用户,并根据构成侵权的初步证据和服务类型采取必要措施;未及时采取必要措施的,对损害的扩大部分与该网络用户承担连带责任。

"权利人因错误通知造成网络用户或者网络服务提供者损害的,应当承担侵权责任。法律另有规定的,依照其规定。"

第1196条:"网络用户接到转送的通知后,可以向网络服务提供者提交不存在侵权行为的声明。声明应当包括不存在侵权行为的初步证据及网络用户的真实身份信息。

"网络服务提供者接到声明后,应当将该声明转送发出通知的权利人,并告知其可以向有关部门投诉或者向人民法院提起诉讼。网络服务提供者在转送声明到达权利人后的合理期限内,未收到权利人已经投诉或者提起诉讼通知的,应当及时终止所采取的措施。"

第1197条："网络服务提供者知道或者应当知道网络用户利用其网络服务侵害他人民事权益，未采取必要措施的，与该网络用户承担连带责任。"

根据相关的立法资料，《侵权责任法》于2010年7月生效，《民法典》于2021年1月生效。然而，早在《侵权责任法》和《民法典》生效之前，中国的法院已经参考《信息网络传播权保护条例》的相关规定，或者参照通知与删除的规则，处理了一些商标侵权与网络平台责任的纠纷。

例如，在2009年北京市第二中级人民法院审理的"友谊出版公司"一案❶中，原告是中国友谊出版公司（以下简称"友谊出版公司"），就《盗墓笔记》等图书享有专有出版权利。被告个体户杨某盗印了《盗墓笔记》，然后在淘宝网上进行销售。于是，原告针对杨某和浙江淘宝网络有限公司（以下简称"淘宝网"）提起诉讼，主张杨某盗印图书侵犯了自己的专有出版权，主张淘宝网为杨某提供销售平台，构成共同侵权，应当承担连带责任。被告淘宝网辩称，自己作为提供信息发布的平台服务商，并非网店经营者，不应当承担因为网店经营、商品发布或者销售引发的侵权责任。涉案图书的信息是杨某发布的，对于杨某销售盗版图书的事情，淘宝网并不知晓。而且，在接到友谊出版公司的投诉之后，淘宝网已经及时删除了相关的信息，并按要求提供了杨某的注册资料。这表明，自己已经尽到了合理注意的义务，没有构成对于原告专有出版权的侵犯。

受理案件的一审法院认为，被告淘宝网在收取杨某服务费用的同时，没有对于杨某是否具有图书销售的资质进行审查，没有尽到合理注意的义务，应当承担相应的侵权责任。淘宝网不服一审法院的判决，向北京市第二中级人民提起了上诉。二审法院经过审理认为，淘宝网作为网络交易平台的提供者，已经对于杨某

---

❶ 案号：(2009) 二中民终字第15423号。

的真实姓名和身份证号码进行了审查核实。法院还指出，现有的法律和行政法规，并未要求网络平台提供者承担义务，区分各类交易主体和审查其交易资质。与此相应，淘宝网审查核实杨某的姓名和身份信息，已经尽到了合理注意的义务。由此出发，二审法院推翻了一审法院在这个问题上的判决，认定被告淘宝网没有构成共同侵权，不应当承担连带责任。

在该案中，一审法院和二审法院还讨论了销售价格的问题。原告在诉讼中提出，被告杨某以明显低于市场的价格销售盗版图书，被告淘宝网没有予以审查和发现，表明没有尽到必要的监管义务，因而构成了共同侵权。然而一审法院认为，相比于线下的商场店铺，网络上的销售商家数量巨大，销售的商品数量同样巨大。在这种情况下，要求网络平台完全掌控交易商品的质量、安全性和合法性，逐一审查交易信息和交易价格的真实性或者准确性，显然超出了网络平台应尽的合理注意义务。关于这一点，二审法院也认为，淘宝网上销售的商品数量巨大、种类繁多、情况复杂，相关的法律和行政法规仅仅规定了禁止流通和限制流通的物品，除此之外并没有要求网络服务平台审查相应的商品价格是否低于通常的市场价格。关于这个问题，一审法院和二审法院同时认定，淘宝网在接到原告的通知之后，已经及时删除了杨某销售涉案图书的相关信息，尽到了合理注意的义务。

又如，在 2010 年上海市第二中级人民法院审理的"衣念时装"一案❶中，韩国依兰德公司拥有"TEENIEWEENIE"的文字与图形商标，指定使用的商品为服装。2007 年 12 月，依兰德公司授予衣念公司该注册商标的独家许可，在中国大陆制造和销售服装，期限为 10 年。与此相应，衣念公司为中国大陆地区的商标所有人。该案的被告是自然人莫某，在淘宝网上销售了带有原告商标的服装。于是，衣念公司向上海市杨浦区人民法院提起诉讼，

---

❶ 案号：（2010）沪二中民五（知）终字第 30 号。

主张被告莫某侵犯了自己的商标权。原告还主张,淘宝网向莫某提供销售平台,构成了共同侵权,应当承担连带责任。一审法院经过审理认定,莫某销售带有原告商标的服装,侵犯了原告的注册商标权利。一审法院同时认定,被告淘宝网尽到了合理审查的义务,及时删除了侵权信息,因而不应当承担共同侵权的责任。原告不服一审判决提起上诉,上海市第二中级人民法院经过审理,维持了一审法院的判决。这里仅讨论两审法院关于电商平台淘宝网责任的讨论。

关于这个问题,一审法院在判决中写道,淘宝网作为网络服务提供者,只有在知道用户利用其网站实施侵权行为而不予以制止时,才承担相应的侵权责任。一审法院认为,就该案而言,一方面,被告淘宝网要求用户实名注册和提供相应的身份信息,包括交易地址、联系电话和身份证件,并且在经过认证后才可以在其网站上从事商品或者服务的交易。另一方面,按照被告淘宝网的《淘宝服务协议》和《商品服务规则》,淘宝用户不得买卖国家禁止销售和限制销售的物品,不得买卖侵犯他人知识产权和合法权益的物品。依据淘宝网提供的证据,淘宝网已经对于莫某所提供的信息进行了审查,并要求莫某遵守《淘宝服务协议》和《商品服务规则》。这说明淘宝网已经尽到了合理审查的义务。除此之外,在接到衣念公司的投诉之后,淘宝网提供了有关莫某的相关信息,并且及时删除了平台上有关莫某的信息。这表明淘宝网尽到了合理注意的义务。一审法院由此认定,原告指控淘宝网为莫某的侵权行为提供便利,没有尽到合理审查义务,因而构成共同侵权的主张,缺乏事实和法律的依据。

关于淘宝网的责任问题,二审法院也在判决中指出,根据该案查明的事实,莫某是直接侵权的实施者,应当承担侵权责任。至于淘宝网,作为网络服务提供者,对于在其网站上销售商品的卖家,有事先要求其登记信息、实名认证的制度。同时,淘宝网还制定了《淘宝服务协议》和《商品服务规则》,要求淘宝卖家遵守。此外，对于权利人的投诉和相应的信息删除也有具体规定。就该案而言，淘宝网在接到原告的投诉之后，已经按照原告的要求删除了相应的信息。根据以上事实，可以认定淘宝网已经尽到了合理审查的义务，主观上也不存在明知或者应知侵权行为的过错，因而不应当与直接侵权人一起承担连带责任。

以上是中国法院的两个判决。下面再来看一个日本法院的判决。在 2012 年由日本知识产权高等法院判决的"ChupaChupas"一案❶中，原告是一家意大利公司，在日本注册了"ChupaChupas"的文字加图形商标，指定使用的商品包括西服、夹克等服装类，以及箱包皮具类。被告是"乐天市场"，其旗下的商店销售了带有原告"ChupaChupas"商标的背包、帽子、水杯等商品。根据案情，被告不仅在商店里展示和销售了带有原告商标的商品，而且在其经营的网站上展示了相关的商品。于是，原告向法院提起诉讼，主张被告销售带有"ChupaChupas"标记的商品，构成了商标侵权和不正当竞争。具体来说，被告销售带有原告注册商标的商品，就指定使用的商品而言属于商标侵权，就其他类别的商品而言构成了不正当竞争。原告还特别提出，自己的"ChupaChupas"商标属于著名商标。一审法院经过审理，认定被告侵权和构成不正当竞争。被告不服判决而提起上诉，日本知识产权高等法院又大体维持了一审法院的判决。

在这个判决中，一审法院和日本知识产权高等法院讨论了商标侵权的问题、不正当竞争的问题，以及被告在网站上展示相关商品的问题。这里仅讨论电商平台的责任问题。在一审诉讼中，原告主张，被告在其网站上提供有关商品的信息，属于网络服务提供者。按照相关的法律规定，网络服务商对于其平台上提供的信息，具有适当注意的义务，包括采取必要的监管措施。一旦发

---

❶ 日本知识产权高等法院："ChupChups"案，平成 24.4.25，平成 23（ウ）35691。

现相关的信息为侵权信息,则应当在合理的时间里删除相关的信息,以防止侵权范围的扩大。关于这个问题,二审法院又有进一步的论述。被告乐天市场自行设立了一个服务器,可以展示商品的信息,可以让顾客搜索相关的商品信息,可以通过网站发送订单和支付费用。显然,这是一个方便电商和顾客的服务系统。然而,一旦原告发出相关信息侵权的通知,被告应当在合理的时间里删除相关的信息,防止侵权信息的继续传播。就该案而言,一审法院和二审法院都认定,被告乐天市场在应当知道侵权信息的情况下,仍然在电商平台上展示相关的商品信息,构成了侵权和不正当竞争。

在电子商务的环境中,电商平台还有可能涉及其他问题,例如合同和信用支付的问题。例如,2009 年 2 月北京市朝阳区人民法院审理的"迈视网"一案❶,就涉及合同的问题。在该案中,原告是迈视网公司,与天津如烟公司缔结合同,由迈视网公司在互联网络上独家销售"如烟系列产品"。随后,迈视网公司发现自然人雷某通过淘宝网销售了相关的如烟产品。然而,当迈视网公司要求淘宝网删除雷某的相关信息时,却没有得到淘宝网的回应。于是,迈视网公司针对雷某和淘宝网提起诉讼,要求雷某停止在网络上销售如烟产品,要求淘宝网删除相关的信息。被告雷某没有应诉。淘宝网则认为,自己是互联网信息公司,仅仅提供相关的服务,并不参与具体的商品交易。该被告还认为,原告与雷某的纠纷属于合同纠纷而非不正当竞争,因为雷某并没有在淘宝网上销售假冒商品。

北京市朝阳区人民法院经过审理,认定原告与如烟公司缔结的在网络上销售"如烟系列产品"的合同,其效力仅限于双方当事人。被告雷某通过互联网销售如烟产品,仅仅是超出了原告与如烟公司合同的范围,而没有侵权或者不正当竞争的问题。至于

---

❶ 案号:(2008)朝民初字第 34029 号。

被告淘宝网，仅仅是提供网上交易平台的网络公司，并没有实际参与雷某与他人的买卖行为。同时，淘宝网的《淘宝服务协议》明确提示，用户应当谨慎判定相关物品信息的真实性、合法性和有效性。这表明淘宝网已经尽到了善意提醒的义务。法院最后判决，原告以自己与如烟公司缔结的在网络上独家销售合同，以相对的权利主张雷某和淘宝网不正当竞争，没有事实依据和法律依据，应当予以驳回。

又如，2009年上海市黄浦区人民法院审理的"付费通公司"一案，则涉及信用支付的问题。在该案中，原告是自然人王某，通过淘宝网向另一自然人涂某购买付费通公司的商品，用于支付铁通公司提供的宽带服务，并约定支付540元。原告王某在确认相关信息后，通过淘宝旗下的"支付宝"支付了相关的费用。然而，由于涂某的银行账号被人盗用，警方介入调查，王某支付的费用并未实际到账。在发现相关情形后，王某又通过其他账号，向铁通公司支付了540元的宽带使用费。随后，王某针对付费通公司和淘宝网提起诉讼，要求其赔偿损失。

上海市黄浦区人民法院经过审理认定，付费通公司在得知警方查封了涂某的账户之后，没有及时通知原告，致使原告不得不再次支付540元的宽带使用费，应当承担赔偿责任。但是，付费通公司仅仅具有过失，因而不应当承担加倍赔偿的责任。至于淘宝网，仅仅提供交易双方的服务平台，没有实际参与具体交易。在相关的交易支付方面，淘宝网还引入了第三方支付平台，经由买家确认相关信息之后，向卖家支付相关的费用。而且，支付宝要求交易双方实名制支付，也不存在具体参与交易的问题。这表明淘宝网已经尽到了合理审查的义务。此外，在原告提出请求之后，淘宝网已经提供了卖家涂某的真实信息。法院由此得出结论，淘宝网不应当为原告的损失承担法律责任。

---

❶ 案号：(2009) 黄民一（民）初字第2562号。

大体说来，按照中日两国的司法实践，电商平台承担商标侵权责任的前提是相关用户对于他人商标的使用已经构成了商标侵权；只有在电商平台的用户侵犯了他人商标权的时候，电商平台才有可能作为共同侵权者，承担相应的连带责任。同时，电商平台承担共同侵权责任的前提是，相关的电商平台没有尽到合理注意的义务；如果电商平台在相关的商业活动中，尽到了法律要求的合理注意的义务，则在通常情况下不承担共同侵权的责任，或者减轻承担相关的责任。

四、商标与关键词搜索

在电子商务或者互联网环境中，商标保护碰到的第三个挑战是关键词的搜索和排名。显然，近代以来在商业活动中的商标，绝大多数都是文字商标，或者是由文字、图形、色彩等要素组合而成的商标。至于企业名称或者商号，则基本是由文字构成。这样，文字性的商标或者商号，就可以被作为关键词，在互联网环境中搜索与产品、服务或者企业活动相关的信息，进一步扩大电子商务的规模。毫无疑问，这是电子商务环境中对于商标的进一步使用，可以为商标所有人带来更多的商业利益。

然而，与商标的仿冒和侵权相同，一些不良市场主体也可以利用他人的文字性商标或者商号，搜索与自己的商品或者服务相关的信息，造成消费者在商品或者服务来源上产生混淆。这与商标的假冒或者仿冒大体相同。在这种情况下，除了责令直接侵权者承担责任，也涉及是否要求搜索服务或者链接服务提供者承担侵权责任的问题。此外，一些不良市场主体甚至通过支付价金的方式，要求搜索服务提供者将自己的商标或者商号，排在搜索结果的前列。对于这样一种提供虚假搜索结果的排名收取了相关费用的搜索服务提供者，显然应当承担相应的法律责任。因为，这种虚假排名，不仅误导了消费者和社会公众，而且损害了其他商标所有人的声誉和利益。按照"商标使用"和"商标侵权"的基本原理，中日两国的司法机关通过一些典型判决，不仅处理了关键词搜索和排名中的一些商标纠纷，而且探讨了关键词搜索中应当遵循的规则。

先来看一个涉及利用他人商标进行关键词搜索的判决。在2015年由北京知识产权法院判决的"大悦城"一案❶中，原告中粮集团是一家国有企业，就"大悦城"的文字商标享有权利，主要用于商业销售活动。事实上，原告已经在北京、天津、上海等地拥有一系列名为"大悦城"的商业中心，包括北京的"西单大悦城"和"朝阳大悦城"。该案的被告是北京寺库商贸有限公司，也是从事商品销售的企业。被告向百度搜索服务购买了"竞价排名"服务，推广自己的销售服务。然而，当消费者在"百度搜索"输入"大悦城"的关键词进行搜索时，展示在第一位的却是"寺库北京朝阳大悦城100％正品保证，全场低折抢购"的内容。在该内容之下，还有"寺库北京朝阳大悦城品类齐全，100％大牌正品，100％放心购物"等内容。于是，中粮集团向北京市东城区人民法院提起诉讼，主张被告通过"搜索关键词"使用自己的注册商标，侵犯了自己的商标权。然而，东城区人民法院经过审理认定，被告的经营场所就在"朝阳大悦城"附近，竞价排名所显示的"寺库北京朝阳大悦城"，属于地理性描述，没有侵犯原告的注册商标权利。原告不服判决提起上诉。北京知识产权法院推翻了一审判决，认定被告的竞价搜索排名及其结果，侵犯了原告的商标权。

北京知识产权法院在判决中认定，原告在商业服务上使用的"大悦城"，是消费者普遍认知的商标。在此情况之下，被告通过搜索竞价排名，利用消费者对于大悦城的认知程度，将自己的服务排在搜索结果的第一位。同时，相关的搜索结果还出现了"寺库北京朝阳大悦城100％正品保证，全场低折抢购""寺库北京朝阳大悦城品类齐全，100％大牌正品，100％放心购物"等内容，

---

❶ 案号：（2015）京知民终字第1828号。

直接使用了原告的注册商标。根据相关的证据，被告在搜索结果中对于原告商标的使用，已经造成了消费者混淆可能性，因而构成了商标侵权。北京知识产权法院还认定，被告使用"大悦城"的关键词进行竞价排名，不正当地利用了原告"大悦城"商标的知名度，构成不正当竞争。最后，法院判决被告立即停止侵权，支付相应的损害赔偿。

值得注意的是，在上述"大悦城"一案中，原告没有针对百度的搜索竞价排名提出异议，因而法院也没有讨论搜索排名的法律责任。然而在2007年由上海市第二中级人民法院判决的"大众搬场"一案❶中，法院则专门讨论了搜索服务提供者的法律责任。该案的原告是上海的大众交通公司和大众搬场公司，就"大众"文字商标享有权利，指定使用的服务包括汽车出租和运送旅客。原告的"大众"商标在上海具有很高的知名度，曾经被评为上海最有价值的服务商标。原告发现在百度网站经营的"竞价排名"和"火爆地带"网页中，出现了大量假冒原告大众搬场公司的网站链接。而且，这些网站经营者都未经工商登记，不具有营业资格，却擅自使用原告的"大众"商标，或者使用近似的企业名称招揽物流业务。于是，原告针对百度搜索服务提起诉讼，主张被告在其"竞价排名"和"火爆地带"网页中使用自己的商标构成商标侵权，使用自己的企业名称构成不正当竞争。

上海市第二中级人民法院经过审理查明，被告提供的竞价排名服务是一项收费服务，为相关的企业推广其产品或者服务。就该案而言，在被告网站上输入关键词"上海大众搬场物流有限公司"之后，出现了10余个接受了竞价排名服务的网站。在此基础之上，法院认为接受"竞价排名"服务的网站未经原告许可，在其经营的搬场业务的网页上突出使用了"上海大众搬场物流有限公司"和"大众搬场"等字样，易使相关公众产生误认，侵犯了

---

❶ 案号：(2007)沪二中民五（知）初字第147号。

原告享有的"大众"注册商标专用权。至于百度公司,作为搜索服务的提供者,没有尽到合理审查和合理注意的义务。法院在判决中指出,百度公司提供"竞价排名"的商业推广业务是一项收费服务,应当对于相关的"关键词"进行必要的审查,包括审查该关键词是否合法、是否存在侵犯他人权利的可能性,以及要求用户提供营业资质等证明文件。百度公司在应当知道原告的商标具有较高知名度的情况下,提供"大众搬场"关键词的收费服务,具有主观上的过错,构成共同侵权,应当承担连带责任。

法院还认为,在原告的"上海大众搬场物流有限公司"企业名称和"大众"商标具有较高知名度的情况下,接受竞价服务的网站使用"大众搬场"等关键词,利用百度的竞价排名服务推广自己的经营活动,不正当地利用了原告商标和企业名称的声誉,构成了不正当竞争。至于被告百度公司,因为没有尽到合理注意和合理审查的义务,帮助了他人的侵权活动,具有主观上的过错,应当承担连带责任。就该案而言,原告没有起诉实施了直接侵权行为的10余个网站,而是起诉了实施帮助侵权的百度搜索服务。与此相应,法院判决百度搜索服务构成了共同侵权,应当承担停止侵权和支付损害赔偿的责任。

在互联网行业中,就关键词搜索和竞价排名服务而言,在通常情况下都不会构成对他人商标或者企业名称权利的侵犯。在这方面,只有当接受服务的企业不正当地利用了他人商标或者企业名称所承载的商誉的时候,才会构成侵权。如果对于相关关键词的使用,没有指向他人的商品或者服务,则不会有商标侵权或者企业名称侵权的问题。

例如在北京知识产权法院判决的"江裕公司"一案❶中,原告是一家打印机的生产和销售企业,拥有"Jolimark 映美"注册商标。被告是爱普生公司,也是打印机的制造和销售商。爱普生公

---

❶ 案号:(2015)京知民终字第1752号。

司购买了百度公司的竞价排名,以输入搜索关键词的方式,在互联网上推广自己的产品。原告于 2014 年 8 月输入自己的商标"Jolimark 映美"进行搜索,却发现排在搜索结果前列的是爱普生的打印设备。于是,原告向北京市海淀区人民法院提起诉讼,主张爱普生公司侵犯了自己的商标权,百度公司以竞价排名的方式构成共同侵权。法院在审理中发现,两被告确实在计算机的后台设置了"Jolimark 映美"和"映美"等关键词,因而在原告搜索自己商标时会显示出爱普生公司的推广信息。

一审法院在判决中指出,商标是指示商品或者服务来源的标记,商标侵权也应当是对于相同或者近似标记的使用,造成了消费者在商品或者服务来源上的混淆可能性。然而就该案而言,两被告是在计算机的后台使用了"Jolimark 映美"和"映美"等字词,既没有在具体的商品上使用,也不可能造成消费者在商品来源上的混淆。一审法院还指出,原告输入自己的商标进行搜索,虽然爱普生公司的信息列在搜索结果的前列,但网页上明确显示这属于"推广"信息,也即广告信息。如果点击推广信息,则会进入爱普生公司的网页。这也表明,两被告没有在指示商品来源的意义上使用"Jolimark 映美"和"映美"等字词。一审法院最后得出结论,爱普生公司在计算机后台使用"Jolimark 映美"和"映美"等字词,没有侵犯原告的商标权,百度公司也没有构成共同侵权。

原告不服判决提起上诉。受理上诉案件的北京知识产权法院维持了一审法院的判决。二审法院在判决中指出,按照《中国商标法》第 57 条的规定,将相同或者近似的标记使用在同类或者类似的商品上,容易导致消费者混淆的,属于商标侵权行为。在这里,混淆的主体是相关公众,即在相关公众容易误认、混淆的情况下,才构成商标侵权。然而就该案而言,爱普生公司对于相关关键词的使用,是计算机后台的使用,而非搜索结果页面上的使用。由此出发,爱普生公司对于"Jolimark 映美"和"映美"等字词的使用，没有侵犯原告的商标权，而百度公司也没有构成共同侵权。二审法院还特别指出，爱普生公司购买"Jolimark 映美"和"映美"等字词是否具有主观恶意，并不影响没有侵犯商标权的判断。因为，商标侵权的标准是消费者混淆的可能性，无论侵权者是否具有主观恶意，只要存在消费者混淆的可能性，就会构成商标侵权。就该案而言，即使爱普生公司购买"Jolimark 映美"和"映美"等字词具有主观上的恶意，也应当由其他法律予以规制，而非由商标法规制。

以上是中国有关关键词搜索和竞价排名的典型案例。就日本而言，虽然有搜索关键词的问题，但没有发生过竞价排名的问题。例如在 2015 年的 "IKEY" 一案❶中，原告是国际著名的家居用品销售商，拥有 "IKEY" 文字商标。该案的被告也是一家杂货销售商，在其经营的网站上使用了原告拍摄的产品照片，在其网站的域名中使用了 "ikey" 字样。于是，原告向东京地方法院提起诉讼，主张被告侵犯了自己的著作权和商标权。这里仅讨论有关商标权的部分。被告在检索系统中使用了 "IKEY 商店" 的字词，其检索结果则是关于被告家居用品的信息。例如："IKEY 商店，购买者最多减价 1 万日元，期间有限！"又如，在搜索结果所显示的产品目录中描述说，销售 IKEY 的进口家居商品和杂货。再如，商品性能与 IKEY 商品相同。此外，被告还在其网页上说："本店专门销售 IKEY 家居商品。"东京地方法院认为，被告未经原告许可，使用 "IKEY 商店" 或者 "IKEY" 作为关键词（元标签），搜索相关的商品信息，而搜索结果所显示的信息，又将自己的商品与原告的商品放在一起描述，造成了消费者在商品来源上的混淆可能性；与此相应，被告使用 "IKEY 商店" 或者 "IKEY" 作为搜索关键词的行为，构成对原告商标的侵权，应当停止侵权和支付相应的损害赔偿。

---

❶ 日本东京地方法院："IKEY"案，平成 27.12.8，判时 2249 第 86 页。

又如，在2017年的"香皂百货"一案[1]中，被告是著名的商品零售商乐天公司，原告则是生活与科学社，就"香皂百货"享有商标权。乐天公司除了线下商店的销售，还开设了线上的网店销售。乐天公司的线上销售，运用了关键词搜索的技术，以方便消费者查询自己需要的商品。其中包括"香皂"和"香皂百货"等关键词。具体来说，消费者输入"香皂"和"香皂百货"的关键词，就会显示被告相关商品的介绍。于是，原告向日本大阪地方法院提起诉讼，主张被告使用"香皂百货"作为关键词，侵犯了自己的商标权，同时构成不正当竞争。大阪地方法院经过审理认定，被告乐天公司使用"香皂百货"作为搜索关键词，没有侵犯原告的商标权，也不构成不正当竞争。原告不服判决，向大阪高等法院提起上诉。二审法院经过审理，以基本相同的理由驳回了原告的诉讼请求。

大阪高等法院指出，被告以"香皂"和"香皂百货"作为关键词，搜索后显示的是被告经营的相关商品和广告。这表明，被告是从商品通用名称的角度使用了"香皂"和"香皂百货"，并没有在指示原告商品或者服务的意义上使用"香皂百货"的字词，也没有破坏原告商标指示其商品或者服务的功能。与此相应，被告没有侵犯原告的注册商标权利。大阪高等法院还指出，被告将"香皂百货"作为关键词使用，其搜索结果虽然出现了相关商品的广告，但也不属于将他人商标使用在了广告之中。因为出现在广告中的"香皂百货"，没有指示原告的商品或者服务，而是对于香皂等商品的描述或者说明。此外，如果被告在广告中使用"香皂百货"的关键词，知道有可能产生指示原告商品或者服务来源的结果，或者有可能破坏原告商品的指示功能，则应当在合理的时间里删除相关的关键词；否则就属于在广告中使用他人的商标，构成对于他人商标权的侵犯。

---

[1] 日本大阪高等法院：《香皂百货》案，平成29.4.20，判时2345第93页。

根据中日两国的相关判例可见,将文字性的商标或者商号作为关键词在互联网中搜索相关的商品或者服务,是一个常见的做法。如果未经许可而将他人的文字性商标或者商号作为关键词,其搜索结果造成了消费者在商品或者服务来源上混淆的可能性,就会构成商标侵权;如果相关的搜索结果没有造成消费者混淆的可能性,则不会有商标侵权的发生。如果提供搜索服务的电子商务平台没有尽到合理注意的义务,有可能与搜索用户一起构成侵权,进而承担共同侵权的责任;如果搜索服务平台尽到了合理注意的义务,或者搜索用户的行为没有构成商标侵权,则不会有搜索平台的侵权责任问题。

值得注意的是,中国的百度公司不仅提供关键词搜索的服务,而且提供竞价排名的服务。这种竞价排名的商业模式,在某种程度上起到了鼓励相关企业利用关键词搜索服务从事不正当竞争的作用。事实上,这种竞价排名和商业推广的做法,也妨碍社会公众获得真实客观的信息,是一种值得商榷的商业模式。

五、结论

商标是使用在商品或者服务上的标记,其作用是指示商品或者服务的来源。例如,《中国商标法》第 48 条规定了宽泛的商标使用的定义,包括在商品上、商品包装上、广告上、交易文书上、展览中或者其他商业活动中对于商标的使用。又如,《日本商标法》第 2 条也从商品和服务的角度规定了商标使用的情形。

随着计算机技术和网络技术的发展,电子商务得以产生和发展,同时也产生了电子商务中的商标使用问题。在这方面,《中国商标法》以较为抽象的方式规定了商标使用的定义,完全可以涵盖电子商务中的商标使用;而《日本商标法》则是进一步列举了商品商标和服务商标在网络环境中使用的情形,进而涵盖了电子商务中的商标使用。

按照商标保护的基本理论,如果某一市场主体未经许可,使用了与他人商标相同或者近似的标记,有可能造成消费者在商品或者服务来源上的混淆,就会构成商标侵权。显然,这样一个商标侵权的认定标准,同样适用于电子商务中的商标侵权。在这方面,中日两国的司法机关在审理电子商务中有关商标纠纷的案件时,都是适用了传统的消费者混淆可能性的侵权认定标准,而没有创设新的侵权认定标准。

截至目前,电子商务中的商标保护,主要涉及三个方面,即域名与商标保护、商标保护与平台责任、商标保护与关键词搜索。大体来说,依据宽泛的"商标使用"的规则,依据消费者混淆可能性的商标侵权标准,中日两国的司法机关有效地处理了商标保护与域名注册和使用的关系、商标保护与电子商务平台法律责任的关系以及商标保护与关键词搜索和排名的关系,进而在电子商务环境中有力地保护了商标所有人的利益以及消费者大众的利益。

可以预见,随着电子商务的发展,还会产生新的商业模式和对于商标保护的挑战。然而,只要我们依据宽泛的商标使用的规则,依据消费者混淆可能性的商标侵权认定标准,就可以有效地解决电子商务中的商标保护问题,进而有力地保护商标所有人和消费者大众的利益。

商标注册制度的异化与矫正

管育鹰*

【摘　要】商标作为知识产权的保护客体，法理上的正当性来源于其凝聚了权利人在商业活动中实际使用标识所形成的商誉。将已经使用或拟使用的商标申请注册有助于公示权利范围，符合法治的效率原则。我国的商标注册制度在长期的实践中暴露出不以自己商业使用为目的批量抢注或囤积等不利于市场营商环境建设的异化现象，耗费了大量行政、司法资源。有必要进一步在商标注册申请程序和后续管理中强调商标使用原则，有针对性地建立事先过滤机制，消除仅因先提交注册申请即取得商标专用权的认知误区，根治不以使用为目的的注册行为。具体方案是建立商标注册预登记制度，将商标注册申请区分为已经实际使用的和意图使用的两类：符合第一类申请要件的按现行程序审核后直接颁发注册证书；属于第二类的只给予预登记证明，待其提出符合第一类申请条件的材料时再核准为注册商标，满三年未转为注册商标的预登记自动失效。

【关键词】商标注册　商标使用　抢注囤积　预登记

引言

商标是消费者识别市场中商品或服务的首要信息来源。理论

---

* 作者简介：管育鹰，中国社会科学院知识产权中心主任、研究员。

上说,只有在商业活动中真实使用的标记,才可能建立起商品或服务与其使用人的对应关系。这也是法律赋予使用人就该标记享有专有使用权的正当性基础。未在商业活动中实际使用的标记,即使已经在国家主管部门获得注册,也未真正发挥识别功能,消费者不可能将其与某个主体的商品或服务联系起来。反之,在商业活动中实际使用某一标记并已经使消费者能够据此识别自己商品或服务的市场主体,即使未及时将该标记申请注册,也仍可通过侵权法或禁止仿冒的反不正当竞争法受到一定保护。知识产权项下的识别性标记之所以构成"产权",首先在于经营者在选定并使用这类标识后,通过不同于同类竞争者的广告宣传、打通销售渠道等促销活动,使有关标记在市场上建立起一定的信誉或"商誉"。❶

随着时代的发展,商品和服务的市场大大突破了传统商业活动的市域范围,扩展到全国甚至全世界,商标注册制度应运而生。商标注册的目的在于对某一具体标记及其使用主体、使用商品❷类别等相关信息进行确认和公示,减少不同主体在相同或类似商品上使用相同或近似商标可能引起的冲突和风险,节约市场主体的投入和消费者的搜寻成本。我国现行的商标注册程序与大多数国家一样,并不要求申请注册时提交商标已经实际使用的证据或即将投入商业使用的相关材料;不过,与大多数实行商标注册制度的国家不一样的是,因片面理解注册即取得商标专有权,我国出现了大量注册却没有实际投入使用的商标,甚至出现了恶意抢注、囤积等根本没有自己使用的意图而仅将其作为倒卖牟利对象的非正常申请现象。目前我国的商标注册申请量逐年增加,累积量十分惊人,而解决与商标注册相关的异议、无效和与之交叉的侵权等纠纷也耗费了大量行政和司法资源。针对屡禁不止的破坏商标

---

❶ 郑成思. 商标中的"创作性"与反向假冒 [J]. 法律适用, 1996 (10): 27-29.
❷ 为叙述方便,下文多以商品商标展开论述,相关内容同样适用于服务商标。

注册制度功能、有损我国市场营商环境和高质量发展的非正常申请注册乱象，本文拟探讨如何借鉴强调"商标使用"要求的美国做法，对我国商标注册制度进行改造，根治不以使用为目的的恶意注册乱象，使商标注册制度回归到为诚信真实的使用人提供专有权保护的法律本位。

一、我国商标注册制度的异化现象

（一）商标注册制度的功能与设计

商标注册制度的目的和作用是对实体权利进行确认和公示。商标经公开申请和核准注册获得专用权保护的制度便于执法和保护，符合现代法治的效率原则。在国际贸易日益频繁的时代，在拟开展商业活动的地区将自己已开始使用或即将投入使用（美国法上称之为意图使用）的商标在国家主管部门申请并获准注册，对于其所有人来说可以获得一系列"程序性权利"❶，这对美国、中国这样市场规模极大的国家或欧盟这样大型统一市场的市场主体来说更为重要。例如在我国，现实中很多商标开始投入使用时仅局限于某一个区域，例如珠三角、长三角、东北地区、西南地区，或者是某一个省市甚至某一个乡镇，商标使用所产生的商誉也仅仅局限在相应的特定区域内。但是，按照商标注册制度的设计，一旦获得注册即可推定申请人在实施该注册制度的全部地域范围内享有排他性的商标专用权。这一注册商标专用权显然比未注册仅凭诚信使用获得的先用权更具有竞争优势，特别是在保护强度方面。

根据《中华人民共和国商标法》（以下简称《商标法》），已注册的驰名商标可以获得跨类别或反淡化保护，非欺骗性或恶意抢注驰名商标的情形下获得注册的商标 5 年后即不可撤销，注册商标专用权人虽然不能全面禁止其他在先使用人使用，但可以要求

---

❶ 李明德. 商标注册在商标保护中的地位与作用 [J]. 知识产权，2014（5）：3-8.

其附加区分标识以区别于自己的注册商标。❶ 此外，拥有注册证书可推定商标权有效，便于商标许可、转让、质押以及在海关备案以获得边境措施保护；在侵权纠纷中权利人更容易举证并获得及时有效的临时禁令、保全等程序性救济，而且绝大多数侵权责任条款都是针对侵害注册商标专用权的行为，特别是刑事责任仅适用于侵害注册商标专有权犯罪。注册制度不但为已经实际使用商标的权利人带来强有力的专用权保护，也为即将使用商标的注册人预留专用权形成空间。除非有恶意抢注他人在先使用驰名商标的证据，尚未实际使用的商标经申请后一旦获准注册，法理上也推定注册人可以在全国范围内获得保护；至少在获准注册后的 3 年时间里，未来得及实际使用的注册人仍可阻却他人在同样类别上就相同或者近似的商标申请并获得注册，禁止他人未经许可使用相同或者近似的商标，要求在先使用人仅在原有范围内使用相同或者近似的商标和附加区分标识。

对于商标注册制度运行中可能发生的一些不甚理想的情况，例如因各种原因注而不用或用而未注，各国商标法均作了制度安排。首先，对于注册后连续若干时间未实际使用的商标，任何人均可向主管部门申请撤销❷；而且，对此类可撤销的注册商标，注册人在因他人使用相同或近似商标发生侵权纠纷时也难以证明实际损失并最终获得赔偿。其次，对于现实中未注册但已经投入实际使用且具有一定影响或驰名的商标，各国法律也予以特殊保护。其来源是《保护工业产权巴黎公约》（以下简称《巴黎公约》）第 6 条之二的规定。根据该规定，为了防止消费者的混淆，对于他人已经使用并且具有一定声誉的商标，主管机关可以驳回和撤销注册，并禁止使用。为此，《商标法》在 2001 年修改时专门增加第

---

❶ 《商标法》第 13 条、第 45 条、第 59 条。
❷ 参见《法国知识产权法典》L.714-5 条，《德国商标法》第 49 条和第 25 条、第 26 条，《美国商标法》第 45 条，《日本商标法》第 50 条第 1 款以及我国《商标法》第 49 条。

13条对驰名商标进行特殊保护；增加第31条规定申请商标注册不得损害他人现有的在先权利，也不得以不正当手段抢先注册他人已经使用并有一定影响的商标。可见，商标注册制度本身是为真正使用商标的市场主体服务的，注册应当以使用为原则，仅注册而未使用的商标经一段时间就应当从主管部门的注册商标登记系统里清除，以便为其他市场主体释放可供选择注册和使用的商标信息资源。

（二）商标注册制度成为恶意抢注和囤积的工具

自进入21世纪以来，我国社会经济整体上处于持续发展阶段，市场主体的商业活动相对活跃，商标注册量和保有量也相应地快速增长，至2019年底已经连续17年位居世界第一。❶ 然而，在这庞大的数字后面，却存在着其他国家未曾遇到过的问题。首先是抢注他人使用但未及注册的商标，或其他有商业价值的标识、符号、姓名、形象等。尽管2001年修正的《商标法》强调了对驰名商标、他人在先权利、已经使用且有一定影响商标的保护，但实践中仍有许多人利用商标、企业名称、域名等各种门类标识的注册登记和检索数据库未统一、商品和服务类别划分不清晰等漏洞，抢注他人驰名商标、已经使用且有一定影响但未注册的商标或侵害他人在先权利并寻求高价转卖给对方，其行为跟"碰瓷"一样恶劣。早期进入中国市场的国外驰名商标很多都遭遇过类似纠纷，例如"杜邦""OLAY"商标被抢注为域名❷，立时集团的"立邦漆"知名商品名称被一家涂料公司注册为字号❸等。对于抢注特别是侵害他人在先权利、恶意抢注他人驰名商标或有一定影

---

❶ 孙自法. 中国商标申请量连续17年世界第一 累计有效注册商标2478万件[EB/OL]. (2019-12-20) [2020-12-31]. https://www.chinanews.com/cj/2019/12-20/9039289.shtml.

❷ 参见《中华人民共和国最高人民法院公报》2002年第3期第98~100页、北京市高级人民法院（2002）高民终字第286号民事判决书。

❸ 参见湖北省武汉市中级人民法院（2002）武知初字第55号民事判决书。

响商标的,我国法律作出了回应。2013年《商标法》修改时新增第7条第1款规定:"申请注册和使用商标,应当遵循诚实信用原则。"并在第15条禁止代理人或代表人抢注的条款中增加了"合同、业务往来关系或者其他关系而明知该他人商标存在的"情形,同时增加第48条对"商标使用"概念作了明确规定。2019年《商标法》再次修订,在第4条后半段专门增加"不以使用为目的的恶意商标注册申请,应当予以驳回"的规定,并将其纳入后面异议、无效程序的启动理由。不过,商标领域的抢注现象至今仍未得到有效治理,且受到抢注骚扰的不仅限于国外企业。例如,2016年某个体户在"交友服务和婚姻介绍"类别注册了"非诚勿扰"商标,进而对江苏卫视的同名婚介类娱乐节目"非诚勿扰"提起侵犯商标注册专用权诉讼,迫使江苏卫视在一段时间里不能正常地使用自己的节目名称。域外商标被抢注获得保护困难存在的主要问题,是司法实践中对商标因"实际使用"而"驰名"和"有一定影响"的范围之判定标准局限在中国大陆地区。例如,日本良品计画曾主张北京无印良品涉嫌恶意抢注、应撤销其注册商标,但是最高人民法院并没有支持其主张,认为"無印良品"商标在日本、中国香港地区等地宣传使用和知名度并不能证明在中国大陆地区实际使用且在第24类毛巾等商品上具有一定影响。❶最近,良品计画、上海无印良品被判决立即停止侵犯棉田公司、北京无印良品的注册商标专用权,在天猫"无印良品MUJI官方旗舰店"和中国大陆地区的实体门店发布声明以消除影响,并赔偿经济损失。❷而在原被告相同的另一起类似案件中,法院认为被告在其他类别商品中混合标注"无印良品"及"MUJI"标识,但在涉及第24类商品时则是单独标注"MUJI"标识,可见被告事实上已注意对原告涉案注册商标权的合理避让,故判决驳回了原

---

❶ 参见最高人民法院(2012)行提字第2号行政判决书。
❷ 参见北京市高级人民法院(2018)京民终172号民事判决书。

告诉求。❶ 可见,目前国内各界对驰名商标抢注行为及其后果的认识仍有分歧,但引起纠纷的至少均是实践中已经投入真正使用的情形。相比之下,为了占有各种可能成为商标的信息而抢注、待价而沽的不以实际使用为目的的囤积行为更是对注册制度的误读。

现实中,有很多注册人批量申请注册,并非为了自己商品或服务的实际使用需要,而是为了防止他人申请注册抢先占有甚至为了申请后倒卖相关标记信息资源;特别是鉴于我国商标注册门槛不断降低、费用不断减少,批量抢注囤积标记信息资源后转手倒卖获得的"商标注册证",其牟利性质与一般倒卖票证的投机行为无异。但是,与其他领域中的倒卖票证行为招致公众反感并受到国家法律法规治理的情况不同,在很长时间里,我国商标领域的这种非正常申请十分普遍。由于我国现阶段很多市场主体甚至政府部门人员对商标作为知识产权保护客体的本质属性和注册制度本身的功能认识不清,以为商标注册程序相当于授权、注册成功即拥有一项知识产权,据此可以做宣传或获得诸多政策优惠,实践中出现了盲目追求申请注册量的问题;再加上我国市场经济法治建设中诚信体系还有待进一步健全,随着时间的推移出现了囤积倒卖、恶意抢注等商标注册制度异化现象。不是为自己商品或服务使用而申请注册而产生的虚假"注册商标",占用了大量公有领域的标记性信息资源,减少了其他正当经营者的可选择空间。不以真实使用为目的批量注册还浪费大量社会资源,加重了商标行政机关的负担,造成审查延迟,使得各地审查机构不断设立、扩员,同时还连锁引起司法资源的极大耗费,本来实行员额制工作负担已经超负荷的知识产权法官需要用大量精力应付这类几乎

---

❶ 参见江苏省苏州市中级人民法院(2019)苏 05 知初 259 号民事判决书、江苏省高级人民法院(2020)苏知终 7 号民事判决书。

没有技术含量的商标争议案件。❶ 更不容易处理的是，一些十分明显的囤积注册，法院基于不告不理的原则无法在一个案件中撤销一大批所谓的"注册商标"。批量抢注囤积现象还迫使正常经营者为了防止自己的驰名商标被他人抢注而全类注册，助推了全国商标注册量和持有量总数的攀升。另外，有些职业商标注册人专门关注抢注社会热点热词，从社会名流、文体明星（如"乔丹"案❷）、政治人物的姓名和肖像，到畅销小说、影视游戏作品或角色的名称无一幸免，有的造成了恶劣的社会影响，例如 2003 年的"钟南山"和 2019 年的"李文亮"商标抢注。

以上这些商标注册制度的异化现象，不但破坏公众对商标制度的信赖，也严重干扰正常的市场竞争秩序。《商标法》上虽然也设置了一些补救机制，但未能真正发挥矫正作用。

二、对未注册商标保护不足和"撤三"制度的失灵

（一）抢注有一定影响之未注册商标的现象屡禁不止

如上所述，《商标法》对未注册商标的保护实际上分为"驰名"（第 13 条）和"有一定影响"（第 32 条）两种情形。根据《商标法》第 45 条，我国对驰名商标的保护力度相对较大，即除了可禁止他人在相同或类似商品或服务上注册和使用相同或近似商标外，权利人还可不受 5 年除斥期间的限制对被他人恶意抢注的驰名商标随时请求宣告无效；但对于已经使用并有一定影响的商标，权利人以《商标法》第 32 条后段规定的"不得以不正当手段抢先注册"作为无效理由的须自商标注册之日起 5 年内提出。这样，

---

❶ 北京知识产权法院受理的一审案件中与商标注册相关的行政案件占一半以上，参见：杨静，赵书博. 北京知识产权法院：五年结案近 6 万件 有力保障创新发展 [J]. 法庭内外，2019（12）：52-54.

❷ 法院认为"乔丹"侵犯了美国球星乔丹的在先姓名权、"乔丹＋剪影"不侵犯其肖像权。参见（2016）最高法行再 27 号行政判决书、（2018）最高法行再 32 号行政判决书。

"有一定影响"的商标若被他人以不正当手段抢注,在先使用人5年内未及时请求宣告注册无效的,必然会出现在先使用人和注册人两者同样的商标在市场上共存的现象。《商标法》第59条3款为此作出了先用权制度的安排,即在先使用人能在原有范围继续使用,但注册人可要求其附加适当区分标识。

对于什么情形下构成"驰名",国外驰名商标在我国是否属于驰名商标等,目前仍是理论和实践中的疑难问题。因此,那些不能证明是驰名商标而被他人以不正当手段抢注的有一定影响的商标,一旦过了5年除斥期间,则无法主张抢注者的注册商标无效,这使得在先权利人怨声载道。从知识产权制度比较成熟的国家的经验来看,商标法对在先权利被他人抢注的救济期间一般也是5年,但被恶意抢注的除外;这表面上看与我国《商标法》的规定大致相同,但这些国家对驰名和知名、有一定影响、广为知晓等条件、范围等并未刻意定义和区分。例如,根据《美国商标法》(《美国法典》第15编)第14条第(3)项,任何时候若发现该注册商标是其指定商品或服务或其中一部分的通用名称,或该注册商标已被放弃,或其注册是以欺骗手段获得,或违反该法第4条或第2条(a)(b)(c)项的规定,或违反在先的法规的同类禁止性规定,或由注册人或经注册人允许将注册商标用于误述其指定商品或服务的来源的,可撤销该注册。可见,在美国以欺骗手段获得的恶意注册是可以随时撤销的,并不受《美国商标法》第14条第(1)(2)项规定的5年限制。《德国商标法》第51条第(2)款规定,如果商标所有人默认一个在后注册商标连续5年使用,则该所有人应无权请求撤销或禁止该在后注册商标在其注册的商品和服务上使用,除非在后商标在申请时出于恶意。《日本商标法》规定不予注册的情形包括第4条第1款第(10)项"广为知晓的他人商标"(相当于我国的"有一定影响的商标")和第(19)项"日本国内外广为知晓的商标"(相当于我国的"驰名商标")。但是,该法第46条规定违反第4条第1款的可以提出无效请求且没有规定期限；而第 47 条关于无效请求除斥期间的规定则指出违反第 4 条第 1 款第（10）项的应当在 5 年内提出无效请求，出于不正当竞争目的获得注册的除外。这意味着，在日本，只要遭遇不正当竞争目的的恶意抢注，无论是驰名商标还是有一定影响的商标，其在先使用人均可以随时提出无效请求。

就我国现状而言，抢注他人已经使用且有一定影响的商标之现象屡禁不止，而根据《商标法》第 59 条以"共存＋区分标识"方式妥协在实践中也未能真正平息争议。例如，在电子商务时代，若将先用权局限在"原有范围"理解为传统意义上的市县地域是不现实也不公平的，而允许其与时俱进采用"互联网＋"商业模式必然会与注册商标专有权发生冲突。若注册人确实并无恶意，有一定冲突的共存问题友好协商解决是可能的；但如果是恶意抢注但过了 5 年无法请求无效的情形，则要求先用权人和注册人妥协难度相当大。针对《商标法》第 45 条缺乏对有一定影响的在先使用商标遭遇恶意抢注错过异议期和除斥期即无法获得救济这一立法上的漏洞，在法律解释论上，我国商标无效审查部门和司法机关应参照国外商标法治经验，在一定程度上允许在先使用人依据《商标法》第 44 条以注册人"以欺骗手段或者其他不正当手段取得注册"为由请求宣告该注册商标无效。换言之，应对第 45 条中的"恶意"和第 44 条中的"以欺骗手段或者其他不正当手段"作相同解释，重点考察行为目的的恶意，有效弥补注册主义的弊端。❶ 事实上，国家主管部门已经充分认识到商标注册制度的异化现象并采取相应措施打击非正常申请注册行为，强调申请商标注册应当遵循诚实信用原则，不得违反《商标法》第 4 条、第 13 条、第 32 条的规定；❷ 近几年来在商标授权确权程序中审查机关和人

---

❶ 张鹏. 我国未注册商标效力的体系化解读 [J]. 法律科学（西北政法大学学报），2016（5）：137-144.

❷ 参见《规范商标申请注册行为若干规定》（2019 年 10 月 11 日国家市场监督管理总局令第 17 号）。

民法院也不约而同地表明对于违反 2019 年修正的《商标法》新增第 4 条后半段的明显囤积注册采取驳回或无效予以遏制的倾向性态度。❶ 但对于具体情形下如何判定属于"其他不正当手段"、第 44 条是否也可适用于第 32 条对在先权利保护并可以援引至驳回和异议阶段,实践中仍存在一些分歧。❷《商标法》第 44 条的无效请求权并无时间限制,这无疑有利于有一定影响的商标的在先使用人据此保护自己的合法利益;但鉴于并无法律、法规或司法解释的明确规定,目前实践中裁判尺度不统一。例如,要抢注多件才能证明恶意?❸ 以件数论恶意这一标准摇摆不定,使得在先使用人以足够的证据让裁判者最终对抢注人的"恶意"作出判定并不容易。这也是在我国商标抢注现象屡禁不止、在先权利人怨声载道的原因。相比之下,借鉴《日本商标法》"出于不正当竞争目的"的标准解释我国《商标法》第 44 条的"其他不正当手段"更为恰当。

(二)"撤三"制度不能有效清除未使用的已注册商标

如上所述,商标的生命在于使用,未实际使用仅以一纸注册文书形式存在的所谓"注册商标"本质上不是知识产权意义上应受到法律保护的商标。对此,各国商标法律制度为了弥补注册制度可能产生的漏洞,无不针对连续一定时间段未实际使用的注册

---

❶ 参见最高人民法院《关于审理商标授权确权行政案件若干问题的规定》第 24 条:"以欺骗手段以外的其他方式扰乱商标注册秩序、损害公共利益、不正当占用公共资源或者谋取不正当利益的,人民法院可以认定其属于商标法第四十四条第一款规定的'其他不正当手段'。"

❷ 熊北辰. 商标恶意抢注行为的规制:商标法第四十四条第一款适用问题研讨[J]. 中华商标,2019(2):50-54.

❸ 实践中,注册人申请"科勒""KOHLER"等商标被认为在数量、近似度及知名度上不足以构成违反《商标法》第 44 条规定,参见北京市高级人民法院(2018)京行终 4263 号行政判决书;注册人申请注册"维多利亚的秘密""VICTORIA'S SECRET"商标,不仅数量较少且均属于注册人有使用可能性的商标,不足以证明其具有囤积意图,参见北京市高级人民法院(2017)京行终 601 号行政判决书。

商标设立了任何人均可请求撤销的制度（我国业界简称为"撤三"），以撤销程序消除注册主义弊端，清理"僵尸商标"，释放可供其他市场主体再次申请注册或合法使用的商标信息资源。

《商标法》第49条第2款中规定："注册商标成为其核定使用的商品的通用名称或者没有正当理由连续三年不使用的，任何单位或者个人可以向商标局申请撤销该注册商标。"照理说，这一世界通行的事后补救程序可以用来打击不以使用为目的的囤积式注册，但迄今为止，"撤三"制度的功能在我国尚未得到充分认识和有效执行。究其原因，一是片面追求申请量和注册量增长的惯性至今未得到有效遏制，即使未实际使用的注册商标存量巨大，表面上也看不出到底有多少实际上没有使用的注册商标；二是"任何单位或者个人"缺少真正的指向性，不像抢注发生和产生争议时即样有在先权利人或其他利害关系主动启动程序；三是缺乏足够的可参照域外实施经验，因为大规模地囤积商标信息资源、将注册证书本身作为交易对象的现象在其他法域没有出现过。在国外，注册商标因不使用而撤销，通常是指曾经使用过的注册商标或者意图使用的商标因特殊情况停止使用一段时间或未投入实际使用从而丧失识别性而被撤销的极少数情形。

事实上，从来不打算也的确没有真正投入商业使用而为其他目的刻意注册的"商标"，不属于商标法所说的注册商标因不使用而应当撤销的情形；换言之，应当采取更直接的清理方式或采取其他的辅助措施，而非简单地由任何单位或个人提出"撤销注册"的申请。为此，我国2019年4月修改《商标法》时在第4条增加了"不以使用为目的的恶意商标注册申请，应当予以驳回"的规定，并明确将该条纳入第33条异议和第44条无效的法定理由，且第44条规定的无效程序启动并无时间限制。这无疑有利于清除不以使用为目的的"僵尸商标"。但是，"不以使用为目的的恶意商标注册申请"在实践中尚无统一认识，且不容易证明，而除了商标审查机关，请求宣告无效的"其他单位或者个人"实际上并不存在。可见，无论是"撤三"还是宣告无效程序，都是事后弥补机制，难以预防和规制囤积行为；除了商标审查机关自己在审查阶段主动过滤驳回明显的恶意申请，不存在"任何单位或者个人"启动异议、申请"撤三"或请求宣告无效。仅因连续 3 年不使用、不以"恶意"判定为前提的"撤三"制度，在清理"僵尸"注册商标、释放"闲置"商标信息资源方面同样失灵。

三、注册制下强调商标使用要求的域外经验考察

我国经过几十年的商标法律制度建设，各界对商标法保护的应当是商业活动中实际使用积累了商誉的商标这一认识越发清晰。为了强调使用在商标权形成中的重要作用，《商标法》在 2013 年修改时专门增加了"商标使用"的概念，即第 48 条规定的"本法所称商标的使用，是指将商标用于商品、商品包装或者容器以及商品交易文书上，或者将商标用于广告宣传、展览以及其他商业活动中，用于识别商品来源的行为"。此外，2013 年、2019 年《商标法》的两次重要修改，均突出和强调商标注册与使用中的诚信义务，并对不以实际商业活动使用为目的的恶意抢注和囤积等不利于我国商标法律制度良性发展的异化现象表明了严厉的打击和规制态度。但是，鉴于这些新的法律规范还缺乏有效明确、细化的配套规范和措施，有必要深入研究和考察域外商标法律制度运行中的有益经验，提炼出具体的规则和示例。

在注册阶段即强调使用义务的主要是美国。向美国专利商标局（USPTO）提交商标注册申请时须提交申请的法律基础，包括以下一种或多种：其一，实际使用。根据《美国商标法》第 1 条（a）款，申请商标在提交申请日期前已经在美国实际投入商业使用，即带有该商标的产品已经在美国市场上销售、服务已经在美国本土开展或者在美国媒体上做了宣传广告的，可以实际使用为基础提交美国商标注册申请。申请人需提供：①商标投入商业使用的证据（如至少提供一张带有商标图样的产品照片或服务宣传

册等）；②在美国和世界其他国家/地区首次使用该商标的日期（需精确到年月）；③商标已投入商业使用的宣誓或声明。其二，意图使用。根据《美国商标法》第 1 条（b）款，申请商标在提交申请时尚未在美国实际投入商业使用，但有将商标在美国进行商业使用的真实意图，在 6 个月内及时提交使用证据或宣誓即转为实际使用申请并最终被核准注册（可申请延长提交期限最多共 2 年），在此期间没提交使用证据的，该申请被视为放弃。其三，国外注册。根据《美国商标法》第 44 条（e）款，申请人在其原属国有一件在相同商品/服务项目上在先相同注册商标，可以此为基础提交美国商标申请，同时需要满足以下几点要求：①原属国基础商标注册证复印件、扫描件或商标注册机关出具的注册证明等文件，这些文件在美国专利商标局下发注册证时应当有效；②拟在美国申请保护的商品/服务范围不能超出原属国国内商标注册的商品/服务范围；③若原文件非英文的，须提交原属国国内基础商标注册证明文件的英文译本；④申请人自申请之日起将商标投入使用的真实意图的宣誓或声明。其四，国外申请。根据《美国商标法》第 44 条（d）款，申请人在其原属国在相同商品/服务项目上有一件在先相同商标申请，且申请日是在美国商标申请日的 6 个月以内，可依据"国外优先权"作申请基础；基于此基础提交申请的前提是原属国与美国同属一个有优先权规定的国际性公约的成员国，或与美国有优先权互惠国待遇的国家。

可见，对于"意图使用"，《美国商标法》要求首先需要提交的是表明真实意图使用的证据。在 iWatch 案中，美国专利商标局认为，"商业化使用的善意目的"是有效的"意图使用"类申请的要件之一，申请人须提出符合商业习惯而不是单纯为了保留所申请的商标权利之客观证据，美国专利商标局或法院据此对"善意目的"作出合理解释和客观判断；通常，使用的努力可作为判定"善意目的"的参考证据，包括产品或服务研究、开发，市场调研，生产活动，促销活动，拓展分销商，争取获得政府审批的举措或其他类似行为;最终,美国联邦巡回上诉法院维持了美国专利商标局的裁定,认为申请人为申请而制作的带有商标的材料/模板并非真的产品,此类"象征性使用"不符合真实善意使用的要求,Swatch 公司的异议成功。❶

此外,《美国商标法》对申请人在商标注册申请时提交的意图使用声明书中需承诺的内容也作了详细规定,包括在商业中已经或意图善意使用、相信自己或所代表的法人有权使用该商标、据申请人所知没有其他主体有权使用相同或近似的商标足以造成混淆和损害、相信所陈述的内容属实。这样,商标申请人一旦签署提交该声明,如果后来被证实与事实不符,其法律后果除了注册商标可被撤销、可能承担民事责任(受害人提出救济时)之外,若构成虚假陈述或欺诈,还可能违反刑法而被罚款甚至拘禁(理论上)。一般情况下,美国专利商标局并不详细审查使用的证据和声明的内容,很少据此驳回申请。当然也有例外。比如,在 2003 年 Medinol 案中,某人通过签署使用声明宣誓商标在所申请的两种商品上都已使用并获得注册;实际上两种商品上一种已使用、另一种未使用,后来因在其中一种商品上未使用即作了虚假宣誓被全部撤销。❷ 在实践中,尽管欺诈很难证明,但仍有可能成立。在 2014 年 9 月的 Nationstar Mortgage 异议案中,美国专利商标局的裁定认为"欺诈概念仍然存在,我们会在不同的情形下推断出申请人是否有欺骗商标局的意图"。❸

值得关注的是,美国专利商标局于 2018 年 3 月试行"商标使用证据举报项目",任何人如果担心出现商标使用证据造假,可以

---

❶ M. Z. Berger & CO., INC. v. Swatch AG, Appeal No. 2014 - 1219 (Fed. Cir. June 4, 2015).

❷ Medinol Ltd. v. Neuro Vasx., Inc., 67 U.S.P.Q. 2d 1205 (T.T.A.B. 2003).

❸ Nationstar Mortgage LLC v. Ahmad (Opposition No. 91177036, September 30, 2014).

向美国专利商标局提交举报信或直接向该试点项目发送电子邮件提交相关客观证据。❶ 这种举报制度的效果与异议或撤销相似，但省略了很多程序上的烦琐要求。除了上述项目外，美国专利商标局还发布新规，要求从 2019 年 8 月 3 日起，外国商标申请人、注册人、异议和无效撤销等复审程序中的当事人，必须委托美国当地律师，以避免提交不准确或虚假信息。❷ 作为长期坚持和强调商标使用制度的国家，美国近些年来采取的以上针对虚假陈述或恶意注册的应对方式可供我们参考。此外，美国专利商标局宣布于 2019 年 10 月实施新规，收紧提交电子版商标样本使用证明的要求，以打击电子欺诈、数字篡改样本的现象。❸ 2021 年伊始，美国专利商标局发布研究报告，称中国专利和商标申请数量的非正常增长是政府补贴等非市场因素干预的结果，对我国的知识产权国际形象极为不利。❹ 尽管此指称缺乏足够论据，但我国的确应当正视并尽快矫正商标注册制度异化导致的诸多问题，以免授人以柄。

虽然大陆法系国家不像美国那样在注册阶段即从程序上对使用义务作出详细要求，但针对意图使用的注册申请，在审查时仍可能按一般常识对不可能正常合法使用的申请予以驳回。比如，在"RC TAVERN（アールシータバーン）事件"中，原告自

---

❶ 参见：USPTO. TM Specimen Protest Email Pilot Program [EB/OL]. [2021－01－01]. https://www.uspto.gov/sites/default/files/documents/Specimen％20Protests％20Email％20Pilot％20Program.pdf（2021 年 1 月访问）。

❷ 参见：USPTO. Department of Commerce. Requirement of U. S. Licensed Attorney for Foreign Trademark Applicants and Registrants [J]. Federal Register, 2019, 84 (127): 31498－31511.

❸ 参见：USPTO. Department of Commerce. Changes to the Trademark Rules of Practice to Mandate Electronic Filling [J]. Federal Register, 2019, 84 (147): 37081－37099.

❹ 参见：USPTO. Trademarks and patents in China: The impact of non-market factors on filing trends and IP systems: January 2021 [EB/OL]. (2021－01－13) [2021－01－14]. https://www.uspto.gov/sites/defauit/files/documents/USPTO_TrademarkPatentsInChina.pdf.

2009 年 9 月 17 日起在日本东京都核心区使用"RC TAVERN＋アールシータバーン"商标做广告宣传，同年 10 月 1 日位于东京千代田区的饮食专卖店开张；被告于 10 月 24 日提交了指定用于餐饮服务的相同商标申请，并于次年 3 月 26 日获得核准注册。从原告的商标具有独特性且已经做了广告宣传和被告申请日接近原告开始使用日的事实来看，被告应该知道该商标是原告推出的；另外，被告从 2008 年 6 月 27 日到 2009 年 12 月 10 日的短短一年多时间里，申请注册了 44 件商标，指定的业务范围很广且缺乏一致性，难以说明其将在自己的业务上使用这些商标，而且其中的 30 件与被告业务无关，却与其他人已经使用的商标或字号相仿。最后法院支持了原告提出的商标无效请求。❶ 针对蔓延到日本的商标抢注问题，日本特许厅（JPO）于 2016 年 5 月 17 日发布声明，指出某些申请人以抢注商标为目的，在短时间内提交了大量申请；该声明指出上述行为违反了《日本商标法》第 3 条第 1 款（规定"与自己业务有关的商品所使用的商标"可授权注册）、第 4 条第 1 款（不能注册为商标的情形）属于驳回理由并给出了相关示例。❷ 但是，考虑到我国商标注册申请量超过日本 14 倍，❸ 这种由日本特许厅主动筛查属于违反商标法使用要求予以驳回的方式，对我国的参考借鉴意义有限。

除了首次提出申请，各国商标法一般设立了保护期满后的注册商标续展制度。这种续展在大陆法系各国基本上仅是形式上的程序，法律中并没有对续展时提交的材料有具体的要求，实践中

---

❶ 知的财産高等裁判所平成二十四年（行ケ）10019 号判决［平成二十四年（2012 年）5 月 31 日］。

❷ 参见 JPO 网站：https://www.jpo.go.jp/faq/yokuaru/trademark/tanin_shutsugan.html（2021 年 1 月访问）。

❸ 日本 2019 年商标注册申请量不到 55 万件，我国大约有 780 万件。参见：WIPO IP Facts and Figures 2020［EB/OL］.［2021-01-01］. https://www.wipo.int/edocs/pubdocs/en/wipo_pub_943_2020.pdf.

也仅对续展进行形式要件审查，一般情况下缴费即续展。反之，在强调商标使用的美国，其商标法对注册商标的保护期也是10年，但自注册之日起的第9~10年内，若打算继续维持注册和使用商标的，须向美国专利商标局提交继续使用的宣誓书等证据材料，声明商标所使用的商品/服务、提交附有商标的商品样品和复制品等。❶ 可见美国将续展视为新的申请，同样对使用等相关证据材料有要求。

四、建立商标注册申请预登记制度的建议

基于以上考察，本文认为，《商标法》在进一步修改时，在立法思想上应明确兼顾效率与公平，均衡注册与使用关系，强调商标使用原则，根治只追求注册量而忽视使用要求的弊病，纠正抢注、囤积等注册制度异化造成的乱象，回归商标法保护权利人因诚信经营使用而获得的市场商誉之本源，服务于新发展阶段社会经济和文化的高质量发展。为此，建议建立商标注册申请预登记制度。

（一）建立商标注册申请预登记制度的路径

1. 建立针对意图使用的商标注册申请预登记制度

《商标法》第22条是关于商标注册申请人提出申请方式的规定。基于以上论及的我国注册制实行中出现的抢注、囤积等严重问题，应当结合《商标法》第4条、第7条关于诚信和禁止恶意申请的原则性规定，考虑引入美国式的在申请注册阶段即强调和要求提及相关使用证据的做法。具体而言，可在《商标法》第22条增加一款，或在其之前增加一条："申请人应当提交实际使用证据和声明；尚未实际使用的可提交意图真诚使用的声明，在三年内提交真实使用证据和声明后可核准注册。"

据此，可修改《中华人民共和国商标法实施条例》（以下简称

---

❶ 《美国商标法》第9条。

《商标法实施条例》》第 8 条,将我国的商标申请划分为两类,即已经实际使用的提交"商标注册申请",意图使用的进行"商标注册预登记申请";以专门规章对两类申请的具体事项,如使用证据和声明的内容、预登记流程等作出详细规定。即可将《商标法实施条例》第 8 条具体修改为:"依据商标法第二十二条提出注册申请的,应提交'商标注册申请'或者'商标注册预登记申请',具体办法由主管商标注册和管理工作的部门另行制定。以数据电文方式提交商标注册申请等有关文件,应当按照商标局的规定通过互联网提交。"

建立意图使用之商标注册申请的预登记制度并配合之后许可转让环节中的使用义务要求,是为了有效减少不以使用为目的的商标申请注册行为,并对大量囤积但未使用的"僵尸"商标加以清理。虽然现行《商标法》已有第 4 条、第 7 条的规定,但即使随后相关部门发布关于商标注册和使用中的恶意或不诚信行为的认定细则,因实践中商业行为的多样性和多变性,也难以穷尽列举且容易过时。因此,对那些难以证明或判定注册行为有明显恶意且不违反《商标法》其他相关规定的,原则上应当核准注册。建立预登记制度,可以对所有的未投入实际使用的商标之注册申请发出明确的信号,即与已经实际使用并获得核准的注册商标人拥有的专用权不同,获得预登记的申请人仅仅是基于先申请原则获得一定的程序上的优先利益;只有在 3 年之内提交实际使用的证据和声明,才可获得注册并维持商标专用权,阻却在后申请人和使用人。预登记制度与后续的"撤三"等程序结合,能有效规制注而不用的现象。

2. 明确申请时提交虚假材料的后果

《商标法》第 27 条规定,"为申请商标注册所申报的事项和所提供的材料应当真实、准确、完整";如前所述,修改《商标法》第 22 条或新增一条建立的分两类申请和预登记制度,均需要在申请时提交相关证据材料和声明,这一创新机制发挥作用需要有效的执行措施,即违反第27条特别是提交虚假陈述或声明的,应当明确其法律后果。但是,从现行法律规定来看,申请人违反《商标法》第27条提交虚假材料的,并无相应的惩罚措施;从法理上说,既然有第27条的明确规定,在异议和无效理由中直接增加第27条有关情形会更科学合理和便于理解适用。

应该说,为了强调以使用为目的的注册,在申请阶段采用更严格的措施要求提出与使用相关的证据材料和声明,可以有效制止盲目的申请注册和囤积,并配合《商标法》对恶意行为的打击产生立竿见影的效果,例如提交虚假声明即可作为恶意的充分证明。为此,应当效仿《商标法》第4条的修改带来的后续程序上的连锁反应和衔接,将违反《商标法》第27条作为第33条中异议和第44条中无效的理由。具体而言,《商标法》第33条可表述为:"对初步审定公告的商标,……或者任何人认为违反本法第四条、第十条、第十一条、第十二条、第十九条第四款、第二十七条规定的,可以向商标局提出异议……"第44条可表述为:"已经注册的商标,违反本法第四条、第十条、第十一条、第十二条、第十九条第四款、第二十七条规定的,或者是以欺骗手段或者其他不正当手段取得注册的……"

3. 完善"撤三"程序以清除未使用的囤积商标

防止或减少不以使用为目的而是为了抢占商标信息资源的囤积行为,通过严格执行上述商标注册预登记制度可预期取得明显效果;当然,这种事先过滤机制也不可能百分之百杜绝注而不用现象。为了配合拟建立的预登记制度,在现行《商标法》中关于"撤三"制度的第49条可增加第3款:"意图使用的注册申请在预登记后三年内未主动提供实际使用证据的,该申请视为自动放弃、从未申请过。"这样就可以明确预登记的申请并不是注册商标、前两款的"撤三"规定仅针对已经获得核准注册的商标之撤销;"预登记并非核准注册"这一观念通过法律条款的规范引导作用,将使得我国现阶段不以使用为目的而是为了抢占商标信息资源的囤积注册商标的行为以及倒卖商标注册证书的注册制度异化现象失去获利空间。预登记的申请 3 年内未提交相关材料转化为实际使用申请并获得注册的相当于从未申请过，这就可以精准打击钻法律空子利用程序大量囤积和倒卖商标注册证谋利的不当行为。

此外，结合上述拟建立的预登记制度，《商标法》第 49 条涉及的"撤三"制度可以协同采取技术辅助措施，阻却不以使用为目的的注册申请并对已经注册但连续 3 年不用的商标进行清理。具体而言，在受理注册申请时可将其分两类进行归档：①申请时提交了实际使用相关材料且不违反《商标法》其他规定的，按程序初步审查、公告、核准后归档到注册商标数据库。②申请时未能提交实际使用证明材料而仅提交了意图使用相关材料的，进行形式审查后归档到"预登记"类商标申请数据库，设计专门的计算机程序自动检测意图使用类的预登记申请自首次申请之日起 3 年内是否未提交实际使用证据并依程序获得注册；若未提交则由系统自动清除登记信息（依据上述建议增加的第 49 条第 3 款视为自动放弃）。

应该说，建立预登记这一事先过滤机制后，"撤三"等事后补救程序的压力就不会太大，因为目前多数商标注册申请都是尚未投入实际使用的意图使用类申请；但考虑到长期以来以投资和倒卖注册证谋利为目的的盲目囤积行为已经导致我国注册商标存量的积压，需要在"撤三"阶段也创新机制清除注而不用的"僵尸"商标。除了现有的《商标法》第 49 条第 2 款所说的由任何单位和个人（实践中一般是利害关系人）提出撤销请求外，可以参考美国专利商标局的做法，针对第 49 条第 2 款的实施颁布专门办法，指定专门的公共机构或部门建立举报程序并接受公众举报后启动"撤三"程序。这种带有主动干预性质的机制可以有效清除大量注而不用的"僵尸"商标。但是，由于"撤三"程序中举证责任是由商标注册人承担的，程序一旦被滥用，就会给注册人带来过多负担甚至损害其合法权益，因此应当在现行《商标法》第 68 条后增加一款:"恶意提起撤销、无效等程序的,应当根据情节给予警告、罚款等行政处罚;给注册商标专用权人造成损害的,应当承担相应的法律责任。"

4. 在续展阶段增加类似注册时的提交使用证据和声明义务

基于注册阶段建立的预登记制度和"撤三"制度的完善,我国的商标注册制度异化引起的抢注、囤积等乱象应该可以得到有效纠正,因此在商标续展阶段增加使用义务要求仅起到查缺补漏的作用。可考虑将现行《商标法》第40条"商标注册人应当在期满前十二个月内按照规定办理续展手续"的表述,修改为"商标注册人应当在期满前十二个月内按照规定提交相关材料以办理续展手续";同时,将现行《商标法实施条例》第33条修改为:"注册商标需要续展注册的,应当向商标局提交商标续展注册申请书、期满前三年持续实际使用的证据,以及期满续展后将继续实际使用该注册商标的声明书。商标局核准商标注册续展申请的,发给相应证明并予以公告。"

5. 明确注册商标受让人的相关义务

现实中很多并未实际使用的注册商标(其实质仅是注册证书),理论上仍有转让的可能性,实际上这类商标当初申请的目的可能就是转让(倒卖)。鉴于未投入实际使用的注册商标存量相当多,为了强调商标实际使用对维持注册的重要性,可以对现行《商标法》第42条进行修改,将第1款改为:"转让注册商标的,转让人和受让人应当签订转让协议,并共同向商标局提出申请。转让人应当提交转让协议签订日前三年内该注册商标的使用证据,受让人应当保证使用该注册商标的商品质量,并承接转让人依据本法要求应当履行的诚信使用义务。"同时,为明晰预登记不同于商标注册而仅是类似于排号单的程序性优先利益,可另增加第5款明确:"本条不适用于尚未获得注册的商标注册预登记申请。"

(二)建立商标注册申请预登记制度的必要性

如上所述,商标注册制度在我国异化产生的乱象对营商环境造成了极大损害。对此无论在理论界还是在实务界都具有共识，这也是 2013 年、2019 年两次修法的主要目的。但是，这些修改无论是诚信条款还是规制恶意注册条款，仍是建立在目前的注册制度框架基础上的，且诚信、恶意均属于无法直接判定行为性质、有赖于个案判断中结合具体行为加以阐释才可得出结论的原则性条款。另外，诚信、恶意的原则性条款天然带有动态性的道德判断因素，一般在法律适用中是发挥补漏或增强说理的作用而非主要的法律依据，否则很可能因缺少具体的裁判标准而无法成为明确的行为引导规范，并导致执法者自身和相关各方对其自由裁量权的担忧。这也是修法后我国商标领域仍未能有效遏制非正常申请的原因。

与现行《商标法》设定的注册制度不同，商标注册申请预登记制度明确了未经使用的标识并不能通过先注册获得财产权意义上的商标专用权；同时，也并没有从法律上否定所有尚未投入使用但已经先申请预登记的标识之后获得商标专用权的可能性。这样，一方面可以在法律上明示不使用仅注册的标识不是商标，从而呼应商标财产权来源于诚信商业经营这一基本的劳动理论；另一方面也可以保持与现有的商标注册先申请制度的衔接，即为那些将要投入商业性使用的标识提供事先布局性的、类似于"挂号"性质的信息占用优先权。况且，这一制度设定的"挂号"期长达 3 年，远比美国的半年缓冲期要长，与现行《商标法》的事后"撤三"制度可以无缝对接。预登记制度要解决的就是从源头治理抢注和囤积问题，扭转"注册即可获得商标专用权"的认知，打击和惩罚滥用注册制度的不诚信行为，遏制要挟在先权利人"赎回"自己应有合法权益、倒卖商标注册证书、盲目被动防御性"自我山寨"等令国内业界不耻和败坏我国知识产权保护国际形象的各种乱象。

我国已进入经济社会高质量发展的新时代，随着中国特色社会主义法律体系的形成，社会主义法治建设也站在了更高的历史起点上。在国家治理能力和治理体系现代化推进过程中，我国的法治水平也在不断完善，而其中推进立法的精细化发展，也应当成为全面依法治国领域的新常态。商标法是市场经济中保障经营者合法财产权的主要法律，同时也承担着保护消费者、营造和维系公平竞争秩序的制度功能；法律所保障的，应当是真正的商标权人的正当权益，而不是利用制度漏洞取巧钻营的投机者的利益。近20年来，我国商标领域抢注他人商标的行为越来越猖獗。中小微企业或个体户遭遇抢注时维权困难，甚至得不到法律救助；有财力的商标所有人为了避免被抢注，纷纷寻求"全方位申请注册商标"；囤积者则全面"撒网"捕捉商机，使中国商标申请量恶性膨胀，一个国家的商标申请量超过全世界的申请总量。商标注册成为一项投机事业并非值得骄傲的好事，实际上损害了整个市场经济有序发展的进程。同时，相关商标案件数量越来越多，行政、司法工作负担沉重，各种注册乱象使人们对商标法律制度的信心降低，对我国市场诚信和营商环境的长效机制建设十分不利。鉴于我国实践中关于商标经注册即取得专用权的认识应当及时扭转，立法中的事后纠错机制目前不足以遏制商标注册领域的乱象，宜考虑采取更有效的根治措施。

总之，在新发展阶段，我国商标立法应增强法律的可执行性和可操作性，提高法律的权威性，更好地发挥规范性引领和推动作用。商标法律修改和完善要解放思想，实事求是，与时俱进，针对我国的实际问题，有针对性地设计可操作性规范，更有效地保护诚实劳动、诚信经营者的商标权益，打击和遏制利用程序漏洞的侵权或投机行为，维护公平公正的商标法律秩序和良好的经济社会营商环境。

（三）建立商标注册申请预登记制度的可行性

本文建议设立的商标注册申请预登记制度的实施也可能产生新问题，例如商标审查难度加大、审查数据库建设以及审查员培训等成本增加、误伤进行防御性注册的市场主体等。但是，要真正提升我国商标申请的质量,针对多年来修法也未能有效扭转的注册乱象,现阶段付出一定的对价也是必然的,否则积重难返更难治理。

商标注册申请预登记制度并非独创,类似的有美国商标注册制度。美国商标法从1946年开始就要求申请人必须是申请商标标识的持有人,美国现行商标审查标准第1条就要求必须申请自己的商标并配合使用"宣誓"方式和提交相关证据加以保证。申请人必须对其商标申请注册程序中的不诚信行为负责,虚假声明不仅使商标无法注册或无效,也应当记入申请人、代理人的诚信记录,使其受相应法律制裁和道义指责。商标注册申请预登记制度又与美国式的意图使用注册不完全相同,明显的区别是可设立长达3年的缓冲期。这正是考虑到避免商标申请量断崖式下降可能带来的各部门各方面来不及应对的连锁反应,其实质类似于将"撤三"制度前移。如果申请人在3年的预备缓冲期中都不将预登记的商标投入使用,从实体上来说就没有形成商标专用权的可能("撤三"制度中,即使已经注册使用过的商标若连续3年不用都不再保护),法律上也就没有必要再保留其程序性优先权。基于此,对预登记误伤部分市场主体的防御性注册积极性的担心也成为不必要,因为抢注没有了市场,诚信经营的市场主体也就没必要盲目进行"占坑式"或"自我山寨式"的全类防御性注册了。

从实务的角度出发,预登记制度也可加强对有一定影响的未注册商标的保护。涉嫌侵权的抢注他人未注册商标本来就违反现行《商标法》和《中华人民共和国反不正当竞争法》。按照拟设立的预登记制度,若其提供虚假声明和证据,将不能获得注册或注册后被宣告无效并承担相应的法律责任;若其仅进行预登记,则不可能获得注册商标专用权,不会影响真正的权利人申请注册和行使自己的权利。从操作性层面来说,预登记中尚未实际使用的商标会取得"预登记证明",那么此证明会赋予A公司优先获得最终注册的权利;如果A公司预登记之前已有B公司就相同或相似商标开始使用且有一定影响,则 B 公司可以提交使用凭据和声明直接申请注册;而因相同或近似的商标已由 B 公司获得注册,A 公司的预登记无法获得注册,除非有 B 公司违反《商标法》规定的相反证明。这种对 B 公司在先使用商标进行一定程度保护的做法与现行《商标法》框架下对有一定影响之未注册商标的保护并无差异。另外,若 B 公司使用该商标是在 A 公司预告登记公布之后,则基于预登记的公示原则和 A 公司依法先申请获得的程序性优先权,B 公司在选择使用相同或近似商标时应当自觉避让;否则,若 A 公司在 B 之后将预登记的商标也投入使用并因此获得了注册,则 B 公司即便开始使用时并无恶意,也应对自己在使用前未尽到基本的查询义务而承担相应的风险,包括在 A 公司获得注册后主动停止使用、与 A 公司达成许可协议或因侵权承担相应的法律后果。

对于目前大量囤积倒卖的情形,实施预登记后也不会使这些未抢注他人商标构成侵权、仅抢占公共信息资源的职业商标客立刻失业;若其设计的商标经预登记后经营得当,也仍可以找到真正想实际使用该标识的经营者让渡其优先权。对于预登记制度实施以前形成的囤积性非正常注册商标,援引当时的立法能够清理的即予以清理,不能处理的可不溯及既往,也不必逐一审查,以免耗费国家大量的行政、司法资源。

凡事破而后立,对原有制度进行调整,势必需要考虑新旧制度之间的衔接适用。对于现有商标体量巨大、预登记制度可能增加有关机关工作量的问题,可规定预登记制度原则上仅适用于制度生效后的商标注册申请。关于审查难度加大的问题,技术手段协助工作今后在各个领域都会全面展开,审查数据库信息化和人工智能辅助检索能力的建设都很有必要。与现阶段我国粗放型的审查机关和人员不断扩张相比,加强智能审查技术投入更符合国际上的商标审查业务发展方向。另外,由于预登记制度实行后申请人诚信使用义务加重,不会轻易地批量申请,申请数量的降低可以缓解审查难度的加大。鉴于商标审查属于一种特殊的知识产权领域的专业技术服务，而不仅仅是最终由国家知识产权局颁发证书这一简单的、类似证照核准印制颁发的行政行为性质的收费，商标审查的总体官费可参考大多数国家的做法作较大幅度的提高。在研究注册费用的调整时，需要辩证看待降费与创新之间是否存在必然联系。我国目前的现状是注册数量逐年攀升、注册商标鱼龙混杂、职业商标客在制度下浑水摸鱼贪图私利而搅乱商标市场，降低注册费用更有可能加剧商标注册的乱象，单纯以降费的方式难以实现加强创新的目的。反观商标注册费用的提高，首先可增加职业商标客进行商标恶意注册活动的成本，进而将一部分恶意注册商标限制在注册阶段之前，能在一定程度上缓解目前我国商标恶意注册成本低而权利人维权成本高的困境，同时有助于提高我国注册商标的质量，进而优化市场营商环境，有利于改变外部对我国商标注册治理不佳的刻板偏见，提高我国在知识产权保护方面的国际形象。行政收费项目的定价不仅反映国家的政策，也决定着能否实现公平与效率的价值目标。收费标准在某种程度上反映国家对私人成本的社会调整和对社会成本的私人分摊，若行政主体对特定受益者提供特定服务所收取的补偿性收费全部或大部分由纳税人支付的公共行政经费来分摊，则可能并不符合社会公平与效率的原则。提高商标注册审查的官费后，因实施预登记制度可能引起的申请数量下滑和相应的各类人员收入降低等问题将得以适当缓解。在以使用为基础同时实施商标注册制度的美国，商标在申请注册和维持的各个环节均涉及详细的收费细则，注册商标的总费用处于较高的水平。在详细的"使用意图"规范及高额注册费用下，美国在商标管理中并无商标囤积与恶意注册的困扰。综上所述，通过提高商标注册费用并加强商标审查可以有效地治理商标囤积与恶意注册的乱象，有利于注册商标"减量而增质"，有助于实现优化营商环境的目的。

结语

商标专用权是一种财产权利,其来源于使用而非注册。只有在市场活动中实际使用的商标才能建立起商品、服务与生产者、提供者的联系,帮助消费者认牌购货。另外,商标注册具有公示性,使商标便于许可和转让,易于获得有效的程序性法律救济,还可为意图使用的商标获得专用权保护预留空间,符合法治的效率原则。针对我国商标注册制度在实践中暴露出的异化现象,应当考虑进一步完善法律,强调商标使用原则,消除注册即取得商标专用权的认知误区,并采取有针对性的措施使恶意抢注、囤积等不诚信和投机等行为得到遏制。具体的方案是在已有的注册制基础上建立商标注册申请预登记制度,将商标注册申请区分为已经实际使用的和尚未投入但意图使用的两类:符合第一类申请要件的按现行程序直接颁发注册证书;属于第二类的只给予预登记证明,待其提出符合第一类申请材料的时候再核准为注册商标。为此,需对现行法的相关条款进行修改,或制定配套措施、办法。

在商标续展阶段,可以考虑修改《商标法》增加关于商标使用证据、声明的要求,以便与注册阶段相辅相成、查缺补漏,实现在续展环节对商标抢注、囤积等乱象进行规制。

在商标撤销(无效)程序适用中,可新增法律条文来对意图使用的注册进行规定。诸如,商标权利人自申请预登记后3年内无法证明实际使用的,视为放弃商标权利,申请自始无效,从而使商标囤积的行为失去获利空间;并强调恶意注册主体的法律责任,明晰其应当承担的法律责任,促使商标注册从商业化投机的歧路重回服务于使用人商誉维护的正轨。

在商标转让环节中,可强调实际使用在转让中的重要性,主要针对注册商标进行使用要求的形式审查,明确转让人与受让人义务。转让人应提交使用证明,受让人应保证使用该商标的质量,并承接转让人应当履行的诚信使用义务。除此之外,还要明晰预登记申请的商标不适用转让，在最后的转让环节杜绝以转让为目的的商标注册行为。

简言之，完善我国商标法律制度需要从注册制度下的各个阶段入手，围绕使用义务要求，对当前商标注册过程中的抢注行为及囤积行为进行综合治理。鉴于大陆法系通用的事后救济和弥补措施不足以规制，借鉴美国经验、结合国情建立事先过滤机制成为必要。只有让不当利用注册程序漏洞的行为无利可图，让违反诚信原则的侵权行为受到惩处，才能发挥商标注册制度的应有功能，规范市场竞争秩序，维护权利人和消费者的合法利益。

欧盟商标注册审查制度的特色及借鉴

王莲峰　张　露*

【摘　要】欧盟在商标注册上采用绝对理由审查与部分相对理由异议制度，且在商标注册的各阶段均有相应配套制度，从而在提高注册效率的同时也保障了注册质量。为了推动我国商标注册便利化制度改革，提升商标注册审查质量，我国可借鉴欧盟商标注册审查过程中的特色制度，包括设立快速审查机制、设立冷静期制度以及真实使用抗辩规则、设置第三方意见制度以及调解机制等，以缓解和解决我国商标注册审查中的难题。

【关键词】欧盟商标注册审查制度　冷静期制度　第三方意见　调解机制

欧盟商标❶注册采绝对理由审查与部分相对理由异议制度。为

---

* 作者简介：王莲峰，华东政法大学知识产权学院教授；张露，华东政法大学知识产权学院学生。

❶ 欧盟商标（原欧共体商标）是指根据《欧盟商标条例》规定的条件和程序注册的，在整个欧盟成员国内部都有同等效力的商标。只有注册才能取得欧盟商标权。《欧盟商标条例》原为《欧共体商标条例》，自 1993 年通过《欧共体商标第 40/94 号条例》[Council Regulation (EC) No 40/94 of 20 December 1993 on the Community Trade Mark] 以来，该条例共经过两次修改，第一次修改的条例为《欧共体商标第 207/2009 号条例》[Council Regulation (EC) No 207/2009 of 26 February 2009 on the Community Trade Mark (codified version)]，第二次修改后的条例为《欧盟商标 2015/2424 号条例》。其间，欧盟官方对该条例进行重新排序，并于 2017 年公布了重新排序的《欧盟商标第 2017/1001 号条例》[Regulation (EU) 2017/1001 of the European Parliament and of the Council of 14 June 2017 on the European Union Trade Mark (codification)]。本文以最新的《欧盟商标第 2017/1001 号条例》为参考。

了配合该审查与异议制度，提高商标审查的质量和效率，欧盟知识产权局在审查商标的各过程以及相关程序中都设置了相应的配套制度，包括查询通知制度、快速审查机制、异议程序中的冷静期制度以及真实使用抗辩规则、第三方意见制度以及贯穿整个商标注册过程中的调解机制。这些制度之间彼此配合、发挥作用，使得欧盟知识产权局在尊重商标私权属性的同时，既可以加快商标的审查速度，又可以提高商标审查的全面性与准确度。我国商标注册采全面审查并同时允许就绝对理由和相对理由都可以提出异议，与此同时也并未设置相关的配套制度。全面审查制与不区分理由的异议制度❶使得商标审查周期长、商标注册效率低；死亡商标的存在导致商标审查机关的无效审查增加；异议程序缺乏配套措施使得异议双方缺乏自我解决纠纷或在商标行政机关协助下解决问题的途径，亦使得异议程序与"撤三"程序无法协调。而欧盟的商标注册审查制度在尊重商标私权属性的同时也注重商标审查的质量与效率。我国在进行商标注册便利化改革的过程中，可以对此予以借鉴。

一、欧盟商标初审阶段的特色制度

欧盟在商标初审阶段的特色制度有三：其一，欧盟知识产权局仅对商标申请进行形式审查以及是否存在不予注册的绝对理由进行审查，2017年公布的《欧盟商标第2017/1001号条例》（以下简称《新条例》）修改并新增了不予注册的绝对理由；其二，商标申请人可以向欧盟知识产权局申请商标查询，了解自己的商标申请是否与在先商标或在先商标申请相冲突，以决定是否继续注册；其三，为了进一步提高商标注册效率，欧盟知识产权局于2014年设置了快速审查机制，该机制可以缩短商标申请至其被公告的时

---

❶ 此处的不区分理由的异议制度指的是我国任何人就绝对理由可以提异议；在先权利人与利害关系人可以就相对理由提异议，没有进一步对相对理由异议主体进行限制。

间,从而缩短整个商标注册周期。

(一) 绝对理由审查的新变化

自 1996 年实行欧盟商标注册制度以来,欧盟知识产权局(前身为欧洲内部市场协调局)对欧盟商标的申请就一直实行绝对理由审查制。在 2015 年修法之前,《欧共体商标第 207/2009 号条例》规定的欧盟商标注册审查过程中的绝对理由与我国商标审查过程中的绝对理由大体相同。根据该条例,绝对理由主要包括不符合商标定义、缺乏显著性、具有功能性形状、具有欺骗误导性以及违反公序良俗等。若申请人申请的欧盟商标存在不予注册的绝对理由,欧盟知识产权局应当驳回其注册请求。

但在 2015 年最新的一次欧盟商标立法过程中,《欧共体商标第 207/2009 号条例》获得了一定程度的修改。《新条例》不仅在概念上将欧共体商标改为欧盟商标,而且在绝对理由方面既完善了功能性标志的表述,又新增了绝对理由的分类。首先,为了配合可注册商标范围的扩张,《新条例》将具有功能性而不能注册的标志范围由"形状"扩展到"其他特征",这一变化阻止了具有功能性的、除了立体商标之外的其他标志作为商标注册的可能性;其次,《新条例》新增了成员国国内、欧盟法律或者国际公约保护的原产地名称、地理标志、与葡萄酒有关的传统术语、传统特产、植物品种不得作为商标注册的规定,加强了对原产地名称、地理标志以及传统特产、植物新品种的保护。❶

(二) 商标查询通知制度

在审查阶段,欧盟知识产权局根据欧盟商标申请人的请求或者在缴纳相关费用的前提下会进行商标查询。商标查询既包括欧盟商标(原为欧共体商标)查询,也包括成员国商标查询,两者存在不同的启动机制。商标查询通知制度目的是在将商标公告前

---

❶ 郑楠. 欧盟商标授权确权制度改革的最新情况研究:世界商标授权确权制度最新改革动向研究之一 [J]. 中华商标, 2020 (7): 33-37.

给予商标申请人撤回欧盟商标申请的机会。❶ 该制度的目的在于提供信息，查询报告对欧盟知识产权局以及商标申请人均没有约束力，因此与相对理由的审查具有实质性差异。

就欧盟商标查询而言，其由之前的强制性质变成自愿性质。在《新条例》生效之前，无论欧盟商标申请人是否申请查询欧盟商标，欧盟知识产权局均应主动查询。❷ 而《新条例》则规定只有在商标申请人申请查询的情况下才会进行查询。❸ 这一规定的转变既符合实践中只有极少数人申请商标查询的实践，也有效提高了商标审查的效率。相对而言，欧盟成员国商标的查询则一直为自愿性质，且需缴纳必要的查询费用。申请人在申请欧盟商标之时，可以通过欧盟知识产权局要求各成员国工业产权局查询是否存在在先商标或在先商标申请，各成员国在收到欧盟知识产权局的查询通知之后应立即查询并制作检索报告，报告的内容应当列明与商标申请人申请的商标相似的在先成员国商标或成员国商标申请或者根据国际协议在成员国有效注册的国际商标。❹ 检索报告制作完成后，应将该报告转交并告知给欧盟知识产权局。此后，欧盟知识产权局应当将查询报告送交给欧盟商标申请人。在欧盟商标申请公告之后，欧盟知识产权局还应通知查询报告中引证的在先欧盟商标注册人或申请人，除非其明确要求不接受通知。❺

（三）商标快速审查机制

为了方便商标注册，加快商标审查速度，欧盟知识产权局于2014年设置了快速审查机制。若申请人的欧盟商标申请满足某些条件，那么欧盟知识产权局将会突破常规商标审查的审查程序，

---

❶ Guidelines for Examination European Union Intellectual Property Office (EUIPO) (final version 1.0, 01/02/2020), Section B 2.1 - 2.2, p162.
❷ 《欧共体商标第 207/2009 号条例》第 38 条第 1 款。
❸ 《欧盟商标第 2017/1001 号条例》第 43 条第 1 款。
❹ 《欧盟商标第 2017/1001 号条例》第 43 条第 3 款。
❺ 《欧盟商标第 2017/1001 号条例》第 43 条第 6 款、第 7 款。

加快该商标被公告的时间。

而在欧盟商标注册快速审查机制中,最重要的两个条件在于:第一,商标申请人需从欧盟知识产权局以及各成员国工业产权局所接受的工业产权局的数据库(Harmonised Database,HDB)中选择官方规定的商品或服务;第二,商标申请人应提前缴纳注册费用。应当注意的是,只有同时在商标申请时和商标审查过程中均满足以上条件的情况下,欧盟商标申请才可能通过快速审查。因此即便有些申请在商标申请时可能符合快速审查条件,但是如果在审查申请的过程中发现申请注册的商标缺乏显著性等情况,此时也不满足快速审查的要求。❶ 当然,除了这两个较为重要的条件之外,欧盟商标申请仍应满足其他要求,比如申请注册的欧盟商标必须是文字商标、图形商标、立体商标或声音商标中的一种且不能为集体商标或证明商标;若申请的商标是图形或立体商标,则不能指定颜色等其他共11项要求。❷ 快速审查机制主要为那些简单的商标申请提供了加快商标公告的便利途径,起到缩短其审查周期的作用。

二、欧盟商标公告阶段的特色制度

欧盟商标公告后的制度亦有三大特色:首先,限定了异议主体与异议理由,相关权利人仅能就部分相对理由提异议;其次,在异议程序的设置上,一方面设置了冷静期制度,另一方面设立了真实使用抗辩规则;最后,为了避免官方对绝对理由审查的不足,欧盟官方允许第三方就商标申请主体事项以及绝对事由提出

---

❶ 参见:EUIPO. EUIPO Statistics in European Union Trade Marks:1996 - 01 to 2020 - 12 Evolution [EB/OL]. [2021 - 01 - 27]. https://euipo.europa.eu/tunnel - web/secure/webdav/guest/document_library/contentPdfs/about_euipo/the_office/statistics - of - european - union - trade - marks_en.pdf.

❷ EUIPO. Fast Track Conditions [EB/OL]. [2021 - 01 - 27]. https://euipo.europa.eu/ohimportal/en/fast - track - conditions.

意见。

(一) 异议理由之部分相对理由异议

在欧盟商标的异议程序中，仅有在先商标（包括声誉商标）权利人或其被许可人、被代表人或代理人抢注的商标所有人、在商业活动中使用的不仅具有区域性意义的未注册商标以及其他在先标志的权利人、法律授权的原产地名称以及地理标志在先权利人可以就相对理由提出异议。❶ 值得注意的是，《欧盟商标审查指南》对相对理由中的在"在商业中使用的其他在先标志"作出了进一步解释，指出虽然"在商业活动中使用的其他在先标志"涵盖的范围极广，但并非包含所有的知识产权，并进一步说明其范围仅包括商号、公司名称、出版物或类似作品的标题以及域名。之所以只包括以上在先标志是因为其具有识别功能——识别商业来源，而由于版权或者外观设计权不能主要发挥识别功能，因此其权利人不能提出异议。❷

换言之，欧盟在将异议理由仅限于相对理由时，进一步限定了相对理由的范围，仅允许识别性在先权利人就识别性权利提出异议，其他非识别性在先权利人仅能提起无效宣告程序。与欧盟相比，我国对异议程序中可以援引的在先权利并没有进行区分，其涵盖范围广泛；在就相对理由审查的过程中，不仅审查商标申

---

❶ 根据《欧盟商标实施条例》[Commission Implementing Regulation (EU) 2018/626 of 5 March 2018] 第41条、第42条以及《欧盟商标审查指南》[Guidelines for Examination European Union Intellectual Property Office (EUIPO), final version 1.0] C部分的规定，异议理由主要包括双重相同、推定混淆、商标代理人或代表人抢注、符合一定条件的未注册商标或具有识别功能的标志 [在商业活动中使用的不仅具有区域性意义的未注册商标以及其他在先标志的权利人提出异议，根据欧盟立法或成员国法律同时满足下列情形，欧盟商标的申请不予注册：(a) 该标志的权利是在申请注册欧盟商标之日前或者依据优先权要求确定的申请日之前取得的；(b) 该标志的权利人有权禁止在后商标使用的]、声誉商标的同类或跨类保护、与原产地名称或地理标志的冲突。

❷ Guidelines for Examination European Union Intellectual Property Office (EUIPO) (final version 1.0, 01/02/2020), Section C 3.2.1 – 3.2.1, p1031 – 1032.

请是否与在先商标权相冲突,还应审查其是否与包括字号权、著作权、外观设计专利权、姓名权、肖像权以及应予保护的其他合法在先权益相冲突。❶

(二) 异议程序之冷静期制度及真实使用抗辩规则

与我国商标行政机关更多的充当行政管理角色相比,欧盟知识产权局在异议程序中似乎更愿意充当居中裁判的角色。在异议程序中设置的冷静期制度极大程度上尊重了商标的私权属性,而异议程序中的真实使用抗辩规则可以有效降低存在冲突商标的可能性。

1. 冷静期制度

异议主体在规定的时间内提出书面异议并且在缴纳相关费用之后,异议程序正式开始。异议程序由欧盟知识产权局下设的异议处审理。与我国的异议程序不同,欧盟的异议程序主要有以下几个阶段,即异议人提出异议,异议处受理异议、通知异议、资格审查,冷静期阶段,对抗阶段以及异议终止阶段,其中最具特色的当属冷静期制度。

具体而言,异议申请通过资格审查后,欧盟知识产权局将会通知异议各方,在收到异议通知后,将正式进入为期 2 个月的冷静期。在 2 个月之内,经双方共同请求,且无论双方请求延长多长时间,欧盟知识产权局都会给予 22 个月的延长时限,也就是说冷静期最长为 24 个月。❷ 在这一期限内,任何一方均可以通过书面形式明确表明终止或退出冷静期制度,而无须经过另一方的同意。在欧盟知识产权局收到上述书面通知时,冷静期并不会立即

---

❶ 我国《商标审查及审理标准》第十一部分第四节对在先权利进行了规定,其引言中规定:"本条规定的在先权利是指在系争商标申请注册日之前已经取得的,除商标权以外的其他权利,包括字号权、著作权、外观设计专利权、姓名权、肖像权以及应予保护的其他合法在先权益。"

❷ Guidelines for Examination European Union Intellectual Property Office (EUIPO) (final version 1.0, 01/02/2020), Section C 3.2, p655.

终止。欧盟知识产权局应当向双方确认,冷静期一般在收到上述书面通知后的 2 周内届满。冷静期制度为异议双方自行协商解决纠纷提供了一个缓冲期。在这一时期,双方可以通过协商解决争议,异议人也可以撤回请求,申请人也可以缩减申请商标所指定的商品或服务类别,或者在该冷静期内,双方均可以准备相关证据以支撑其异议理由或答辩意见。在冷静期结束之后便会进入异议程序中的对抗期,双方就彼此提出的证据材料进行答辩。

2. 商标真实使用抗辩规则

所谓真实使用抗辩规则,是指冷静期结束后的对抗阶段中,欧盟商标申请人可以要求异议人提供在先注册商标使用超过 5 年的证据以证明其真实使用。应注意,只有商标申请人自行请求异议人提供真实使用证据时,异议人才需要提供相关证据,欧盟知识产权局不得主动要求异议人提供商标真实使用的证据。其目的在于尊重商标的私权属性,确保欧盟知识产权局在解决此类争议时的中立态度。❶

根据《欧盟商标审查指南》的规定,之所以要求商标的使用,是为了通过保护已经实际使用的商标,而不保护无正经经济理由至今未使用的商标,从而降低商标冲突的概率。《新条例》对欧盟商标真实使用的起始时间进行了修改,即由原先的"欧共体商标申请公告之日不低于 5 年"调整为"欧盟商标申请之前或优先权日不低于 5 年",可见提高了使用证明的标准。

就具体程序而言,商标申请人既可以在第一次提交答辩意见时(冷静期结束后的第 4~6 个月内),又可以在冷静期或者在异议人补交证据事实等材料时(自冷静期结束后的 2 个月内)向欧盟知识产权局要求异议人提供使用证据。欧盟知识产权局一般给异议人 2 个月的时间提交使用证据或未使用的正当理由。首先,如果商标申请人是在冷静期提出请求的,则异议人应在首次提交

---

❶ 《欧盟商标第 2017/1001 号条例》第 47 条第 2 款。

补充证据材料期间亦提供在先商标使用的证据。其次,如果商标申请人是在异议人首次补交证据材料期间提出请求的,则异议人提交补正证据的期限应予以延长。❶ 如果异议人在规定的期限内无法提交使用证据,或者提交的证据明显不相关,异议将被驳回。此外,异议人提交的使用证据将会由欧盟知识产权局转交给商标申请人,此时商标申请人有 2 个月的时间就该使用证据或其他异议理由提出答辩意见。若商标申请人未提交答辩意见,则欧盟知识产权局直接就相关证据作出异议决定。

(三) 第三方意见制度

欧盟知识产权局为了避免依职权主动审查绝对理由的不足,设置了第三方意见制度,通过第三方的间接参与可以排除官方并未发现的商标不予注册的绝对理由,继而决定是否重启对绝对理由的审查。❷ 所谓第三方意见制度,是指任何自然人,法人,代表制造商、生产商、服务提供商以及消费者的团体或组织,若认为欧盟商标申请不符合商标申请主体事项以及绝对事由的规定,均可以向欧盟知识产权局审查处提出意见。❸ 一般而言,欧盟知识产权局会审查第三方意见对欧盟商标的申请是否构成实质性影响从而决定商标申请人是否需要进行答辩。❹《新条例》对第三方意见

---

❶ Guidelines for Examination European Union Intellectual Property Office (EUIPO) (final version 1.0, 01/02/2020), Section C 5.2, p688.

❷ 吉伦,等. 简明欧洲商标与外观设计法 [M]. 李琛,赵湘东,汪泽,译. 北京:商务印书馆,2017:156.

❸《欧盟商标第 2017/1001 号条例》第 45 条所涉及的该条例第 5 条规定的是欧盟商标的申请主体,第 7 条规定的是欧盟商标不予注册的绝对事由。

❹ 只有在构成实质性影响的情况下,商标申请人才有义务进行答辩;若不构成实质性影响,则商标申请人可以自由选择是否答辩。如果商标申请人的答辩不足以反驳第三方的意见,则该欧盟商标的申请可能被驳回。在此情况下,欧盟知识产权局必须将驳回决定通知商标申请人并告知其驳回理由。商标申请人不服的,可以在在收到书面驳回通知的 2 个月内向上诉委员会上诉。参见:陈飞. 欧盟商标"第三方意见"程序 [J]. 中华商标,2014 (2):62-64.

的提出时间进行了细化规定,即第三方意见可以在异议期限届满前、提出异议并在作出最终异议决定前提出。而此前《欧共体商标第207/2009号条例》仅规定第三方可以在商标公告后提出意见。

应当注意的是,第三方意见制度与相对理由异议存在本质区别。第一,提出意见的第三方并不会成为欧盟知识产权局正在进行的程序的当事方,也就是说第三方提出意见并不会启动新的程序,第三方也不会参与到欧盟知识产权局正在进行的程序中,欧盟知识产权局仍为单方审查。至于如何进一步采取行动,是否拒绝相关欧盟商标的注册,欧盟知识产权局无须通知第三方。由于第三方并不是程序当事人,因此不能就欧盟知识产权局的处理决定提出上诉,其唯一能够做的就是可以通过网络查询相关欧盟商标申请的状态。❶ 第二,第三方仅能就商标申请主体事项以及不予注册的绝对理由而非相对理由提出意见。之所以如此规定,主要考虑了第三方意见制度的设置目的,即弥补欧盟知识产权局依职权审查绝对理由的不足。

三、贯穿欧盟商标注册审查全过程的调解机制

欧盟商标注册审查过程中的调解机制已经存续多年。在处理商标争议时,通过官方予以调解可以有效帮助双方达成和解协议,解决争议。此前的调解制度主要通过法院决定的形式予以规定,并且只适用于欧盟知识产权局上诉委员会处理商标纠纷之时,而最新的一次修法过程中,则是以条例(regulation)的形式将调解制度囊括其中。《新条例》新增了设置"调解中心"的规定,并将申请调解的时间扩展到在双方当事人案件中各个阶段。❷

---

❶ Guidelines for Examination European Union Intellectual Property Office (EUIPO) (final version 1.0, 01/02/2020), Section B 3.1, p164.

❷ 《欧盟商标第2017/1001号条例》第170条规定了"调解中心"的设置要求,明确了调解的申请要求、申请时间、调解员的指定等相关具体事项。

从时间上来看,调解程序可以在递交异议通知、申请撤销、请求宣告无效或向上诉委员会上诉后,在相关处理机关作出决定前的任何时间内进行。从启动方式来看,争议双方应在共同协商并缴纳调解费的基础上,自愿要求调解中心提供调解服务,以便达成友好协议。从其与其他程序的关系上来看,异议程序、撤销程序、上诉程序与调解程序相互独立。当争议双方要求调解中心进行调解时,其他程序应当中止。一旦双方达成或未达成和解协议,或者其中一方要求终止调解程序,调解员应立即终止调解程序并恢复已经中止的其他程序;与此同时,调解事项须保密,也即在调解期间提交的所有文件和资料与欧盟知识产权局其他部门的文件应被分开保存,且不能在后续的程序中作为证据材料。❶

四、我国对欧盟商标注册审查制度的借鉴

与欧盟不同,我国目前采全面审查以及不区分理由的异议制度。但该制度存在以下不足。从实践层面来看,其造成了商标审查周期长、商标审查效率低的问题;从理论层面来看,其导致商标行政机关的职能出现错位、商标的私权属性未得到尊重。在异议程序中,异议双方缺乏自我和解机制,异议双方的意思自治无法充分发挥;商标申请人亦无法在异议程序中对异议人就商标是否已经真实使用进行抗辩。为成功获得商标注册,阻碍实际已经"死亡"的商标成为注册障碍,商标申请人仅能另行提起"撤三"程序,而这极有可能导致异议与撤销程序的审理结果不一致、两程序无法协调的后果。除此之外,由于科技日新月异,大量新类型商标已经出现,而商标审查员自身就此新类型商标的绝对理由的审查并不敏感。为了解决上述问题,优化商标审查体系,提升商标注册便利化程度,我国在未来修改商标法的过程中可以借鉴欧盟商标注册审查制度以提高商标注册审查的质量和效率。

---

❶ 《欧盟商标第 2017/1001 号条例》第 170 条。

（一）商标初审阶段的制度设置

在这一阶段，为了加快商标审查的速度，充分尊重商标的私权属性，应对全面审查制进行改革，并同时辅以快速审查机制，实现常规审查与快速审查的分流，进一步提高审查效率与质量。

1. 改全面审查制为绝对理由审查制

全面审查制带来了诸多弊端，与全面审查制的弊端相反，绝对理由审查制不仅充分尊重了商标的私权属性，也有助于缩短商标审查期限。因此在商标法今后的修改中，应将全面审查制转为绝对理由审查制。

在现代社会，商标由原来的"管理标志"向"财产标志"转化，商标的功能主要在于保护消费者利益以及维护商标权人的权益。❶ 然而目前"加强商标管理"仍然是我国商标法的立法宗旨之一，❷ 由此导致整个商标注册审查以及撤销、无效制度均体现出浓厚的行政管理色彩。而取消商标初审阶段的相对理由审查则可摆脱行政管理的思维模式，回归商标的私权属性。

有学者认为，取消相对理由审查将导致冲突案件增多，商标异议量将大增。由于每一件商标异议的提出，商标审查机关都需要用较长时间认真审查确认，因此在整个商标申请注册阶段，商标审查机关的工作量并没有减少，只是将前期的审查工作移到后期来做，从而无法缩短商标注册的时间。❸ 然而在实际的商标审查工作中，取消相对理由审查并不一定会导致冲突案件增多，因为

---

❶ 邓宏光. 从公法到私法：我国《商标法》的应然转向：以我国《商标法》第三次修订为背景 [J]. 知识产权，2010 (3)：26-33.

❷ 《中华人民共和国商标法》第 1 条规定："为了加强商标管理，保护商标专用权，促使生产、经营者保证商品和服务质量，维护商标信誉，以保障消费者和生产、经营者的利益，促进社会主义市场经济的发展，特制定本法。"

❸ 吴习聪. 论保留"相对理由"审查制度 [J]. 郑州经济管理干部学院学报，2007 (3)：58-60.

是否提起异议是商标权人自行决定的事。❶ 即便短期内可能出现异议案件增多的情况，但随着我国市场环境的健全、诚信环境的优化，商标的恶意注册将会减少，长此以往，短期内增加的异议量也会逐渐恢复到正常水平。从长远来看，商标的注册审查周期也会缩短，这并没有与我国缩短商标注册周期、提高商标注册效率的目标相违背。

商标审查机关对相对理由的审查能力存在不足。一方面，事实上商标审查机关对商标公告前的相对理由审查仅限于在先商标权的审查。另一方面，据统计，2020年上半年平均异议成立率（包括部分成立）为50.14%。其中，适用《商标法》第30条异议成立的案件约70%，适用《商标法》第7条、第13条、第15条、第32条等异议成立的案件约30%。❷ 而《商标法》第30条是关于在先商标的规定，这足以说明商标审查机关对在先商标权的审查能力存在缺陷。在这样的情况下，若仍将相对理由交由商标审查机关进行审查，则无效审查将会增多，浪费行政资源。

2. 设立商标快速审查机制

快速审查机制与我国商标注册便利化的改革目标相一致。该机制的引入是缩短商标注册周期、提高商标注册效率的必然之举。

通常情况下，在商标申请提交后，商标主管机关将按照申请时间的先后顺序依次进行审查，获得商标审查结果的时间主要取决于工作积压情况；申请人在提交商标注册申请后，只能被动地等待商标主管机关的审查结果。❸ 而在设有快速审查机制的国家，

---

❶ 事实上，在不进行相对理由审查的法国，其2007～2008年的异议率仅有5.8%。极低的异议率表明取消相对理由审查并非一定会造成异议量的急剧增加。参见杜颖《2018商标异议程序改革研究结项报告》（内部资料）第28页。

❷ 国家知识产权局商标局. 砥砺前行稳主业 提质增效强保护：商标局异议审查"提质增效"纪实［EB/OL］.（2020－07－30）［2021－02－18］. http：//sbj.cnipa.gov.cn/gzdt/202007/t20200703_319355.html.

❸ 薛友飞. 商标海外注册快速审查制度探析［J］. 中华商标，2019（11）：61－64.

只要某些商标申请符合相关条件,商标行政机关会加快审查,缩短其从申请到公告的时间,尽可能使商标申请人尽早获得商标权。

首先,通过设置快速审查机制,可以实现快速审查与常规审查的分流,进而提高商标注册审查的效率和质量。设置快速审查机制之后,商标行政机关根据商标申请人的申请材料与要求,将满足条件的商标申请通过快速审查机制加快其公告时间,将不满足条件的商标申请通过常规渠道进行审查。这不仅可以使通过快速审查机制的商标申请的注册效率得到提高,还会提高通过常规渠道审查的商标申请的审查质量。因为商标审查员会将节省的时间和精力用来重点审查通过常规渠道注册的商标申请,从而提高该部分商标审查的质量。

其次,从欧盟快速审查机制的实际运行情况来看,快速审查机制确实提高了商标审查的效率。根据欧盟知识产权局发布的2018年年度报告,通过常规审查程序的申请,平均可以在申请后21天左右公告,在5~6个月内完成注册;通过快速审查程序的申请,平均可以在申请后9天左右公告,在4~5个月内完成注册。从该数据可以看出,虽然欧盟商标的常规审查程序所需的时间已经很短,但是快速审查程序还能在此基础上进一步缩短商标审查注册的周期。❶ 此外,欧盟知识产权局2020年发布的官方报告显示,通过快速审查机制的欧盟商标申请占比逐年增加,由起初的20%左右到2020年已经占到了50%左右。❷ 由此可见,快速审查机制在欧盟商标申请人中广受欢迎。

目前我国商标注册存在商标注册周期长、注册效率不高的情况。为了改变这一现状,近5年来,商标行政机关一直在探索商

---

❶ 薛友飞. 商标海外注册快速审查制度探析 [J]. 中华商标, 2019 (11): 61-64.

❷ EUIPO. EUIPO Statistics in European Union Trade Marks1996 – 01 to 2020 – 12 Evolution [EB/OL]. [2021 – 01 – 27]. https://euipo.europa.eu/tunnel – web/secure/webdav/guest/document_library/contentPdfs/about_euipo/the_office/statistics – of – european – union – trade – marks_en.pdf.

标注册便利化的路径，其中包括简化商标手续、优化申请流程、简化部分商标申请材料和手续等，而快速审查机制的设立有助于这一目标的实现。

（二）商标初审公告后的制度设置

在初审公告阶段的制度设置主要有以下两方面：第一，对异议制度的改革；第二，设立其他配套制度以配合异议制度的变化。我国不区分理由的异议制度导致商标异议期限延长，因此应进一步限定异议主体与异议理由。为尊重商标的私权属性，可在异议程序中设立冷静期制度；为了与"撤三"程序相协调，可在异议程序中引入真实使用抗辩规则。此外，第三方意见制度亦有引进的必要，其作为官方绝对理由审查的必要补充，在提高公众参与度的同时可提升商标审查的质量。

1. 进一步限定异议主体与异议理由

在确定我国商标注册采绝对理由审查制的前提下，应仍保持目前异议前置的做法并进一步限定异议主体与异议理由。

根据域外的经验，现行绝对理由审查模式下与异议程序主要有两种搭配，即绝对理由审查＋异议前置、绝对理由审查＋异议后置。前者的代表国家或地区主要为欧盟与法国，后者的代表国家主要为德国。在我国现在的市场环境下，实行绝对理由审查与异议后置的弊大于利。虽然异议后置会缩短商标审查的期限，但是由此带来的是商标的稳定性变差、商标注册的公信力降低。❶ 因此在绝对理由审查的前提下，异议后置并不可取。

然而并非所有人均可以就不予注册的所有理由提出异议，否

---

❶ 在绝对理由审查与异议后置的情况下，申请注册的商标没有经过异议程序消除其本身存在的侵犯其他在先商标权人以及其他在先权利人权利的风险，可能会导致大量的冲突商标并存。一方面，这将会增加消费者的混淆可能性，使消费者与公众利益受损；另一方面，大量在先商标权人以及其他在先权利人也会提起异议，商标注册的稳定性会降低。长此以往，商标注册的公信力将会降低，因为此时的商标注册已经沦为一种形式化的程序。

则一方面会违反商标的私权属性,另一方面也会延长商标审查的期限。应将"加强商标管理"从我国商标法的立法宗旨中删除,摆正异议制度的功能定位,即将异议功能由发挥社会监督和权利救济的双重功能转为权利救济功能。由此可以借鉴欧盟商标的部分相对理由异议前置制度。在欧盟,异议的目的在于对那些可能损害第三方权利的商标,第三方得以阻止其注册。至于是否阻止在后申请,由在先权利人自行决策。❶ 换句话说,欧盟商标异议程序发挥的主要功能在于对在先权利人的救济,而非社会监督功能。而在商标公告后发挥社会监督功能的制度主要是第三方意见制度。

除此之外,在已确定相对理由异议前置的情况下,进一步区分在先权利,将其区分为识别性在先权利与非识别性在先权利。❷ 具体而言,只有识别性在先权利人可以提出异议,非识别性在先权利人只能在无效宣告程序中请求宣告注册商标无效。这样的设置充分考虑了商标审查机关的职能限制。首先,在先权利的冲突涉及的多为非技术性事项,比如恶意、使用事实等,并不涉及授权本身,因此不需要审查机关的专门知识。其次,在先权利的冲突实际上是申请注册商标与其他在先权利的民事纠纷,是否存在损害以及是否造成混淆等问题,都不属于商标确权机关的专业范围。❸

如若对在先权利不加以区分,则会造成商标行政机关因能力不足而无法判断,进而导致在处理此类纠纷时不可避免地导致审查周期的延长。虽然如此区分可能会造成权利歧视后果,但是该

---

❶ 吉伦,等. 简明欧洲商标与外观设计法 [M]. 李琛,赵湘东,汪泽,译. 北京:商务印书馆,2017:158.

❷ 根据《欧盟商标审查指南》(Guidelines for Examination European Union Intellectual Property Office (EUIPO), final version 1.0, 01/02/2020),在先权利包括识别性在先权利与非识别性在先权利。其中非识别性在先权利包括名称权、肖像权、著作权和工业产权,此类非识别性在先权利仅能作为无效宣告的相对理由。

❸ 卢爱媛,李明珍. 商标法之"在先权利"条款的法律适用:兼评商标法第三次修改中的商标异议制度 [J]. 电子知识产权,2011 (11):23-29.

不利后果与其带来的利益相比是可以忽略的。即便注册商标侵犯了诸如著作权、外观设计权等非识别性在先权利人的权利，该损害程度也不大。商标与作品、外观设计在通常情况下并非同类型权利，故无竞争关系，因此上述权利人仍可以在法律框架内自由行使权利，消费者在一般情况下也不会对该两种权利产生混淆。

2. 在异议程序中设立冷静期制度

与我国相比，欧盟在其异议程序中设有冷静期的规定，给予争议双方在这一阶段自行协商解决纠纷的机会。冷静期制度作为欧盟知识产权局解决商标异议的重要举措，在先权利人对商标提出异议之后，经异议人与被异议人协商，可申请延迟欧盟知识产权局异议处正式介入，而由异议双方在冷静期内单独评判或者互相协商，采取法定异议程序之外的方法来解决异议纠纷。❶ 冷静期制度确有引入必要，该制度的引进具有理论和实践上的双重可能性。

从理论上看，冷静期制度的设置充分尊重了当事人的意思自治，尊重了商标的私权属性。在冷静期内申请人可以根据情况申请撤回商标申请或者缩小指定的商品或服务的范围；申请人与异议人可以通过友好协商，让争议商标共存于市场中；申请人与异议人进行协商，使异议人意识到自己的异议申请在缺乏足够理由的情况下撤回异议申请；或者在双方进行协商之后，申请人与异议人申请结束冷静期，进入对抗阶段。商标行政机关在该期间并不主动干预争议双方，其处于中立地位。

从实践上来看，冷静期制度也取得了良好的效果。根据欧盟知识产权局发布的官方数据统计，2005～2020年，欧盟商标异议处理率为97.7%。可见欧盟知识产权局的审查效率较高，积压案件较少。而欧盟商标异议处理率较高的原因在于绝大多数异议案

---

❶ 刘蕴，王华. 私权语境下的商标异议制度反思[J]. 北京邮电大学学报（社会科学版），2015（4）：35-40.

欧盟商标注册审查制度的特色及借鉴

件已经在异议程序开始前的冷静期由双方通过协商方式达成和解结案,只有少数异议案件最终以官方裁决的方式作出异议决定。❶具体而言,在实务中,有 75%~80% 的欧盟商标异议在冷静期阶段以和解方式结案。

总体来说,冷静期制度的引进从理论上看是尊重当事人意思自治的体现,给双方自行解决纠纷提供了缓冲期;从实际运行来看,大多数异议案件在冷静期阶段通过当事人协商的方式予以解决,实现了当事人自行解决与商标行政机关解决的分流,可以有效减少商标行政机关处理异议的压力,节约了行政成本。但是应当注意,由于在冷静期内争议双方可以达成商标共存协议,为了解决由此带来的消费者混淆的问题,我国若引入冷静期制度,也应建立并完善商标共存的法律制度。

3. 在异议程序中设立真实使用抗辩规则

我国商标权取得采注册为主、使用为辅的模式,由此导致真正使商标发挥识别功能的使用长期未受到重视。商标使用是商标的灵魂,应将其贯彻至商标从"出生"到"死亡"的各个阶段。就我国现行商标法来看,商标使用仅在商标注册后的撤销、无效程序以及商标侵权案件中发挥作用,在商标注册前的异议阶段商标性使用似乎并未完全发挥其相应功能。应注意,在商标注册前的异议程序中设立真实使用抗辩规则既是"撤三"制度的逻辑要求,同时也有助于缩短商标审查周期,实现商标注册便利化改革目标。

首先,在异议程序中设立真实使用抗辩规则是"撤三"制度

---

❶ EUIPO. EUIPO Statistics in European Union Trade Marks1996 - 01 to 2020 - 12 Evolution [EB/OL]. [2021 - 01 - 27]. https://euipo.europa.eu/tunnel-web/secure/webdav/guest/document_library/contentPdfs/about_euipo/the_office/statistics-of-european-union-trade-marks_en.pdf.

的逻辑要求和必然结果。❶ "撤三"制度的目的是使注册商标发挥其应有的价值和功能。若注册商标连续 3 年不使用，其就会处于搁置不用的状态，不但无法产生价值，发挥商标应有的功能和作用，而且会影响到他人申请注册和使用与其相同或者近似的商标，因此需要相应的法律措施予以规制。❷ 而在异议程序中允许商标申请人提出真实使用抗辩而无须另行提起"撤三"程序一方面是注重商标使用，使其发挥识别功能的体现，另一方面异议程序与撤销程序可以实现协调，减少商标行政机关就同一商标作出冲突处理结果的现象。

其次，在异议程序中规定真实使用抗辩规则有助于缩短商标注册审查周期。《商标法》规定的异议期限为 12 个月，特殊情况下还可以延长至 18 个月；而商标撤销程序的期限为 9 个月，特殊情况下可以延长至 12 个月。在规定真实使用抗辩制度的前提下，商标行政机关对异议的处理期限最多为 18 个月。相反，若没有真实使用抗辩制度，商标申请人为成功注册商标，极有可能会在异议程序之外另行提起"撤三"程序；倘若商标行政机关等待"撤三"程序结束之后再处理异议，则会带来异议处理期限的延长，进而导致整个商标周期变长。

因此，在异议程序中规定商标真实使用抗辩规则是商标"撤三"制度的必要补充。在未来修法过程中应当借鉴欧盟商标真实使用的相关规定，设置真实使用抗辩规则，从而防止实质上已经"死亡"的商标成为商标注册的阻碍，提高商标注册效率。

4. 设置第三方意见制度

第三方意见制度是官方审查绝对事由的必要补充，该制度旨

---

❶ 张玉敏. 论使用在商标制度构建中的作用：写在商标法第三次修改之际［J］. 知识产权，2011（9）：3-11.

❷ 中华人民共和国商标法释义（2013 年修改）［EB/OL］.（2013-12-24）［2021-03-05］. http：//www.npc.gov.cn/zgrdw/npc/flsyywd/minshang/2013-12/24/content_1819923.htm.

在促进商标登记制度的整体运行并确保那些具有不予注册的绝对理由的商标不被注册。该制度作为商标注册过程中的一个障碍，若其有效运行，既可以弥补官方审查的不足，也可以提高官方审查绝对事由的效率。❶ 因此在将我国现行商标注册审查异议制度改为绝对理由审查与部分相对理由异议制度之后，第三方意见制度亦值得被借鉴。

第三方意见制度与在先商标权人或其他在先权利人就相对理由提起异议是两个独立的程序。第三方意见的主要目的在于辅助商标行政机关对绝对理由的审查。由于现代科技的发展以及信息的日益丰富，在一些行业特别是在医药、半导体或计算机等领域，商标审查员会因为自身知识的不足以及辅助工具无法提供帮助的盲区，对某些绝对理由的审查并不敏感。在此种情况下，审查员可以参考第三方提供的意见进行审查，从而提高绝对理由审查的效率及准确度。同时，通过允许社会公众就不予注册的绝对理由提出第三方意见，可以让公众充分参与其中，使整个商标审查体系运行更加平稳有效。❷

虽然在实践中，似乎很少有人提起第三方意见，同时也仅不足 30% 的第三方意见使官方重启对绝对事由的审查，❸ 但却可能使

---

❶ 《欧盟商标条例修改提案》[Report on the proposal for a regulation of the European Parliament and of the Council amending Council Regulation (EC) No 207/2009 on the Community trade mark] 指出第三方意见制度不仅能够提高审查的透明度，还能加快审查速度。

❷ 陈飞. 欧盟商标"第三方意见"程序 [J]. 中华商标，2014 (2)：62 - 64.

❸ 2020 年 1 月，欧盟知识产权局在其官网上发布了其最新一期新闻公报，就 2009 年至 2018 年期间的第三方意见的运行状况进行了数据分析。首先，虽然第三方意见的提交数量整体呈增长趋势，但是与商标申请量不成比例，自 2009 年以来，提交第三方意见的数量在商标申请中几乎一直只占 0.2% 的比例，即便在占比最高的 2011 年，也仅占到了 0.24% 的比例。参见：EUIPO. Alicante news：December 2019 [EB/OL]. [2021 - 01 - 21]. https：//euipo. europa. eu/tunnel - web/secure/webdav/guest/document_library/contentPdfs/about_euipo/alicante_news/alicantenews_december_2019_print_en. pdf（最后访问日期：2021 年 1 月 21 日）。

这一部分商标避免后续的无效程序,其稳定性得到增强。因此第三方意见制度的引进在提高商标注册质量方面是极具价值的,并且由于提起第三方意见的数量较少,也不会对商标注册审查周期的压缩带来过多的负担。

(三)在商标注册审查全过程设置调解机制

随着商标行政机关由行政管理角色转为居中裁判角色、冷静期制度的设置为争议双方自行达成和解协议提供了便利条件,建立调解制度似乎是必然之举。商标行政机关通过为商标争议双方提供官方帮助,既可以提高商标争议解决的效率,也可以有效对商标争议双方进行监督,比如在商标申请人与异议人达成商标共存协议的情况下,要求双方就商标附加区别标志、划分市场等。

将调解机制写入商标法律制度中具有必要性和可行性。其必要性在于近年来我国商标授权确权行政诉讼案件的数量增长迅速,商标评审机关和法院压力较大。在商标授权确权行政诉讼中建立调解制度无疑是缓解诉讼压力、解决纠纷的有效方式。调解机制引入后不仅可以节约诉讼成本、司法资源,也可以在合意的基础上高效、和谐地解决纠纷。❶

其可行性在于目前我国已经有相关政策对调解机制的入法提供了支撑。一方面,2014年修订的《商标评审规则》第8条和第33条对调解作了相关规定,即在商标评审期间,当事人有权依法处分自己的商标权和与商标评审有关的权利;在不损害社会公共利益、第三方权利的前提下,当事人之间可以自行或者经调解以书面方式达成和解;在当事人自行或者经调解达成和解协议,可以结案的,商标评审机关应当中止评审、予以结案。另一方面,从现实情况来看,我国上海经贸商事调解中心与欧盟知识产权局

---

❶ 卢结华. 欧盟知识产权局调解中心:设立沿革、运行现状与未来展望[EB/OL]. (2018-12-27)[2021-02-16]. https://mp.weixin.qq.com/s/3YAwdiA0VD2u2FMmeOzA9Q.

上诉委员会已经共同制定了聚焦于中欧商标、外观设计的知识产权联合调解规则,该规则已于 2020 年 7 月 1 日正式生效。该联合调解机制包含一系列规则,就调解的适用范围、调解程序、调解员的选任等进行了详细的规定。❶ 而这一现实为我国在商标法中建立调解制度提供了参考。

五、结语

在我国进行商标注册审查制度的改革中,可以借鉴欧盟商标注册审查中的特色制度。将现行的审查与异议制度转为绝对理由审查与部分相对理由异议制度。此举既可以提高商标注册效率,又可以保证商标注册质量。但同时应辅以其他配套制度,包括在商标初审阶段建立快速审查机制、在商标初审公告阶段设置第三方意见制度、在异议程序中设置冷静期制度以及确立真实使用抗辩规则,从而起到提高商标审查的质量、给予商标争议双方自行解决纠纷的机会并节约行政成本、协调异议程序与撤销程序的效果。与此同时,通过在商标注册审查的各个阶段设置调解机制,为商标争议双方解决纠纷提供便利条件,促成双方及时解决纠纷。

---

❶ 兰天鸣. 中欧有关机构在沪发布知识产权联合调解规则 [EB/OL]. (2020-07-01) [2021-03-20]. http://www.gov.cn/xinwen/2020-07/01/content_5523330.htm.

我国网络服务提供者的商标间接侵权责任问题

——"通知-删除"规则适用范围缩小所带来的制度变革契机

顾 昕[*]

【摘　要】通过梳理法院判定我国电子商务平台在互联网环境下承担商标间接侵权责任的案例，分别提炼出"知道或应当知道"平台内存在知识产权侵权行为却未采取必要措施和适用"通知-删除"规则来判断是否需要承担损害赔偿责任这两种类型的侵权判断标准；指出以"通知-删除"规则为核心的网络服务提供商避风港规则在我国从著作权领域延伸到了商标领域时，这一具有我国特色的规则设计在保护和壮大互联网产业发展的同时也带来了大量恶意投诉的问题。而为了遏制这一副作用，不得不另外建立起来一套额外的保障机制：如针对恶意通知的"加倍"赔偿制度、提高侵权"通知"的门槛以及司法实践逐渐广泛应用的"反向行为保全"制度等。然而面对大数据和过滤比对技术的快速发展和"通知-删除"规则适用空间逐步缩小的趋势，有必要从根本上重新检讨在商标领域互联网电商平台承担商标间接侵权责任时是否应继续适用"通知-删除"避风港规则。

---

[*] 作者简介：顾昕，国家知识产权局知识产权发展研究中心副研究员。

在开展课题研究的过程中，作者获得了日中联合研究项目的两国学者及实务专家所提出的诸多宝贵建议，深受启发，在此衷心表示感谢。

我国网络服务提供者的商标间接侵权责任问题

【关键词】 网络服务提供商　商标间接侵权　"通知-删除"规则

一、问题所在

近些年,我国互联网产业快速发展。依据中国互联网络信息中心(CNNIC)2020年9月在北京发布的第46次《中国互联网络发展状况统计报告》,截至2020年6月,我国网民规模达9.40亿,互联网普及率达67.0%。❶ 网民数量约占全球❷的1/5,庞大的网民数量,也为互联网消费带来了基础人口。从2013年起,我国已连续7年成为全球最大的网络零售市场。截至2020年6月,我国网络购物用户规模达7.49亿,较2020年3月增长5.5%,占网民整体的比例提升至79.7%。❸ 伴随电子商务的快速发展,电子商务平台、平台内的商家以及线上消费者之间的法律纠纷时常诉诸法院,不少案件经由新闻媒体的报道,也获得了广泛关注。

我国涉及电子商务平台商标间接侵权责任的法律和司法解释、政策性文件非常庞杂,相关纠纷案例的数量也非常多。相较于著作权,互联网领域商标间接侵权责任的研究论文数量不多,因此本文拟进行互联网商标间接侵权责任的类型化分析,通过梳理相关的司法判例,明确在我国法律体系下,电子商务平台在互联网领域是如何承担商标间接侵权民事责任的。在归纳相关规则之后,本文提出在知识产权信息大数据建设、事前审查比对技术进步等要素的共同作用下,目前"通知-删除"规则的适用空间存在缩小

---

❶ 中国互联网络信息中心. 中国互联网络发展状况统计报告 [EB/OL]. (2020-09-29) [2020-12-01]. http://www.gov.cn/xinwen/2020-09/29/content_5548176.htm.

❷ 环球网. 最新全球网民数量公布:中国增长规模排第二 [EB/OL]. (2019-01-31) [2020-12-01]. https://www.sohu.com/a/292651212_162522.

❸ 《第46次中国互联网络发展状况统计报告》发布 我国网民规模达9.40亿 互联网普及率达67.0% [J]. 网络传播, 2020 (10): 68-74.

的趋势。而在这样的大趋势下,有必要进一步反思目前我国互联网商标间接侵权"二元论"判断规则的适用效率,最后提出相应的完善建议。

二、概述

在分析互联网商标间接侵权的民事规则之前,下文从相关法律规定、"多元共治"的治理理念、电子商务平台知识产权涉讼案件情况三方面简单介绍我国互联网电子商务领域商标侵权的相关情况。

(一)相关法律规定

由于对网络服务提供商的法律规制早期主要集中在著作权领域,我国于 2006 年借鉴美国 1998 年《数字千年版权法案》(Digital Millennium Copyright Act,DMCA)的规定,制定了《信息网络传播权保护条例》,对网络服务提供商的著作权侵权责任作出了规定。至于其上位法理论,则是依据当时《中华人民共和国民法通则》关于共同侵权的规定。

2009 年制定的《中华人民共和国侵权责任法》(以下简称《侵权责任法》)第 36 条关于责任主体的特殊规定❶,以规制网络服务提供商责任为主要目的,不再局限于著作权领域,其适用对象进一步扩展到包括侵犯商标权在内的所有民事权益。另外,从部门法的角度,《中华人民共和国商标法》(以下简称《商标法》)第 57 条❷、

---

❶ 《侵权责任法》第 36 条:"网络用户、网络服务提供者利用网络侵害他人民事权益的,应当承担侵权责任。网络用户利用网络服务实施侵权行为的,被侵权人有权通知网络服务提供者采取删除、屏蔽、断开链接等必要措施。网络服务提供者接到通知后未及时采取必要措施的,对损害的扩大部分与该网络用户承担连带责任。网络服务提供者知道网络用户利用其网络服务侵害他人民事权益,未采取必要措施的,与该网络用户承担连带责任。"该法已于 2021 年 1 月 1 日起废止。

❷ 《商标法》第 57 条:"有下列行为之一的,均属侵犯注册商标专用权:……(六)故意为侵犯他人商标专用权行为提供便利条件,帮助他人实施侵犯商标专用权行为的;……"

《中华人民共和国商标法实施条例》第 75 条❶等也作出了网络商品交易平台可构成帮助侵权的规定。

2019 年实施的《中华人民共和国电子商务法》（以下简称《电子商务法》）则沿袭《侵权责任法》的规制模式，在此基础上更为全面和具体地规定了具体的保护规则。已于 2021 年 1 月 1 日实施生效的《中华人民共和国民法典》第 1194～1197 条中也沿用《侵权责任法》的规定，在侵权的特殊主体章节专门针对网络服务提供商作出了相应规定。

在司法解释方面，2020 年 9 月，最高人民法院印发《关于审理涉电子商务平台知识产权民事案件的指导意见》的通知❷，同月还公布了《最高人民法院关于涉网络知识产权侵权纠纷几个法律适用问题的批复》❸。

2020 年 11 月，国家知识产权局同国家市场监督管理总局牵头，多部门共同参与制定了《电子商务平台知识产权保护管理》国家标准❹。该标准于 2020 年 11 月 9 日批准发布，并于 2021 年 6 月 1 日起实施。该标准是在《电子商务法》框架下研究形成的国家推荐性标准。该标准结合了我国电子商务领域发展实际，借鉴了电子商务平台知识产权保护已有经验，从范围、规范性文件、术语和定义、电子商务平台管理、电子商务网络信息平台要求、组织知识产权管理、一致性测试等七方面提出明确要求。

（二）"多元共治"的治理理念

2019 年，国家知识产权局知识产权发展研究中心发布的《中

---

❶ 《商标法实施条例》第 75 条："为侵犯他人商标专用权提供仓储、运输、邮寄、印制、隐匿、经营场所、网络商品交易平台等，属于商标法第五十七条第六项规定的提供便利条件。"

❷ 法发〔2020〕32 号。

❸ 法释〔2020〕9 号。

❹ GB/T 39550—2020。

国电子商务知识产权发展研究报告（2019）》❶，第一次将"技术赋能＋多元共治"的假货治理模式作为中国经验、中国样本在全社会推广。所谓多元共治，是指越来越多的执法机关、权利人和消费者等各方参与到假货社会共治中，不仅是消费者和权利人，各地执法机关也更加愿意借助数字技术参与到对制售假货团伙的溯源打击当中。

在实践中，越来越多的各方主体愿意通过民事、行政和刑事三种手段共用的方式，来打击互联网领域销售假冒商品的行为。其中特别引人注意的是越来越重视运用刑事手段，据《2019阿里巴巴知识产权保护年度报告》❷统计，2019年阿里巴巴协助全国31个省份的439个区县的公安机关开展假货线下打击，参与执法机关的数量比上年增长了93％；全年累计推送超过5万元起刑点的涉假线索1045条，协助抓捕犯罪嫌疑人4125名，涉案金额约84亿元人民币。当然，刑事手段主要还是针对制造和销售假冒商品的直接侵权人，对于网络服务提供者而言，主要还是偏向于民事责任。

不过，这并不意味着网络服务提供商没有承担刑事责任的风险。《中华人民共和国刑法》从网络信息管理的角度对网络服务提供平台提出要求，并新设了相应的罪名。2015年，《中华人民共和国刑法修正案（九）》新增了第286条之一"拒不履行信息网络安全管理义务罪"。当网络服务提供者不履行法律、行政法规规定的信息网络安全管理义务，经监管部门责令采取改正措施而拒不改

---

❶ 国家知识产权局知识产权发展研究中心. 中国电子商务知识产权发展研究报告（2019）[EB/OL]. （2019-12-23）[2021-01-10]. http：//www.cnipa-ipdrc.org.cn/article.aspx?id＝552.

❷ 2019阿里巴巴知识产权保护年度报告 [EB/OL]. （2020-01-10）[2021-01-10]. https：//ipp.alibabagroup.com/infoContent.htm?skyWindowUrl＝AACA-mediaCenter-right/cn.

正，并造成法定严重后果的，构成该罪。❶ 在司法实践中，有下列情形之一的，既可能构成处罚更重的犯罪，也可能构成拒不履行信息网络安全管理义务罪：①网络服务提供商在网站上直接销售非法软件，经提醒后拒不改正的；❷ ②网络服务提供商管理的系统中含有大量的淫秽作品，经提醒后拒不改正的；❸ ③网络服务提供商管理的系统中含有损害国家荣誉和利益，或者侮辱、诽谤他人，侵害他人合法权益的违法信息，经提醒后拒不改正的。❹

（三）电子商务平台知识产权涉讼案件情况

北京反侵权假冒联盟、浙江省知识产权研究与服务中心、浙江清华长三角研究院知识产权研究中心共同编写的《2020 中国电商平台反侵权假冒趋势报告》❺ 分析了我国部分涉及电商平台的知识产权诉讼案件的情况，得出以下结论：

（1）从地域分布来看，目前电商平台的知识产权诉讼案件主要集中在浙江省（占 22.22%）、广东省（占 20.41%）、北京市（占 17.57%）、上海市（占 15.33%）等地区。

（2）从案件性质来看，目前电商平台的知识产权案件中民事案件占 93.93% 以上；其次是行政、刑事案件，数量和占比较小。

---

❶ 《中华人民共和国刑法》第 286 条之一："网络服务提供者不履行法律、行政法规规定的信息网络安全管理义务，经监管部门责令采取改正措施而拒不改正，并且满足下列情形之一的，处三年以下有期徒刑、拘役或者管制，并处或者单处罚金：（一）致使违法信息大量传播的；（二）致使用户信息泄露，造成严重后果的；（三）致使刑事案件证据灭失，情节严重的；（四）有其他严重情节的。……有前两款行为，同时构成其他犯罪的，依照处罚较重的规定定罪处罚。"

❷ 上海市浦东新区人民法院（2018）沪 0115 刑初 2974 号刑事判决书、湖北省荆州市荆州区人民法院（2018）鄂 1003 刑初 150 号刑事判决书。

❸ 北京市海淀区人民法院（2015）海刑初字第 512 号刑事判决书、北京市第一中级人民法院（2016）京 01 刑终 592 号刑事判决书。

❹ 四川省泸州市中级人民法院（2019）川 05 刑终 41 号刑事判决书。

❺ 北京反侵权假冒联盟，浙江省知识产权研究与服务中心，浙江清华长三角研究院知识产权研究中心. 2020 中国电商平台反侵权假冒趋势报告 [EB/OL]. (2020-04-26) [2021-01-10]. http://caasa.org.cn/article/1734.html.

（3）从案件标的来看，标的额为 50 万元以下的案件数量最多，占全部案件的 75% 左右；100 万～500 万元的案件占比 12%；50 万～100 万元的案件占比 9%。

（4）审理案件数量由多到少的法院分别为北京知识产权法院、浙江省杭州市中级人民法院、上海市徐汇区人民法院、广东省高级人民法院、杭州市余杭区人民法院。

（5）电商平台知识产权涉诉讼案件当事人中，大企业占较高的比例。其中，阿里巴巴集团占比 24.68%，拼多多占比 9.87%，京东占比 7.49%，这三家都是国人非常熟悉的著名电商企业。其他个人、企业占比约 58%。

以上是全国范围内电子商务平台涉及知识产权的部分案件的统计情况。阿里巴巴集团作为网络服务提供者的典型代表之一，以 2014～2018 年该集团所在地浙江省法院审结的涉电商平台知识产权案件为例进行分析，可以得出如下结论❶：

（1）商标权案件占比最高。在 2014～2018 年审结的 12731 件案件中，商标权案件 4740 件，占比 37.23%，侵权形态多为通过平台销售假冒商品或在网页上使用他人注册商标；著作权案件占比 36.74%；专利权案件占比 24.42%；不正当竞争案件占比 0.60%。

（2）大部分案件中电商平台作为共同侵权的被告。绝大部分系权利人以平台构成帮助侵权为由将其作为共同被告提起诉讼，少量案件系以平台为直接侵权主体而提起诉讼。

（3）电商平台被法院判决承担连带赔偿责任的案件很少。权利人起诉平台的目的往往在于督促其制止侵权以及将其作为管辖连接点，很多权利人在确认侵权链接已被删除后，即撤回对平台的起诉，或者放弃对平台的诉讼请求。

---

❶ 数据引自：浙江省高级人民法院联合课题组. 关于电商领域知识产权法律责任的调研报告 [J]. 人民司法（应用），2020（7）：65-73.

(4) 判决电商平台承担停止侵害责任和损害赔偿责任的比例很低。2018年浙江省法院审理的1443件涉平台知识产权民事一审案件中,判决平台承担停止侵害的责任的有62件案件,占所有案件的4.3%左右,仅有1起案件判决平台承担赔偿责任。从2014~2018年浙江省的所有涉平台知识产权民事案件来看,判决平台承担赔偿责任的仅有4件。

(5) 恶意投诉现象严重。阿里巴巴平台治理部在2017年公布的数据中称,恶意投诉总量已占到其知识产权投诉总量的24%。❶ 究其原因,主要有以下几点:①与信息网络传播权相比,商标的侵权判断专业性更强,难以辨认通知正误;②商品链接排名之争尤为激烈,部分行为人滥用"通知-删除"规则进行不正当竞争或者控制渠道;③《电子商务法》规定的反通知的15天等待期,尤其是在"双十一"等大促活动前夕,对被通知人的利益影响极大。

三、我国网络服务提供者的商标间接侵权民事责任

电子商务平台(网络服务提供商)在自身的服务中直接使用他人注册商标的行为,构成商标直接侵权。

除此之外,电子商务平台构成互联网商标间接侵权存在两种类型(二元论):第一种是电子商务平台"知道或应当知道"平台内经营者侵犯知识产权,未采取必要措施的,与侵权人承担连带责任;❷ 第二种是通过判断电子商务平台是否适用"通知-删除"规则来判断其是否构成侵权并承担损害赔偿责任。

(一)"知道或应当知道"存在侵犯商标权行为的案件类型

那么具体在什么情况下,电子商务平台的行为属于"知道或

---

❶ 李万祥. 全国首例利用互联网维权机制敲诈勒索案宣判 [EB/OL]. (2017-06-20) [2021-01-10]. http://ip.people.com.cn/n1/2017/0620/c136655-29350408.html.

❷ 《电子商务法》第45条以及《侵权责任法》第36条第3款。

应当知道"侵犯商标权行为存在的类型？司法判例中存在以下几种非常典型的类型。

1. 电子商务平台"不能提供直接侵权人相关信息"的，承担侵权责任

在福州市中级人民法院 2014 年判决的参考消息报社与福建博瑞网络科技有限公司侵害商标权纠纷案❶中，原告的《参考消息》是中国非常出名的时政类报纸，向相关公众提供时政新闻财经信息内容，而被告通过其经营的网站提供"参考消息"手机 APP 应用程序下载服务及相关时政新闻财经信息阅览服务。法院认为，被告通过提供软件下载服务及相关信息阅览服务，商标性使用已具有广泛知名度的涉案"参考消息"注册商标，容易使相关公众认为该软件服务和信息阅览服务为原告提供或与原告存在某种联系。被告虽主张涉案"参考消息"APP 手机应用程序系第三方上传，但被告在该案诉讼中既不能提交第三方后台上传的证据材料，也不能提供上传者的注册资料、登录 IP 等信息；故无法认定涉案"参考消息"APP 手机应用程序系第三方上传，而被告系被诉网站的实际控制者，被告使用涉案商标所提供的服务与权利人注册商标"参考消息"商品类似，被告侵犯了权利人"参考消息"在第 16 类报纸商品上的商标专用权。

2. 对于一些提供特定服务类型的电子商务平台，没有严格履行事前审查义务的，承担侵权责任

（1）运营"团购业务"的电子商务平台

运营团购业务网络服务提供者未履行事前审查义务的，承担侵权责任。在北京市高级人民法院 2012 年审理的某案件❷中，法院认为运营团购业务的网络服务提供者应当承担在团购信息发布前审查被控侵权商品合法性的义务，包括审查被控侵权商品使用

---

❶ 案号：（2014）榕民初字第 1222 号。
❷ 案号：（2012）高民终字第 3969 号。

的商标是否合法。在该案中,虽然被告电子商务平台主张其已经审查了平台内经营者提供的两份证明,尽到了相应的审查义务,但法院认为,平台内经营者提供的两份证明既不能证明涉案商标在中国大陆的商标权归属,也不能证明被控侵权商品使用涉案商标的行为得到合法授权,故在两份证明形式上明显不能证明被控侵权商品使用的商标合法性的情况下,应当认定被告电子商务平台未尽合理审查义务而发布被控侵权商品的团购信息,具有过错,应当承担相应的法律责任。

(2)发布"运营招商信息"的电子商务平台

有偿为企业发布招商信息提供网络平台的网络服务提供者,应对在其网站注册的企业用户以及发布信息的内容以严谨的态度进行审核。在北京知识产权法院2020年判决的深圳市八方通科技开发有限公司等与呷哺呷哺餐饮管理有限公司侵害商标权纠纷案中,法院认为被告作为电子商务平台的经营者,为企业发布招商信息提供网络平台,应对在其网站注册的企业用户以及发布信息的内容以严谨的态度进行审核。被告提交的在案证据未能反映出其对直接侵权人注册、发布经营信息尽到了相应的管理和审核义务,考虑到权利人呷哺公司的商标、商号在行业内具有较高的知名度,被告电子商务平台在发布加盟信息时并未尽到合理的注意义务,在事实上为直接侵权人的侵害商标权及不正当竞争行为提供了便利条件,构成帮助他人实施侵权行为,应当与直接侵权人一起承担连带责任。

(3)提供"官方旗舰店"认证服务的电子商务平台

电子商务平台以"官方旗舰店""旗舰店""专卖店""专营店"等,以店铺名称的形式向消费者宣示了店铺运营者的资质级别和相应的商品质量及信誉时,应具有高度的审查义务。在2017年北京市高级人民法院判决的中山市探索户外用品有限公司等与

---

❶ 案号:(2020)京73民终58号。

探索传播有限责任公司侵害商标权纠纷案❶中,法院认为,被告京东公司在其京东商城中将店铺命名分类为"官方旗舰店""旗舰店""专卖店""专营店"等,即以店铺名称的形式向消费者宣示店铺运营者的资质级别和相应的商品质量及信誉,消费者基于认知习惯和生活常识,容易将"官方旗舰店"对应于已经获得注册商标专用权的商标权利人或经其授权的经营者。

而该案中,直接侵权人在京东商城申请开设"DISCOVERY探索户外官方旗舰店"时,仅提交了商标的受理通知书,商标尚未获准注册,商标注册申请并不能等同于已获得商标的注册商标专用权。法院认为,被告京东公司对于申请商标存在未获注册的授权风险应当知晓,在直接侵权人"DISCOVERY探索户外官方旗舰店"的店铺名称与其申请注册的商标标志不完全一致,且原告探索公司的"Discovery""探索"等商标在科普类节目和户外运动等领域具有一定知名度的情况下,被告京东公司在审查直接侵权人所设"DISCOVERY探索户外官方旗舰店"的店铺入驻资质时应当负有更加审慎的审查义务。京东公司对此未尽到合理的注意义务,其在主观上存在过错,客观上帮助中山市探索户外用品有限公司实施了侵权行为,应当与该公司承担连带责任。

3. 平台内存在反复侵权行为的经营者,电子商务平台应当大幅提高审查义务,切实采取具有成效的措施

在2011年上海市第一中级人民法院判决的中山市探索户外用品有限公司等与探索传播有限责任公司侵害商标权纠纷案❷中,原告发现直接侵权人通过被告的淘宝网销售侵权商品后,先后7次向淘宝公司发送侵权通知函,淘宝公司审核之后,先后7次删除直接侵权人发布的商品信息。

---

❶ 案号:(2017)京民终737号。
❷ 案号:(2011)沪一中民五(知)终字第40号。

法院认为,电子商务平台接到通知后及时删除侵权信息是其免于承担赔偿责任的条件之一,但并非充分条件。电子商务平台删除信息后,如果网络用户仍然利用其提供的网络服务继续实施侵权行为,网络服务提供者则应当进一步采取必要的措施以制止继续侵权。这些必要的措施可以是对网络用户进行公开警告、降低信用评级、限制发布商品信息直至关闭该网络用户的账户等。淘宝公司作为国内最大的网络交易平台服务提供商,完全有能力对网络用户的违规行为进行管理。淘宝公司也实际制定并发布了一系列网络用户行为规则,也曾对一些网络用户违规行为进行处罚。淘宝公司若能够严格根据其制定的规则对违规行为进行处理,虽不能完全杜绝网络用户的侵权行为,但可增加网络用户侵权的难度,从而达到减少侵权的目的。就该案而言,淘宝公司接到原告公司的投诉通知后,对投诉的内容进行了审核并删除了直接侵权人发布的商品信息。根据淘宝公司当时有效的用户行为管理规则,其在接到原告公司的投诉并经核实后,还应对直接侵权人采取限制发布商品信息、扣分,直至冻结账户等处罚措施,但淘宝公司除了删除商品信息外没有采取其他任何处罚措施。在7次有效投诉的情况下,淘宝公司应当知道直接侵权人利用其网络交易平台销售侵权商品,但其对此未采取必要措施以制止侵权,直接侵权人仍可不受限制地发布侵权商品信息。

由此法院认为,被告淘宝公司有条件、有能力针对特定侵权人采取措施,但其在知道直接侵权人发多次发布侵权商品信息的情况下,未严格执行其管理规则,依然为直接侵权人提供网络服务,此是对直接侵权人继续实施侵权行为的放任、纵容;其故意为直接侵权人销售侵权商品提供便利条件,构成帮助侵权,具有主观过错,应承担连带赔偿责任。

类似的案件还有浙江湖州市吴兴区人民法院在2017年判决的宏联国际贸易有限公司诉湖州迅焱电子商务有限公司等侵害商标

权纠纷案❶。在该案中，被告电子商务平台接到原告公司的投诉通知后，对投诉的内容进行审核并披露了包括该案直接侵权人在内的相关商家主体信息，删除了直接侵权人发布的商品信息，但没有采取其他处罚措施。之后，直接侵权人仍不受限制地发布侵权商品信息。法院认为，被告电子商务平台有条件、有能力针对特定侵权人采取措施，其在知道直接侵权人发布侵权商品信息的情况下，未采取必要的能够防止侵权行为发生的措施，从而放任侵权行为的发生，其主观上具有过错，客观上帮助直接侵权人实施侵权行为，构成共同侵权，应与直接侵权人承担连带责任。

4. 电子商务平台未采取技术手段过滤关键词，被投诉成立后再次上架侵权商品的，承担侵权责任

这是 2020 年 9 月最高人民法院印发《关于审理涉电子商务平台知识产权民事案件的指导意见》❷ 中明确创设的侵权类型，依据该司法解释第 11 条的规定，电子商务平台未采取有效技术手段，过滤和拦截包含"高仿""假货"等字样的侵权商品链接、被投诉成立后再次上架的侵权商品链接的行为，人民法院可以认定其"应当知道"侵权行为的存在，构成侵权。

（二）违反"通知-删除"规则的案件类型

除了前述"知道或应当知道"存在侵犯商标权行为的类型之外，由于存在"通知-删除"规则，电子商务平台并没有主动全面审查平台内侵犯商标权行为的义务。权利人欲制止平台上发生的侵权行为，有赖于利用"通知-删除"规则主动向电子商务平台发出权利被侵害的通知❸，电子商务平台在合法适用"通知-删除"规则的情况下，不承担侵权责任。

---

❶ 案号：(2017) 浙 0502 民初 1076 号。
❷ 法发〔2020〕32 号。
❸ 相关法条：《侵权责任法》第 36 条第 2 款、《电子商务法》第 42～44 条。

1. 权利人未发出侵权通知的，电子商务平台不承担赔偿责任

在广州知识产权法院 2016 年判决的东莞怡信磁碟有限公司诉北京京东叁佰陆拾度电子商务有限公司等公司侵害实用新型专利权纠纷案❶中，法院认为，既然原告权利人并未提交其起诉前曾向被告电子商务平台京东全球购公司发出有效通知的证据，因此起诉前被告京东全球购公司并无采取必要措施的义务；现有证据不足以证明被告京东全球购公司作为网络服务提供者因未履行必要的注意义务而构成帮助侵权的行为。

又如，在北京知识产权法院于 2019 年判决的昌乐乐考网络科技有限公司诉北京点趣教育科技有限公司侵害商标权及不正当竞争纠纷案❷中，被告电子商务平台作为新浪微博的经营者，是信息存储空间服务提供商。被诉直接侵权人的微博虽注册于被告新浪微博，但被诉微博名称及内容并非由被告新浪微博编辑和选择，在未收到相关通知的情况下，被告新浪微博未发现被诉微博中存在侵权内容并无过错，其行为不构成帮助侵权，不应承担侵权责任。

2. 权利人发出"有效"通知的成立条件

"通知-删除"规则中最关键的问题是：如何认定权利人发来的通知属于合理"有效"的通知。这事关网络服务提供者是否有义务采取删除、屏蔽等必要措施，因此围绕这一问题的纠纷也是最为集中的。

（1）没有告知侵权链接的通知视为不合格，电子商务平台不用承担责任

在吉林省高级人民法院 2012 年判决的美国威斯康星州花旗参农业总会诉浙江淘宝网络有限公司、吉林市参乡瑰宝上特产品有

---

❶ 案号：（2016）粤 73 民初 428 号。
❷ 案号：（2019）京 73 民终 3842 号。

限公司侵害商标权纠纷案❶中,原告权利人已经能够确定具体的侵权链接,但其在通过其授权的代理律师向被告淘宝公司发出律师函时并未将具体侵权链接告知,并且在被告淘宝公司两次发函要求提供"侵权商品信息的具体网络链接地址"的情况下,原告仍未提供其所掌握的侵权链接。在原告进行维权当时,在淘宝商城中搜索同类产品的相关链接大致为 27000 个,因此法院认为,在原告怠于履行告知义务的情况下,被告淘宝公司无法及时采取必要措施,原告所主张的损失扩大部分系因其自身过错所致,淘宝公司不应对此承担连带责任。

(2) 权利人仅提供侵权链接还不够,还需要提供侵权事实成立的初步证据

在 2006 年广州市中级人民法院判决的鲁道夫·达斯勒体育用品波马股份公司诉浙江淘宝网络有限公司等销售假冒注册商标的商品纠纷案❷中,原告认为其 3 次致函,指出网络商店存在侵权商品并要求删除相关信息,但被告淘宝公司没有及时删除,违反了该项义务。法院认为,只有商标权人指出网络商店的侵权事实,并提交相应的证据证实,电商平台才有义务删除相关的信息。原告虽然指出网络商店侵权,但其 3 次致函都没有提交侵权方面的证据,而且在被告电商平台要求其提交这些证据的情况下明确答复暂不提交,被告在此情况下没有删除其指定的信息,并没有违反事后补救义务,不构成侵权。

又如,在 2017 年济南市中级人民法院判决的浙江淘宝网络有限公司与济南佐康商贸有限公司侵害商标权纠纷案❸中,原告向被告淘宝公司的 9 次投诉及发送的律师函仅提供了涉嫌侵权的商家链接,但并未提供侵权事实成立的初步证据。法院认为,原告公

---

❶ 案号:(2012) 吉民三涉终字第 3 号。
❷ 案号:(2006) 穗中法民三初字第 179 号。
❸ 案号:(2017) 鲁 01 民终 3439 号。

司仅以跨渠道销售的理由不能证明相关商品为侵权商品，其主张相关商家侵犯其商标权的理由并不充分，要求被告淘宝公司删除相关链接并下架商品将使其不必要地承担被经营者追究违约或侵权责任的风险。在淘宝公司提出请原告公司提供商标侵权的具体理由与依据的要求后，原告公司并未提交相关证据，因此其向淘宝公司发送的投诉材料及律师函欠缺初步的侵权证据支持，不属于有效通知。在其发出的通知存在瑕疵的情况下，要求淘宝公司采取技术措施没有事实及法律依据，法院不予支持。

(3) 司法解释中规定的合格通知需满足的要件

对于什么是"合格有效的通知"，最高人民法院发布的 83 号指导案例❶中作出了明确的规定。法院认为："通常，'通知'内容应当包括权利人身份情况、权属凭证、证明侵权事实的初步证据以及指向明确的被诉侵权人网络地址等材料。符合上述条件的，即应视为有效通知。"

2020 年 9 月，最高人民法院以司法解释❷的形式进一步明确了合格通知应该包括的内容，即"向电子商务平台经营者发出的通知一般包括：知识产权权利证明及权利人的真实身份信息；能够实现准确定位的被诉侵权商品或者服务信息；构成侵权的初步证据；通知真实性的书面保证等"。

前述指导案例和司法解释，两者的内容相较之下，后者增加了"通知真实性的书面保证"的要求，这也被认为是对"恶意投诉"行为进行规制的手段之一。

3. 电子商务平台不得对"通知"设置过高的条件

一方面，权利人的侵权投诉通知要符合前述的最低要求；另一方面，电子商务平台也不能对通知中的"初步证据"设置过高

---

❶ 浙江天猫网络有限公司诉威海嘉易烤生活家电有限公司等侵害发明专利权纠纷案［浙江省高级人民法院（2015）浙知终字第 186 号］。

❷ 《关于审理涉电子商务平台知识产权民事案件的指导意见》（法发〔2020〕32 号）。

和额外的条件。

在前述最高人民法院 83 号指导案件中,作为被告的电子商务平台审核不通过的原因在于投诉方未按其要求提供购买被诉侵权产品的订单编号或双方会员名以及侵权对比分析等信息。针对被告提出的原因,法院认为:权利人是否提供购买订单编号或双方会员名并不影响投诉行为的合法有效;权利人提供了多达 5 页的以图文并茂的方式表现的技术特征对比表,被告仍以教条的、格式化的回复将技术特征对比作为审核不通过的原因之一,处置失当;被告在接到权利人通知后没有及时转送给被控侵权人,未及时采取必要措施,对损害的扩大部分承担连带责任。

4. 电子商务平台主动判断是否构成商标侵权的,将承担判断错误的责任

对于通知中的"初步证据"是否能证明构成侵权,电子商务平台选择提高对通知和反通知的审查标准的,需要承担因审查判断错误而导致的法律责任。

依据《电子商务法》第 43 条的规定,网络服务提供者接到被控侵权人不侵权的声明(反通知)之后,应当再转送权利人,在 15 日内未收到权利人已经投诉或者起诉通知的,才能终止限制措施。

实践中,一旦进入 15 天的等待期,很可能导致被控侵权的商家错失大好商机,尤其是在"双十一"等大促活动前夕,利益影响可谓极大。为了保障其利益,网络服务提供者建立了实质审查机制,但提高审查标准的代价就是相应承担因审查判断错误导致的法律责任。❶

司法实践中也有体现这一原则的实际案例。即法院虽允许网络服务提供者自主设置侵权判断机制,但因电子商务平台存在过失导致错误下架商品的,电子商务平台要承担损害赔偿责任。

在浙江省杭州市余杭区人民法院判决的贝塔婴儿用品(北京)

---

❶ 浙江省高级人民法院民三庭《涉电商平台知识产权案件审理指南》第 13 条。

有限公司与浙江天猫技术有限公司、浙江天猫网络有限公司技术服务合同纠纷案❶中,作为被告的天猫网络公司为保护消费者的权益,采取对涉案店铺销售的商品交由大众评审(1000名用户)进行特定品牌或商品是否构成混淆的判断。法院认为,这一交付大众评审判断的行为本身并无不当,但天猫网络公司设置的评审题目为:"在购买时您会选择日本DoctorBetta品牌还是中国Betta品牌?在选择母婴商品时,问题:在你的第一印象中会认为下图品牌和日本品牌DoctorBetta有关联吗?或者会将下图品牌商品误认为日本品牌DoctorBetta的商品吗?"即天猫网络公司交大众评审的事项是将在中国合法注册的"Betta"商标与日本品牌"Doctor-Betta"进行比对,而根据天猫网络公司对日本"DoctorBetta"品牌的介绍,"DoctorBetta"应属日本国的商标;由于商标具有地域性,不同的国家对在本国注册的商标实施保护,天猫网络公司在中国市场对分属两国的商标进行比对,以判定两商标是否构成混淆和误认,显然不符合我国商标法的规定,其评审结果无正当性、合法性。因此法院判定,被告天猫网络公司对涉案店铺取消"betta/贝塔"品牌授权并对该品牌的商品进行下架或删除无事实依据,并且其行为导致贝塔公司无法经营涉案品牌的商品,构成违约,应承担赔偿损失的违约责任。

(三)对恶意通知(投诉)行为的规制

恶意通知又称恶意投诉,是指通知人明知或应知无权通知或通知依据不充分,仍然发起通知,从而给被通知人造成损失的行为。近几年来,我国的恶意投诉现象非常普遍,在一些电子商务平台上,恶意投诉甚至已经占到所有投诉数量1/4的比例。❷

---

❶ 案号:(2017)浙0110民初15213号。
❷ 知识产权遭受恶意投诉,阿里首次封杀"知产流氓"[EB/OL].(2017-02-08)[2021-01-10]. http://m.haiwainet.cn/middle/352345/2017/0208/content_30712565_1.html.

《电子商务法》针对恶意投诉的行为，也规定了明确处罚措施。该法第42条第3款规定："……恶意发出错误通知，造成平台内经营者损失的，加倍承担赔偿责任。"另一方面，2020年9月，最高人民法院在其批复❶中表态：不仅是权利人，被通知人"恶意"作出不构成侵权声明而导致电子商务平台终止了必要措施，给真正的知识产权人造成损害的，也可以适用惩罚性赔偿。

1. 典型的恶意投诉案

《电子商务法》实施后的首例恶意投诉案是杭州互联网法院判决的王某诉江某、第三人淘宝公司不正当竞争纠纷案❷。在该案中，被告江某伪造印章，冒用商标权人名义，使用虚假的身份材料和商标证书，向淘宝公司投诉其他经营者平行进口的相关商品，被判令赔偿损失210万元。

2. 遏制恶意投诉的司法策略：反向行为保全

电子商务平台针对当事人投诉，要向被投诉人通知，待被投诉人申诉后，将申诉材料转通知给投诉人。《电子商务法》第43条给予投诉人"15日等待期"以决定是否撤回投诉或向法院起诉等。此时，电子商务平台才可能决定是否恢复被删除或断开的链接。经过如此程序和期间，可能使网络销售商丧失商机，造成其难以弥补的损失，尤其是针对销售旺季的热销品。

为了避免恶意投诉所带来的巨大损失，一些法院允许在提供担保的情况下针对季节性产品提供"反向行为保全"，裁定电子商务平台先予恢复被删除的销售链接。

在江苏省南京市中级人民法院2019年判决的郑州曳头网络科技有限公司与丁某、浙江天猫网络有限公司等侵害外观设计专利

---

❶ 《最高人民法院关于涉网络知识产权侵权纠纷几个法律适用问题的批复》（法释〔2020〕9号）中规定："因恶意提交声明导致电子商务平台经营者终止必要措施并造成知识产权权利人损害，权利人依照有关法律规定请求相应惩罚性赔偿的，人民法院可以依法予以支持。"

❷ 案号：（2018）浙8601民初868号。

权先予执行案❶中,基于下列四点理由,法院裁定天猫网络公司立即恢复被告公司涉案被诉侵权产品"遮光 U 型蚊帐"和"升级 U 型蚊帐"在天猫网购平台上的销售链接:①被告电子商务平台天猫网络公司判断认为被投诉商品不构成侵权,直到权利人提起诉讼之后再次投诉,被告才采取了删除销售链接的措施;②根据当事人举证、质证及侵权比对的情况,并结合另一项"便携式婴幼儿折叠蚊帐"实用新型专利已被宣告无效等事实,法院初步认为构成侵权的可能性较小;③被诉侵权产品的销售很大程度上依赖于商誉和口碑的积累以及时机的把握,被诉侵权产品的销售具有较强的季节性,蚊帐销售在"618"活动前夕,且构成侵权的可能性较小,因此,若不及时恢复被删除的销售链接可能造成被告公司及其被诉侵权产品所积累的商誉和口碑的持续消减和损失,以及交易机会的丧失,可能造成难以弥补的损失;④被告同时也提供了现金担保。

最高人民法院也认可了通过"反向行为保全"恢复电商平台链接的做法。2020 年 11 月,最高人民法院知识产权法庭在收到当事人申请后 26 小时内作出行为保全裁定,责令被告天猫公司立即恢复申请人在"天猫网"上的被诉侵权产品销售链接。该案系最高人民法院作出的首例涉恢复电商平台链接行为保全裁定案。❷

(四) 小结

综上所述,我国网络服务提供者承担商标间接侵权责任存在两个判断标准。第一个标准是电子商务平台"知道或应当知道"平台内经营者侵犯知识产权,未采取必要措施的,与侵权人承担连带责任。经过对司法判例的类型化梳理,归纳出主要存在以下

---

❶ 案号:(2019)苏 01 民初 687 号。
❷ 原晓爽,徐飞,郝小娟."双十一"前夕,最高法作出首例裁定:立即恢复电商平台链接![EB/OL].(2020-11-10)[2021-01-10]. https://mp.weixin.qq.com/s/ML3iPh1HO8q6ZCk-Y-CGGg.

四种情形：①电子商务平台没有履行网络信息管理义务，"不能提供直接侵权人相关信息"的，承担侵权责任；②对于运营"团购业务"、发布"运营招商信息"、提供"官方旗舰店"认证服务等特定服务类型的电子商务平台，没有严格履行事前审查义务的，承担侵权责任；③当电子商务平台内存在反复侵权行为的经营者，平台没有大幅提高审查义务并切实采取具有成效的措施的，承担侵权责任；④电子商务平台未采取技术手段过滤关键词，被投诉成立后再次上架侵权商品的，承担侵权责任。

当电子商务平台不存在"知道或应当知道"平台内经营者侵犯知识产权的主观故意时，需要通过第二个标准即"通知-删除"规则再来判断电子商务平台是否能安全进入"避风港"，免于承担侵权责任。其判断规则是：①如果权利人未发出侵权通知的，电子商务平台不承担赔偿责任。②判断权利人发出的通知是否合格有效。从司法案例来看，通知中没有附上侵权链接或者没有提供侵权成立的初步证据的，不属于有效合格的通知；最高人民法院2020年9月发布的《关于审理涉电子商务平台知识产权民事案件的指导意见》提示了有效通知应该符合的要件，从而明确了合格有效的通知应当具备的条件。③电子商务平台不能对通知中的"初步证据"设置过高和额外的条件，否则将承担侵权责任。④电子商务平台主动判断是否构成商标侵权，从而提高通知和转通知标准的，将承担判断错误的责任。

我国引入"通知-删除"规则作为互联网商标间接侵权的第二个判断标准，其好处在于为电子商务平台早期发展提供"避风港"，在一定程度上容忍"假货"的存在，为电子商务平台的发展和壮大起到了一定程度的保护作用。但是其弊端也是显而易见的，不少恶意投诉人利用《电子商务法》规定的15日反通知等待期，在"双十一"等大促活动期间发起恶意投诉，给电子商务平台内的商家造成了巨大的损失。

为了遏制恶意投诉的现象，《电子商务法》规定了加倍赔偿的惩罚措施,并且从地方法院到最高法院,从诉讼法的角度越来越广泛地适用"反向行为保全"措施,在满足一定条件时,法院即裁定恢复平台内商家的销售链接,避免造成更严重的经济损失。

因此,虽然"通知-删除"规则的运用是诱发大量恶意投诉的重要原因之一,但是通过"加倍赔偿"规定和各地法院适用"反向行为保全"措施,目前也在一定程度上遏制了这一消极现象。

四、新技术带来的变化

(一)新技术带来行政执法标准的变化

《电子商务法》中规定了电子商务平台对经营者的身份、地址、联系方式、行政许可等真实信息进行核验、登记、报送的义务。除此之外,该法第84条规定电子商务平台经营者对平台内经营者实施侵犯知识产权行为未依法采取必要措施的,由有关知识产权行政部门给予责令限期改正等处罚。

虽然目前没有接触到适用该法第84条对电子商务平台进行行政处罚的案件,但是,随着全国范围内统一的知识产权保护信息化系统和保护监测信息网络的筹建,以及目前中央政策对行政执法标准的最新指示,未来非常有可能会发生变化。

1. 未来建立统一的电子商务领域知识产权保护信息化系统的可能性非常高

2019年中共中央办公厅、国务院办公厅印发的《关于强化知识产权保护的意见》中规定:"建立健全全国知识产权大数据中心和保护监测信息网络,加强对注册登记、审批公告、纠纷处理、大案要案等信息的统计监测。建立知识产权执法信息报送统筹协调和信息共享机制,加大信息集成力度,提高综合研判和宏观决策水平。"

不仅仅是前述国家层面的政策文件提出要建立健全知识产权

保护检测信息网络，国家知识产权局 2020 年 1 月印发的政策性文件❶中也提到了要尝试建设统一的电子商务领域知识产权保护信息化系统，即要"针对电子商务平台跨地域经营的特点，研究建设统一的电子商务领域知识产权保护信息化系统，对接全国主要电子商务经营网站，实现知识产权权属在线确认和在线监管等功能"。在国务院知识产权战略实施部际联席会议办公室 2020 年 5 月印发的政策性文件❷中提到，版权领域也要"建立社会化网络版权保护监测机制"。

2. 基于全国统一化知识产权信息系统所导致的行政执法标准的变化

基于前述强大的知识产权信息网络监测体系的建设愿景规划，近期中央对于电子商务领域的行政执法标准也提出了更高的要求。中共中央政治局 2020 年 11 月 30 日下午就加强我国知识产权保护工作举行第二十五次集体学习，习近平总书记指出："要加强知识产权信息化、智能化基础设施建设，推动知识产权保护线上线下融合发展"，"要促进知识产权行政执法标准和司法裁判标准统一，完善行政执法和司法衔接机制"。

因此，前述《电子商务法》第 84 条关于电子商务平台的知识产权行政责任，虽然目前行政机关很少适用该条款进行执法，但未来在"全国知识产权保护信息监测体系"＋"行政执法标准和司法裁判标准统一"的双重要求下，一旦知识产权信息监测体系建立起来，其行政执法标准也非常可能会随之发生变化。

（二）新技术引发的新的民事侵权风险

互联网技术的发展也带来了更为隐蔽的新型商标侵权方式，

---

❶ 国家知识产权局印发《关于深化知识产权领域"放管服"改革 营造良好营商环境的实施意见》的通知（国知发服字〔2020〕1 号）。

❷ 国务院知识产权战略实施部际联席会议办公室关于印发《2020 年深入实施国家知识产权战略加快建设知识产权强国推进计划》的通知（国知战联办〔2000〕5 号）。

如何予以认定和解释,也是立法机关、司法机关乃至执法机关当前面临的重要课题。

譬如,对于隐性使用竞争者商标作为付费搜索广告关键词的行为,如何认定其性质,是否构成侵权,国内法院的判决就持不同观点,甚至有的地方法院判决电子商务平台也要承担相应的民事责任。

1. 北京地区法院否定侵权的判决❶

在该案中,被告公司将与"慧鱼"相关的文字设置为百度推广服务的关键词,从而使网络用户在搜索相关词语时,其设置的链接能出现在搜索结果页面的推广链接栏目中。法院经审理认为,其将相关文字设置为推广链接的关键词系在计算机系统内部操作,并未直接将该词作为商业标识向公众展示,不会使公众将其识别为区分商品来源的商标,不属于商标性的使用,因此,被告公司设置推广链接的行为不属于对涉案商标的商标性使用,亦未对涉案商标的功能产生损害,其行为未侵犯权利人对涉案商标享有的注册商标专用权。二审法院维持了一审判决。

2. 上海地区法院肯定侵权的判决❷

在该案中,原告公司系国内原创文学门户网站"起点中文网"的运营商,是小说《凡人修仙传》的著作权人,同时也注册了"凡人修仙传"商标。被告公司系游戏网站的经营者,同时也是"风云无双"游戏的经营者。原告公司发现,被告公司利用"凡人修仙传同名游戏"等字样在搜狗搜索中设置关键词推广链接,链接至与"凡人修仙传"无关的、被告公司所经营的游戏"风云无双"。在这样一起典型的因利用他人商标作为网络检索关键词设置

---

❶ 费希尔厂有限责任公司等诉北京百度网讯科技有限公司等侵害商标权纠纷上诉案[一审:北京市第一中级人民法院(2011)一中民初字第9416号;二审:北京市高级人民法院(2013)高民终字第1620号]。

❷ "凡人修仙传"商标侵权纠纷案[上海市浦东新区人民法院(2015)浦民三(知)初字第141号]。

推广链接引发的侵害商标权纠纷案件中,法院认为,该案被告设置关键词的行为具有区别、指示其推广的商品来源的功能,属于商标性使用,将他人注册商标作为网络检索关键词设置推广链接的行为构成商标侵权。

3. 电子商务平台存在构成侵权的风险

对于电子商务平台是否应承担责任的问题,天津地区法院在某案件中给出了不同的答案。

在该案中,直接侵权人在被告百度推广过程中,未经原告许可,擅自将原告注册商标"华夏未来"作为在被告百度搜索引擎系统中链接其网站的关键词,可能导致相关公众误认为该链接指向的网站及网站提供的舞蹈培训服务与原告华夏未来基金会有关。

一审法院认为,《百度推广服务合同附件》及公示的《百度推广服务合同》中并没有对其注册的关键词及存在搜索引擎系统中的标题、描述性文字内容作出任何禁止侵犯他人知识产权的警示内容,应承担对审查义务不作为的法律责任,故判决百度公司对涉案的损害后果承担相应的补充责任,即首先由直接侵权人对华夏未来基金会承担全部赔偿责任,如直接侵权人无力承担,或不足以承担全部赔偿责任时,则由百度公司在该赔偿范围内承担相应的补充赔偿责任。❶

二审法院则不同意一审法院的观点,认为百度公司对直接侵权人后续添加的关键词、链接标题及描述没有全面审查义务。首先,直接侵权人添加的关键词及链接的标题及描述的内容是否侵犯他人商标权与其添加的内容与他人商标是否相同或相近似,以及其使用是否可能给消费者造成混淆相关,百度公司不具有对此进行判断的能力。其次,推广用户后续随时可能添加或修改关键词、链接标题及描述,利用关键词工具一次可以添加的关键词多达 500 个,百度公司实际上无法对如此众多的关键词及链接标题、

---

❶ 参见天津市和平区人民法院(2013)和知民初字第 0298 号民事判决书。

描述逐一进行审查。尽管如此,若权利人就其商标权对百度公司作出声明,百度公司能够通过过滤等技术手段以低成本预防和制止侵权行为的发生,此时百度公司的注意义务应包含主动、及时采取必要的措施防止侵权。权利人华夏未来基金会未举证证明其作出了权利声明,也未证明搜索结果页面存在明显的侵权信息。因此,二审法院认为百度公司已经尽到审查义务,不构成侵权。❶

五、评价和建议

一旦在电子商务平台上出现侵犯商标权的商品,我国的电子商务平台作为网络服务提供商,除了在"知道或应当知道"的情况下承担商标间接侵权责任之外,可以通过合法利用"通知-删除"规则进入"避风港",免于承担侵权责任。因此,在判断是否应当由电子商务平台承担商标间接侵权责任的问题上,我国分为电子商务平台主观上"知道或应当知道"存在侵权行为与"不知道"的情况下是否正确利用了"通知-删除"规则从而获得免责两个阶段。这种二元化的判断规则与日本明显不同。日本曾经讨论是否应当建立"通知-删除"的侵权判断规则,但研究的结论是美国法上的"通知-删除"规则并不适合日本法,因此立法上并没有采纳。❷ 相较于中国的"二元化",日本采用了"一元化"的解决思路。

至于采用"二元化"判断规则的实际效果,可谓利弊两端。我国引入"通知-删除"规则作为互联网商标间接侵权的第二种判断规则,其好处在于为电子商务平台早期发展提供了"避风港",为电子商务平台早期的发展和壮大起到了一定程度的保护作用;

---

❶ 参见天津市第一中级人民法院(2014)一中民五终字第0020号民事判决书。
❷ 総務省総合通信基盤局電気通信事業部消費者行政課. 利用者視点を踏まえたICTサービスに係る諸問題に関する研究会—プロバイダ責任制限法検証に関する提言[EB/OL]. (2011-07-21)[2021-01-10]. https://www.soumu.go.jp/menu_news/s-news/01kiban08_01000037.html.

弊端在于被人利用后产生了大量的恶意投诉。不过目前司法实践中逐渐广泛使用的"反向行为保全"措施，对遏抑恶意投诉行为起到了一定的作用。

（一）"通知-删除"规则的适用空间存在逐步缩小的趋势

基于以下三点原因，"通知-删除"规则的适用空间也在发生变化。

（1）当前大数据和过滤比对技术的快速发展。如《2019阿里巴巴知识产权年度保护报告》中提出，目前96%的疑似侵权链接一旦上线就被封杀；作为其打假技术核心的"知识产权保护科技大脑"，积累的打假图片样本量超过137亿张，是一套线上线下打假特征库和算法技术系统。❶

（2）电子商务平台长远发展的产业需要。在电子商务网站发展的早期，事前审查技术相对不成熟的阶段，避免对电子商务平台课以过重的注意义务，同时也存在通过"容忍"一定程度的假货达到吸引某些消费者购物的目的，但是在严格保护知识产权的大环境下，肃清假货才符合电子商务平台发展的长远利益。

（3）未来全国统一知识产权信息监测平台建立起来后，侵权判断更加精准化的趋势。如果前述政策性文件中提及的在全国范围内知识产权保护信息系统特别是电子商务领域大数据系统建成，对接全国主要电子商务经营网站，实现知识产权权属在线确认和在线监管等功能，绝大部分的疑似侵犯商标权的行为，都可以通过技术手段在前期过滤和比对出来。当然，这套全国性的知识产权信息系统，距离真正建成尚需一定的时间，并不是短时间内可以实现的。

正是上述这三点变化，导致电子商务平台从以前还可以以

---

❶ 2019阿里巴巴知识产权保护年度报告[EB/OL]. (2020-01-10)[2021-01-10]. https://ipp.alibabagroup.com/infoContent.htm?skyWindowUrl=AACA-mediaCenter-right/cn.

"不知情"为由躲进"避风港"的领域,到现在逐渐变成了"知道或应当知道"的领域。这也让电子商务平台必须及时作出是否构成侵权的判断,互联网平台治理特有的"通知-删除"规则的适用空间在逐步缩小。

(二)对中小规模电子商务平台注意义务的特别考量

随着"通知-删除"规则适用空间的缩小,电子商务平台上的商品是否构成侵权这种处于不确定状态的范围也变小。这种变化趋势其实是提高了电子商务平台在商标权侵权判断上的运行效率。再加上"通知-删除"规则的反通知15日等待期制度设计所造成的对被通知人的不利影响,也通过近期司法实践中"反向行为保全"措施的广泛适用得到了解决,似乎是形成了比较好的平衡状态。

但值得注意的是,目前的平衡状态是强保护状态下达成平衡的状态,更多是以占据绝对优势市场地位的电子商务平台为对象所建立的平衡。这种状态是以存在强大的侵权判断技术体系为前提的。对于中小规模的电子商务平台而言,因为其既不具有前期审查所需要的比对和过滤技术系统,也无力承担人工审查的成本,如果对其课以的侵权判断义务比较重的话,会造成其存在一定的侵权风险。

鉴于近期政策性文件和司法解释中存在不区分电子商务平台规模、一律加重电子商务平台前期侵权判断义务的趋势,笔者建议在制定规则时应当特别考虑到中小规模电子商务平台的前期审查能力,避免对其课以过重的注意义务。譬如,2020年11月出台的《电子商务平台知识产权保护管理》❶ 国家标准中规定:"电子商务平台经营者在收到侵权通知后,应及时完成对侵权通知是否符合要求的初步审查",而除了对是否具备形式要件进行审查之外,还要求电子商务平台"以一般判断能力进行实质性审查,排除明显不构成知识产权侵权的侵权通知"。在全国范围内统一的知

---

❶ GB/T 39550—2020。

识产权保护监测系统真正有效建立起来之前,对于中小规模的电子商务平台,还是应当允许其运用"通知-删除"规则来规避经营风险,不宜课以过重的前期侵权判断义务。

(三)未来制度走向"一元化"的可能性

为了维持"通知-删除"规则的适用,其副作用之一就是出现了大量利用该机制而产生的恶意通知现象。而为了遏制这一现象,不得不另外建立起来一套额外的保障机制,如针对恶意通知的"加倍"赔偿制度、提高侵权"通知"的门槛以及司法实践逐渐广泛应用的"反向行为保全"制度等。

如前所述,因为大数据和过滤比对技术的快速发展等三点原因,可以预见,未来"通知-删除"规则的适用空间将越来越小。再加上在目前严格保护知识产权的大环境下,通过销售一定比例的假货获得发展壮大的商业模式也不再被允许,"通知-删除"规则原先赖以存在的产业发展诉求也不复存在。在这样的大环境下,维持"通知-删除"规则的代价是需要再去适用一套额外的保障机制,明显是"走了弯路",是显失效率的。

因此,笔者基于立法论给出如下完善建议:对于互联网领域商标间接侵权的判断规则,不如放弃现有的"通知-删除"规则,而采用电子商务平台"知道或应当知道"存在侵权行为的"一元论"判断规则;至于对中小规模电子商务平台注意义务的特别考量,可以依据电子商务平台规模的大小,通过相应地减轻其"知道或应当知道"的注意义务的方式予以解决。

妥善解决平行进口商标和不正当竞争纠纷的司法路径探析

石静涵　邓文婷*

【摘　要】平行进口知识产权侵权纠纷涉及权利人、进口商和消费者多方利益。如何恰当平衡各方利益,消解新型商业模式带来的负面效应,回应社会关切,成为相关案件审理的难点和重点。平行进口相关理论已相对成熟,但司法规制路径却鲜有涉及。本文立足我国司法实践,在分析我国现行法律规定、司法实践和外贸政策等因素的基础上,从平衡知识产权权利人、被授权许可人、消费者之间利益的角度出发,探索妥善解决平行进口商标侵权和不正当竞争纠纷的司法路径。

【关键词】平行进口　商标侵权　不正当竞争

平行进口知识产权侵权纠纷涉及权利人、进口商和消费者多方利益。如何恰当平衡各方利益,消解新型商业模式带来的负面效应,回应社会关切,成为相关案件审理的难点和重点。本文立足我国司法实践,在分析现行法律规定、司法实践和外贸政策等因素的基础上,从平衡知识产权权利人、被许可人、消费者之间利益的角度出发,探索妥善解决平行进口商标和不正当竞争纠纷的司法路径。

---

* 作者简介:石静涵,广州知识产权法院主审法官;邓文婷,广州知识产权法院法官助理。

一、平行进口概述

（一）平行进口的定义

平行进口（parallel imports）属于国际贸易概念。在知识产权领域，平行进口通常与专利、商标侵权行为相关。商标平行进口是指商标权人只许可将带有其商标的商品投放某一国家或地区市场进行销售，而有人将该商品进口至另一国家或地区进行销售。❶民法基本理论认为，许可可以是明示的，也可以是默示的。默示许可理论衍生自财产所有权理论，被进口商用作对抗侵权的重要理论依据。在默示许可理论的语境下，商标权人出售商品后，即推定其许可商品后续流通行为。与此相区别，平行进口应将默示或推定意思表示的情况排除在外。因此我们认为，商标平行进口是指未经国内商标权人或其被许可人直接授权或直接允许，进口由权利人或者经权利人授权投放市场的商品的行为。

（二）平行进口的特点

1. 平行进口商品为商标权人或其被许可人投放市场的真品

平行进口商品具备真品属性，来源于商标权人或商标权人授权生产、销售主体。反之，来源不明商品则可能构成侵权。康恩泰公司诉法寇公司"Ermenegildo Zegna"商标侵权纠纷案❷中，被告虽履行正当报关手续，但无法证明货源及供货方授权情况，法院认定其行为构成侵权。

2. 平行进口商品与国内授权经销商品间无实质差异

我国司法实践中，以下情形被认为构成实质差异：第一，更改、阻挡商标标识，导致无法识别商品来源；第二，商品质量不达标，或违反国家强制性认定标准，不能保证进口商品的质量；第三，破坏商标识别来源功能以及其质量保障功能而造成消费者

---

❶ 王迁. 知识产权法教程［M］. 北京：中国人民大学出版社，2014：466.
❷ 浙江省金华市中级人民法院（2018）浙 07 民初 407 号。

混淆,破坏商标商誉。

3. 未得到商标权人、被许可人的直接授权或直接许可

平行进口行为未得到商标权人及其被许可人通过书面合同、语言行动等方式明确授权。进口商避开商标权人及其被许可人的授权许可,从国外平行进口知识产权商品,本质上是因为同种商品在不同国家、地区存在价格差异。

(三) 平行进口商标及不正当竞争纠纷常见类型

平行进口商标及不正当竞争纠纷有以下几种常见类型。

(1) 商标权人作为原告起诉平行进口商。

(2) 商标权人的关联人(被许可人、经销商、子公司)起诉进口商。例如,"OBO"商标的排他被许可人欧宝公司对施富公司提起诉讼。

(3) 商标权人或其关联人直接起诉销售商。例如,米其林集团诉胡某案❶和谈某、欧某侵害"米其林"商标案❷。

二、平行进口的价值判断

平行进口是否符合我国现阶段国情和基本利益的价值判断,是引领司法实践的重要标准。平行进口的积极作用在于:①拓宽商品来源和销售渠道,活跃市场竞争,助推良性竞争格局;②丰富商品种类,提高商品可选择性,促进自由贸易,扩大商品销售区域和数量,开拓消费群体,增强商标知名度和国际影响力;③消费者能以低廉价格购买相同或高品质商品;④竞争压力倒逼我国企业从质量、服务、技术、品牌、标准等方面入手,加快培育核心竞争力。

平行进口的消极作用在于:①打乱商标权人市场布局,冲击价格体系,分割国内市场;②商标权人针对国家或地区消费习惯

---

❶ 湖南省长沙市中级人民法院 (2009) 长中民三初字第 0072 号。
❷ 湖南省长沙市中级人民法院 (2009) 长中民三初字第 0073 号。

差异，对商品性能、包装等进行改动，可能影响消费者使用体验，平行进口商品一般无完善售后服务；③随着国内企业生产经营成本增加，国内商品价格逐渐提高，而具有较大价格优势的平行进口商品使国内生产型企业无力招架，威胁国内企业的生存和发展。

我国在积极履行国际义务、促进国际贸易自由发展方面作出了巨大的贡献。当前，我国经济正处于从劳动密集型产业向技术密集型产业转变的关键时期，国内商品价格、质量等与外国名牌商品间仍存在一定差距，国外商品的自由流通对我国树立自主创新品牌以及经济发展具有重要意义，平行进口符合我国现阶段基本利益。

三、平行进口司法实践以及问题

（一）司法实践

平行进口是我国目前司法实践中颇具争议的命题。其中，认定平行进口构成侵权的裁判理由有以下几种。第一，未充分举证证明平行进口属性。如"力士香皂"案❶中，法院即以被告未提供有效证据证明涉案商品系合法来源于商标权人为由，认定被告行为构成商标侵权。第二，未添附说明义务。普拉达公司诉新疆沈氏公司商标侵权案❷中，法院以被告使用商标时未加注任何说明性的文字、易使消费者发生误认为由，认定被告的使用行为构成侵权。第三，改变产品标识或品质。"绝对伏特加"案❸、"百龄坛葡萄酒"案❹中，法院认为，被告擅自在平行进口商品上加贴中文标识及磨去商品识别码的行为使该商品与授权经销原装商品存在较大差异，其磨码行为亦影响商标的识别功能，认定被告行为构成

---

❶ 严桂珍. 平行进口法律规制研究［M］. 北京：北京大学出版社，2009：226.
❷ 新疆乌鲁木齐市中级人民法院（2015）乌中民三初字第201号.
❸ 江苏省苏州市中级人民法院（2013）苏中知民初字第0175号.
❹ 湖南省长沙市中级人民法院（2016）湘01民初1463号.

侵权。第四，商标地域性原则。上海禧贝公司诉北京背篓公司案❶、株式会社迪桑特诉深圳走秀公司案❷两案中，法院强调商标权的地域性，在平行进口商品的提供者与国内商标权人并非同一主体或存在许可等法律关系时，被告行为构成侵害商标权行为。

平行进口行为被判定为不侵权的案例亦存在不同的裁判理由：第一，权利用尽。大王株式会社、大王（南通）公司诉梦葆公司"GOO.N"商标侵权案❸中，法院认为，商标权人以明示方式所限定销售渠道、区域等条件不能对抗商标权利用尽规则。第二，默示许可。"维多利亚的秘密"案❹及法华毅霖公司诉恒远公司、太平洋百货案❺中，法院以被诉商品正当来源于商标权人，未使公众对商品来源产生混淆为由，认定不构成侵权，体现了默示许可原则。第三，法无禁止即合法。大王株式会社、大王（南通）公司与森淼公司侵害商标权案❻中，法院判决采用"法无禁止即合法"原则直接对抗未经许可的进口行为侵害独占经营权的逻辑。第四，商品差异。童年时光公司诉麦乐购公司商标侵权案❼中，法院认定童年时光公司作为授权代理商销售的商品均加贴中文"童年时光""红心"图形商标及中文说明，与平行进口商品存在差异，不会引起消费者误认，不构成侵权。

（二）存在问题

平行进口衍生的侵权问题复杂多样，据以裁判的法律依据缺失，直接导致司法实践中裁判结果混乱。从上述对裁判思路的梳理可以看出，不同时期、不同区域、不同层级法院对平行进口纠

---

❶ 北京市朝阳区人民法院（2015）朝民（知）初字第46812号。
❷ 北京市第二中级人民法院（2011）二中民初字第11699号。
❸ 浙江省杭州市余杭区人民法院（2015）杭余知初字第453号。
❹ 上海市第二中级人民法院（2012）沪二中民五（知）初字第86号。
❺ 严桂珍. 平行进口法律规制研究［M］. 北京：北京大学出版社，2009：227-228.
❻ 天津市第二中级人民法院（2017）津02民终2036号。
❼ 北京知识产权法院（2018）京73民终760号。

纷作出判决的法律依据和逻辑不尽统一。此外，个案裁判偏向单一论述角度，鲜有兼顾商标权人、被许可人、消费者之间的利益平衡，亦未抽象出一般的裁判规则指导司法实践。

四、平行进口商标及不正当竞争纠纷的司法应对

（一）争论：平行进口合法性

平行进口与自由贸易的价值取向高度契合，但是由于《与贸易有关的知识产权协定》（TRIPS）并未明确将平行进口合法化，世界各国对平行进口多采取谨慎态度。平行进口合法性的探讨本质在于对商标权保护范围的判断，更进一步地，是在于对公共利益和商标专用权之间界限的合理划分。由于多元化的价值取向和利益衡量，且事关国家外贸大局，平行进口合法性问题的判断相当复杂，从我国司法实践探讨多年尚无定论的实际可窥见一斑。我们认为，合法性的探讨固然重要，但司法的公平和效率更为关键。如果在合法性问题的判断上力有不逮，则应另辟蹊径，以快刀斩乱麻之势，妥当裁决相关纠纷，及时回应社会关切，展现司法能动性和司法智慧。平行进口作为一种新型商业模式，虽可能引发知识产权侵权纠纷，但商业模式本身并无原罪，更不具有豁免侵权的天然特权。正如我国台湾地区学者所说，允许或禁止平行进口，其实并无孰是孰非之问题，在于各国或地区之实际情形与社会需要，属于各国立法政策上之问题。❶因此，讨论平行进口引发的商标和不正当竞争纠纷时，应当保持客观理性的立场。

（二）回归：平行进口侵权判定

我国现行法律、法规和司法解释未对该问题作明确规定，需要回归商标权本质属性、基本功能和根本目的，综合考量平行进口行为产生和存在的社会经济基础，合理平衡商标权人、被许可

---

❶ 谢铭洋. 专利进口权与平行输入 [J]. 月旦法学杂志，1995（2）：80-86.

妥善解决平行进口商标和不正当竞争纠纷的司法路径探析

人、平行进口商和消费者的利益,准确划定商标侵权行为和正当使用行为的法律界限。

1. 平行进口商品的认定

平行进口引发的商标和不正当竞争纠纷中,明确被诉侵权商品的来源和属性是侵权认定的基础。平行进口商品的判定需要满足两方面的条件,一是商品来源合法,二是商品质量可控。具体判定过程需要注意以下几点:第一,商品来源于商标权人或其授权许可主体。平行进口商品必须与商标权人具有关联性,以此与假冒、仿冒产品相区分。第二,被诉侵权商品性状、包装与商标标识均未经更改。平行进口商品侵权阻却的根本原因在于其为商标权人同意投放市场的真品,因而认定的关键在于产品核心要素未经更改。值得探讨的问题在于,同样系商标权人或经其授权制造、销售的商品,为了贴合不同地域消费者的差异化需求,可能在商品设计的细节上存在差异,这种差异在一定范围内不会导致进口国消费者的混淆,可以认定为平行进口商品;但若超出这种范围,商品外观或性状发生质变,从而造成消费者混淆,则不能认定为平行进口商品。对于这种正当范围的把握,应当以不会造成消费者混淆和商标权受损为判断标准,结合商品本身特性进行综合认定。综上,平行进口商品认定的核心在于不会损害商标权且不会导致相关公众混淆,商品合法来源于商标权人或其授权许可主体。

2. 平行进口商品商标侵权判定

《中华人民共和国商标法》第 1 条开宗明义地阐释了我国商标法的立法宗旨和根本目的,即保护商标权、保障消费者利益和促进市场经济发展。

(1) 从保护商标权的角度来看。商标是区分商品与服务来源的标识,商标的市场价值来源于对特定商业主体的指向关系。商标法保护商标的基本功能,是保护其识别性,以及在识别性基础上衍生出的质量保证功能和商誉承载功能。被诉侵权行为是否损害商标基本功能是侵权认定的核心。商标作为一种区分商业主体的标识，其为法律所认可和保护的并非标识本身，而是标识与商业主体之间唯一、确定的指向关系，使消费者能够在识别商业主体的前提下作出符合其真实意思表示的选择。因此，商标侵权行为的判定必须建立在该行为实际影响或割裂商标标识与商标权人指向关系的基础上。平行进口商品系商标权人制造并由其授权经销商投放市场销售的真品，在平行进口商未损毁、遮盖商品本身附带的品牌标识，亦未在商品上附加其他标识，商标与商品来源的对应关系明确、真实的情况下，消费者可清晰识别商品来源于商标权人，商标识别功能正常发挥。在此基础上，由商标识别功能衍生而来的品质保障功能和商誉承载功能，一般亦不会受到损害。

（2）从保障消费者利益的角度来看。商标权的根本目的是建立和巩固商品与消费者的特定联系。市场经济中，消费者利益不仅是公共利益的重要组成部分，也是商标权人和其他市场经营者实现自身利益的基础，更是市场经济发展的重要指标和基石。我国《商标法》亦将保障消费者利益作为根本目的之一。平行进口商品标识真实、明确，商品合法来源于商标权人且商品质量有保障的情况下，一般不会损害消费者权益，反而会因其提供的不同类型商品而丰富消费者选择，激发市场竞争活力，从而最终使消费者获利。

（3）从促进市场经济发展的角度来看。商标因应市场竞争需要产生，商标基本功能的有序发挥和商标权保护体系的规范运作，促进和维护着市场经济健康发展。因此，商标法所能给予商标权的保护，是通过打击侵权行为营造公平竞争的市场经济秩序，而不是通过垄断商标权而限制自由竞争。在商标权人已经通过销售实现经济利益的前提下，平行进口商品对商标权人造成的损害有限，不宜在商品后续流通环节赋予商标权人更多的垄断利益。否则，商标权保护程度一旦超过我国市场经济发展水平或市场公平竞争需求的范围,即会造成权利滥用,损害市场经济长远发展。

(4) 从商标被许可人权益保护的角度来看。商标被许可人在许可合同约定的范围和时间内,其许可使用权依法应受到保护。需要明确的是,许可使用权基于合同约定产生,与基于法律规定和行政授权产生的商标权存在本质区别,许可使用权依附商标权和合同约定而存在,并非单独创设的新的商标权,受合同相对性的制约,其约束力指向合同相对方而非不特定第三人。因此,无论被许可人使用商标还是提起侵权诉讼,其实体权利基础仍然是商标权,其向合同外第三人提起侵权诉讼的前提是商标权受到侵害,而不是许可使用权受到侵害。在平行进口商作为合同外第三人未侵害商标专用权的前提下,不能突破合同相对性,认定其侵害被许可人的许可使用权。

3. 平行进口商品不正当竞争判定

平行进口行为不属于《中华人民共和国反不正当竞争法》(以下简称《反不正当竞争法》)第 6~12 条列举的具体不正当竞争行为,只有在其确实对其他经营者的合法权益造成损害、违反诚实信用原则和公认的商业道德而具有不正当性、不制止不足以维护公平竞争秩序的情况下,才可以适用《反不正当竞争法》第 2 条的规定予以规制;但认定过程不能违反或偏离《反不正当竞争法》第 1 条的立法目的,避免因不适当扩大不正当竞争范围而妨碍自由、公平竞争。

(1) 从平行进口形成根源来看。市场经济中,理性市场主体追求利润最大化,同一商品在不同地域销售价格不同的现实状况必然刺激平行进口行为的产生。平行进口行为源于商标权人分割市场,实施差异价格策略。平行进口商利用区域价格差异降低销售成本的行为符合市场规律,是自由竞争的必然结果,不属于因违反《反不正当竞争法》第 2 条的规定而应当予以规制的行为。

(2) 从平行进口商合理注意义务来看。平行进口商作为进口商和销售者,负有保证商品来源和品质的注意义务。有观点认为,为区分平行进口商品和授权销售真品,平行进口商有义务在平行进口商品上附加区别标识或告知消费者商品间的差异。我们认为,在平行进口商品未更改真品的核心识别要件的前提下,不会造成商标权受损和消费者误认,没有必要为平行进口商附加过高的注意义务。并且,平行进口商附加区别标识的行为反而容易破坏商品原有标识的识别性,导致侵权。此外,平行进口商作为商品制造体系外部的主体,没有义务也没有能力了解平行进口商品与授权销售真品间的区别,很难准确向消费者进行告知。

(3) 从平行进口行为的正当性来看。适用《反不正当竞争法》第2条对竞争行为进行规制时,应当审慎分析行为不正当性,并在此基础上衡量法律介入的必要性。对《反不正当竞争法》未列举的竞争行为进行正当性评价,应当以该行为是否违反诚实信用原则和公认的商业道德作为基本判断标准。需要指出的是,在规范市场竞争秩序的反不正当竞争法意义上,诚实信用原则更多的是以公认的商业道德的形式体现。商业道德不同于个人品德,亦不等同于一般的社会公德,其所体现的是市场经济条件下的商业伦理。市场竞争是对市场份额和消费者的抢夺。理性市场主体追求商业利益虽不一定符合个人品德和社会公德的高尚标准,但符合市场竞争规则和商业道德。平行进口商通过采购价格更低廉商品降低经营成本,是理性市场主体追求利润最大化的正当选择,其行为在反不正当竞争法上不具有可责性。

(4) 从商标权人或其被许可人利益保障来看。平行进口冲击商标权人已有的销售体系,可能导致市场份额分割的结果。商标权人或其被许可人为开拓市场、获得授权而付出的成本,亦有可能受到损害。但是,在反不正当竞争法上,一种利益应受保护并不构成该利益受损方获得民事救济的充分条件。竞争对手之间彼此进行商业机会的争夺是竞争的常态,竞争自由的边界在于同样尊重他人的竞争自由。就同一商品的交易机会而言,竞争本身就是给竞争对手造成损害的行为,竞争对手间一方有所得另一方即有所失。利益受损方要获得民事救济，还必须证明竞争对手的行为具有不正当性。只有竞争对手在争夺商业机会时不遵循诚实信用原则，违反公认的商业道德，通过不正当手段攫取他人可以合理预期获得的商业机会，才为反不正当竞争法所禁止。

（三）慎重：权利用尽原则的适用

权利用尽原则是允许平行进口最具代表性的学术观点。该原则从学理角度对商标权人将商品投放市场后商品二次流通环节中的侵权阻却事项进行解释。但是，司法裁判作为具强制力和权威性的文书，其所引用的法律、法规和司法解释以外的裁判依据，必须经过反复论证，以维护裁判结果的正当性、合法性和公信力。学术理论的探讨对于司法理念和裁判思路的拓展和更新不可或缺，但若引以为裁判依据则需慎之又慎。

1. 裁判文书的规范性和灵活性

裁判文书作为人民法院依照法律规定行使审判权而制作的法律文书，具有法定性和写作性的双重属性，是规范性和灵活性相结合的产物。如果说规范性是裁判文书的骨骼，那么灵活性就是裁判文书的血肉，两者不可或缺。《最高人民法院关于加强和规范裁判文书释法说理的指导意见》中指出，法官可以运用法理及通行学术观点作为辅助论据来论证裁判理由。上述学术观点是指学界无争议的通行学术观点。学界对疑难问题不可避免地存在不同观点，但是如果在讨论中已经相对确定，形成比较成熟的具备共识性的观点，即使存在少量不同意见，也不妨碍其稳定性，对于这种观点，裁判文书中是可以引用的；反之，则会伤害司法权威性，冲淡裁判文书的说服力。由此可见，裁判文书的灵活性也是有限制的灵活性，法官说理释法的过程是带着枷锁起舞而不是随心所欲，一般学术理论和学术观点不宜随意援引为裁判文书说理论述的依据。

2. 权利用尽原则的争议

与默示许可原则基于合同法的对价原理不同，权利用尽原则基于公共政策。❶ 因此，权利用尽原则更偏重于公共政策和利益均衡的考量，而无论是公共政策还是利益均衡的因素，都与各国或地区的经济、社会发展状况紧密相关，这就决定了权利用尽原则不可能有统一的适用规则和解释方法。此外，知识产权地域性的本质属性也决定了在商标侵权纠纷中适用权利用尽原则时，必须考虑其效力范围，否则必将陷入逻辑上的误区。国际用尽是效力范围最大的一种适用标准，意味着权利人只要将商品投放市场，则其知识产权在全球范围内用尽。该原则与平行进口侵权纠纷关联最为密切，是平行进口合法化的重要理论基础之一。

首先，从理论界讨论情况来看。对于商标权的国际用尽原则，有的学者认为，各国均接纳权利用尽原则并明确承认该原则在一国范围内的适用，而对于是否将其延伸至区域或国际范围则态度不一。许多支持商标平行进口合法化的学者主要依据权利用尽原则来论证其观点，将权利用尽理论的适用范围解释为不仅包括国内，还可延伸至区域或国际。但这样一种解释方法始终存在一个矛盾之处，即无法绕开如今仍被各国普遍承认的地域性原则。❷ 还有的学者认为，无论是地域性原则还是独立保护原则，均不是对抗国际穷尽原则的有效理论工具，因为它们与权利用尽不存在相关性。也就是说，对于国际用尽而言，应该不存在理论上和国际条约规定上的障碍。❸ 可见，理论界对于国际用尽原则的适用存在针锋相对的观点，适用该原则解释平行进口问题的合理性并未被理论界普遍接受。

其次，从立法和政策现状来看。如前文所述，目前国际上各主要经贸协定和国际条约均未明确承认商标权的国际用尽原则；

---

❶ HEATH C. Exhaustion and Parallel Imports in Asia [J]. International Review of Intellectual Property and Competition Law, 2002, 33 (5): 622-623.

❷ 杜天琪. 商标平行进口法律问题探析 [D]. 长春: 吉林大学, 2017: 19-20.

❸ 王春燕. 平行进口法律规制的比较研究 [M]. 北京: 中国人民大学出版社, 2013: 80.

是否采取国际用尽原则,取决于各国或地区的立法和政策。就我国而言,除香港地区商标立法中有条件地采纳国际用尽原则外,并无其他法律、司法解释或政策对商标权权利用尽的效力范围进行规定。因此,与平行进口息息相关的国际用尽原则,在我国商标立法和司法政策层面并未得到认可。

综上,我们认为,目前理论界和实务界对国际用尽原则的正当性仍存争议,对其适用条件和适用范围未有明确界定。司法实践中不宜直接引用国际用尽原则解释平行进口正当性,更不宜将国际用尽原则作为裁判的依据。

(四)平衡:商标被许可人权利的保护

"知识产权法是以利益平衡为基础的法,利益平衡构成知识产权法的基石。"❶ 商标侵权及不正当竞争纠纷中,利益平衡因素也越来越得到重视。从商标权人、被许可人、消费者三方利益权衡来看,被许可人由于权利来源于许可合同约定,不能产生对世的排斥效力而处于相对弱势的地位,其利益因平行进口行为受损最为直接,且救济途径有限。在商标权未受损害的前提下,无法在商标法或反不正当竞争法框架内寻求司法救济。若被许可人在签订商标许可合同时,并未预计到平行进口带来的商业风险,未在合同中进行妥善安排,即无法获得合同救济。在前文所述欧宝公司与施富公司侵害商标权及不正当竞争纠纷中,欧宝公司作为"OBO"商标的排他许可使用人,主张其"商标权"受损。二审法院认为,欧宝公司作为排他被许可人,不能阻止商标权人对商标的正当使用,且欧宝公司对涉案商标的实际贡献和关联程度有限,未形成独立于商标权人的商誉,其主张不能成立。由此可见,未对商标发展和增值作出重大贡献的一般商标被许可人,很难在司法程序中维护自身利益,平行进口对其市场份额和商业利益造成的影响,只能视为正常商业风险的范畴自行消化。

---

❶ 冯晓青. 知识产权法利益平衡理论 [M]. 北京:中国政法大学出版社,2006:23.

（五）结论：个案演进，司法谨慎介入

平行进口行为的复杂性表现在其并非单纯的法律纠纷，但平行进口行为的定性最终属于法律判断。当前政策和立法层面并无明确规定的情况下，妥善发挥知识产权司法保护职能作用，对于平行进口纠纷的解决至关重要。

1. 基本原则

平行进口侵权纠纷中，应该秉持"司法审慎介入意思自治领域"的民事司法导向，从有利于保障创新资源优化配置、有利于维护市场竞争机制健康运行的角度，积极发挥保护权利、激励创新和保护市场自由竞争的知识产权司法双重属性和功能。

2. 裁判规则

回归商标法和反不正当竞争法的根本目的和立法宗旨，综合考量平行进口行为产生和存在的社会经济基础，合理平衡商标权人、被许可人、平行进口商和消费者的利益，准确划定商标侵权和不正当竞争行为的法律界限。区分商标许可使用权和注册商标专用权在权利来源、权利性质和权利范围上的差异，详细论证商标被许可人的权利边界和损害救济方式。同时，深刻理解不正当竞争行为扭曲和破坏健康市场竞争机制的本质，从行为根源、消费者利益、行为正当性多个角度进行评价，紧扣商标侵权和不正当竞争行为认定的核心要件，透过平行进口现象探寻行为特点和本质，从平行进口行为是否损害商标基本功能以及是否具备反不正当竞争法上的可责性两方面，深入剖析平行进口行为的侵权认定问题。

3. 裁判思路

平行进口商标及不正当竞争纠纷审理的一般逻辑顺序是：首先明确被诉侵权商品是否属于平行进口商品，再分析平行进口行为是否构成对商标基本功能的损害，同时考量平行进口行为及其行为过程的正当性，最后得出平行进口行为是否构成商标侵权或不正当竞争的结论。在逻辑结构之下，贯穿判决始终的是商标法

和反不正当竞争法保护正当权利、追求法益间动态平衡、净化市场竞争秩序的基本价值选择。此外，平行进口纠纷应当贯彻个案演进的整体思路，不能以单个案件情况一概而论，要结合案件事实，在审慎考察行为对商标基本功能的影响和行为正当性的基础上作出认定。

宽严相济的专利实用性审查标准的构建

刘明江[*]

【摘　要】与《美国专利法》《欧洲专利公约》《与贸易有关的知识产权协定》和《实体专利法条约草案》中的专利实用性审查标准相比，我国专利法上的实用性审查标准显得较高。相比较而言，我国的专利实用性审查标准存在两个突出的问题，分别为要求发明或者实用新型"能够产生积极效果"以及完全无视实用性与充分公开之间的内在联系。构建一个宽严相济的专利实用性审查标准势在必行。可行的措施包括取消"能够产生积极效果"的要求、澄清实用性与充分公开之间的适用关系、引入发明或者实用新型用途披露一般规定、坚持高度盖然性的实用性证明标准。

【关键词】宽严相济　专利实用性　审查标准

在人类历史上，专利制度备受质疑，甚至在个别国家曾一度遭到废弃，发展到当今时代也没有完全摆脱社会公众的质疑。然而，专利制度依然存在于人类社会中，其持续存在的强大根基就在于专利制度对于经济增长和社会进步作出的巨大贡献，就在于社会公众在发出质疑的同时也从实用性中发现了专利制度存在的

---

[*] 作者简介：刘明江，河南牧业经济学院文法学院副院长、教授，北京大学法学博士，研究方向为知识产权法学。

本文系河南省哲学社会科学规划项目（项目编号：2018BFX010）阶段性研究成果。

合理性。 在专利法上，实用性是发明或者实用新型获得授权应当具备的不可或缺的条件之一，其发挥的作用并不比其他条件小，古今中外概莫能外。然而，与其重要性不相匹配的是，实用性较少受到研究人员的关注。我国实用性审查标准如何改进以及实用性与充分公开之间的适用关系如何处理，更是少人问津。笔者注意到这一研究现状，也注意到在中外专利法以及区域性或者国际性专利文件中，概括专利"实用性"的用语有所不同，这些用语的含义也有所差异。

本文立足于这些"不同"和"差异"，剖析我国实用性审查标准存在的问题，提出构建一个宽严相济的实用性审查标准的设想：该标准既能与国际协议要求保持一致，也能适合我国的现实需要，既不宽松，也不严苛，以宽严相济为目标。本文分为六个部分：第一部分梳理《中华人民共和国专利法》（以下简称《专利法》）《中华人民共和国专利法实施细则》（以下简称《专利法实施细则》）和专利审查指南的相关规定，旨在摸清我国实用性审查标准的现状；第二部分剖析《美国专利法》（《美国法典》第 35 编）和《欧洲专利公约》（EPC）及其对应审查指南的相关规定，旨在探究美国和欧洲的实用性审查标准的实质内涵；第三部分聚焦于已发生效力的 TRIPS（《与贸易有关的知识产权协定》）和在磋商阶段就遭搁置的《实体专利法条约草案》（Draft Substantive Patent Law Treaty，以下简称"SPLT 草案"），旨在把握实用性审查标准的国际发展趋势；第四部分采用比较分析的方法对我国的实用性审查标准进行批评性分析，旨在弄清楚我国实用性审查标准存在的缺陷；第五部分基于目前存在的问题以及新兴技术不断发展的态势，提出重构我国实用性审查标准的具体措施，旨在使我国的实用性审查标准具有宽严相济的特性，更好地服务于创新驱动发

---

❶ 杨德桥. 论实用性在专利合理性危机克服中的价值［J］. 北京化工大学学报（社会科学版），2017（1）：1－8.

展和科技强国战略的目标;第六部分以瑞德西韦新用途专利申请为例进行模拟分析,旨在验证本文重构的实用性审查标准。

一、我国实用性审查标准的现状

在我国专利法上,"实用性"是指,申请专利的发明或者实用新型,一方面要具备"能够制造或者使用"的特性,另一方面还要具备"能够产生积极效果"的特性。❶ 我国《专利法》虽经多次修改,但对于实用性含义的规定从没有改变过。实用性不仅可以在专利权的授予中起决定性作用,而且也可以在专利权的无效中同样具有决定性的作用。若发明或者实用新型不具备实用性,专利申请就会被驳回,授权专利也会被宣告无效。准确把握实用性这一要件的含义,具有非常重要的意义。

《中华人民共和国专利法释义》一书对 2000 年第二次修正的《专利法》进行了细致入微的解释。根据该书对实用性的解释,发明或者实用新型是否具备实用性,取决于该发明或者实用新型是否能够在产业上制造出来(仅就产品专利而言),或者在产业上投入使用(仅就方法专利而言),以及该发明或者实用新型是否能够在产业上产生与"现有技术"相比的积极效果。❷ 尤为引人注意的是,该解释引入"现有技术",将其作为"积极效果"有没有产生的参照对象。后文对此还有批评性分析。

上述解释也是我国学术界对实用性的惯常两要素(重复再现和积极效果)解释,见诸各类文献。以教科书为例,王迁教授在其所著的《知识产权法教程》中指出:"一项发明或者实用新型是否具有实用性,应当看其能否在产业上制造或者使用并解决技术问题,以及能否达到积极和有益的效果。"❸

---

❶ 《专利法》(2008 年修正)第 22 条第 4 款。

❷ 徐玉麟. 中华人民共和国专利法释义 [M]. 北京:中国法制出版社,2000:112-114.

❸ 王迁. 知识产权法教程 [M]. 北京:中国人民大学出版社,2019:328.

可以看到，在《专利法》中，"实用性"的内涵体现在两个方面，一个是重复再现，另一个是"积极效果"。值得注意的是，对"实用性"的惯常解释均突出"产业"的要求，尽管可以在最宽泛的意义上解释"产业"的内涵，对"实用性"的解释也仅产生少许的限定作用，但这个"产业"的限定用语在《专利法》中从来没有存在过。这一点在下面"对我国实用性审查标准的评价"部分还会提及。

国家知识产权局依据《专利法》及《专利法实施细则》的规定，制定了专利审查指南，并根据实际需要及时进行修订完善。该指南细化了《专利法》及《专利法实施细则》的各项规定，是各类专利申请的审查依据和标准，毫无疑问具有权威性及规范性。《专利审查指南 2010（2019 年修订）》（以下简称《专利审查指南 2010》）规定有实用性审查适用的指引。从中可以发现，《专利审查指南 2010》对实用性的规定与《专利法》的规定和上述解释均是一致的，都强调"能够在产业上制造或者使用"和"能够产生积极效果"两项实质内容，同时列举了不具备实用性的 6 种情形。❶

在叙述有关实用性的规定及解释之后，笔者在此还要提及《专利法》针对充分公开的规定。《专利法》第 26 条规定，说明书应当对发明或者实用新型作出清楚、完整的说明，以所属技术领域的技术人员能够实现为准。❷ 所属技术领域的技术人员是否能够实现发明或者实用新型，就成为判断说明书是否满足充分公开要求的基本依据。也就是说，发明或者实用新型应当满足充分公开的要求；若这一要求得不到满足，专利申请就会被驳回，授权专利也会被宣告无效。在此提出充分公开的问题，是因为笔者认为充分公开与实用性存在内在联系，需要一并进行分析。

---

❶ 这 6 种情形分别是：无再现性；违背自然规律；利用独一无二的自然条件的产品；人体或者动物体的非治疗目的的外科手术方法；测量人体或者动物体在极限情况下的生理参数的方法；无积极效果。参见：国家知识产权局. 专利审查指南 2010：2019 年修订［M］. 北京：知识产权出版社，2020：187 - 190.

❷ 《专利法》（2008 年修正）第 26 条第 3 款。

《专利法》在不同的条款中分别规定了发明或者实用新型应当具备的实用性要件和发明或者实用新型应当满足的充分公开要求,但没有处理好实用性与充分公开之间的关系,致使专利申请同时涉及实用性和充分公开问题时审查员不能正确适用这些条款。《专利审查指南 2010》指出:"因不能制造或者使用而不具备实用性是由技术方案本身固有的缺陷引起的,与说明书公开的程度无关。"❶ 换言之,发明或者实用新型不具备实用性若系技术方案本身固有的缺陷造成的,就以不具备实用性为由驳回专利申请,根本不需考虑说明书公开是否充分的问题。本文质疑的是,实用性与充分公开真的没有牵连吗?

二、美国和欧洲的实用性审查标准

美国专利商标局和欧洲专利局位于获得普遍认可的五大专利局❷之列,这两个专利局适用的实用性审查标准对于中国来说具有较高的借鉴价值,因此成为本文的分析对象。本文主要参照美国专利商标局适用的《美国专利法》和欧洲专利局适用的《欧洲专利公约》以及这两个专利局各自发布的专利审查指南。

(一)美国的实用性审查标准

美国法上的实用性(utility)规定植根于三个渊源:其一,《美国宪法》第 1 条第 8 款第 8 项的规定,将一定期限的专有权利授给有用技术(useful arts)的发明人;❸ 其二,《美国专利法》第

---

❶ 国家知识产权局. 专利审查指南 2010:2019 年修订 [M]. 北京:知识产权出版社,2020:188.

❷ 五大专利局分别为美国专利商标局、欧洲专利局、日本特许厅、韩国知识产权局和中国国家知识产权局。

❸ The United States Constitution Article I, Section 8, Clause 8: [The Congress shall have Power]] To promote the progress of science and useful arts, by securing for limited times to authors and inventors the exclusive right to their respective writings and discoveries.

101条的规定，将专利授给有用的（useful）发明；其三，以普通法形式发展而成的实用性标准，系美国最高法院（US Supreme Court）和美国联邦巡回上诉法院（US Court of Appeals for the Federal Circuit）在判决中确立的实用性标准。

一般认为，美国专利法上的实用性要求体现在《美国专利法》第101条的规定："凡是发明或者发现任何新颖且有用的方法、机器、制造物、物质组合或者上述任何新颖且有用的改进者，……均可以获得专利。"其中，"有用的"一词就成为美国实用性要件的法律依据。学说和判例一般将"有用的"视为实用性（utility）的渊源，意在强调发明的有用性（usefulness）。

在美国专利商标局的专利审查实践中以及在美国最高法院和美国联邦巡回上诉法院的审判实践中，实用性先后延伸出以下含义：①可操作的实用性（operable utility），即发明是否能够实施；②有益的实用性（beneficial utility），即发明是否能够提供可识别的益处；③特定/实在的实用性（specific/substantial utility），即发明是否具有特定和实在的用途。❶ 有益的实用性在早期的判例中还包括"道德的实用性"的含义，但在后来的判例中"道德的实用性"的适用遭到否定，美国专利商标局的《专利审查程序手册》(Manual of Patent Examining Procedure，以下简称"MPEP"）也不赞成发明因格调低下、具有欺骗性或者有悖公共政策而不具有实用性的判定。❷ 特定和实在的实用性释义的出现是为了应对化学及生物领域一些未知用途的发明专利申请，要求发明具有可信的（credible）特定且实在的用途；若欠缺这种用途，就以不具备实用

---

❶ 李新芝. 美国专利实用性审查标准研究［J］. 知识产权，2017（8）：106 - 112.

❷ MPEP 706.03（a）：A rejection under 35 U.S.C. 101 for lack of utility should not be based on grounds that the invention is frivolous, fraudulent or against public policy. ［EB/OL］. ［2020 - 05 - 02］. https：//www.bitlaw.com/source/mpep/706_03_a.html.

性为由驳回专利申请。❶ 特定实用性是指一项发明的用途必须是非常具体的,而不能是抽象的;实在实用性是指一项发明的用途必须是现实性的,而不能是潜在性的。❷

在充分公开方面,《美国专利法》第 112 条规定,说明书应当使用完整、清晰、简洁和准确的术语,对发明以及制造和使用该发明的方式和方法进行书面描述,以使所属领域或者最接近领域的技术人员能够制造和使用该发明,还应当披露发明人深思熟虑的实施该发明的最佳方案。❸ 根据《美国专利法》第 282 条在 2011 年修改前的规定,未充分公开发明或者未披露最佳实施方案,均可导致专利权利要求被撤销、无效或者不可执行;但第 282 条经过 2011 年修改之后❹,情况就不同了:未充分公开发明可导致专利权利要求被撤销、无效或者不可执行,未披露最佳实施方案则不会产生如此后果。❺《美国专利法》第 282 条的修改对《美国专利法》第 112 条要求的最佳实施方案的披露产生了极大的影响,使得最佳方案的披露徒具形式意义,"不再具有实质性意义"。❻

MPEP 澄清了《美国专利法》第 101 条(实用性)与第 112 条(充分公开)之间的适用关系。一项发明欠缺《美国专利法》第 101 条所要求的实用性,同时也会造成该发明欠缺《美国专利法》第 112 条所要求的充分公开。在发明不具备实用性的情况下,本

---

❶ MPEP 706.03(a):A rejection on the ground of lack of utility is appropriate when (1) it is not apparent why the invention is "useful" because applicant has failed to identify any specific and substantial utility and there is no well established utility, or (2) an assertion of specific and substantial utility for the invention is not credible. [EB/OL]. [2020-05-02]. https://www.bitlaw.com/source/mpep/706_03_a.html.

❷ 杨德桥. 美国专利法上的专利实用性判断标准研究 [J]. 知识产权, 2015 (5):92-98.

❸ 35 USC §112 (a) or Pre-AIA 35 USC §112, first paragraph.

❹ 2011 年 9 月 16 日,时任美国总统奥巴马签署了对《美国专利法》进行重大变革的《美国发明法案》(America Invents Act, AIA),给美国专利制度带来了深远的影响。

❺ 35 USC §282 (b) (3) (A) or Pre-AIA 35 USC §282, second paragraph.

❻ 李明德. 美国知识产权法 [M]. 2 版. 北京:法律出版社, 2014:68.

于"欠缺实用性"依据《美国专利法》第 101 条规定和第 112 条规定提出的驳回决定相区分。❶

（二）欧洲的实用性审查标准

《欧洲专利公约》，顾名思义，是一个关于欧洲专利局据以授予欧洲专利的公约，也是一个区域性的专利公约。欧盟成员国全都是《欧洲专利公约》成员国，因此受该公约拘束。分析《欧洲专利公约》针对实用性的规定，也就相当于分析各个欧盟成员国的专利法中有关实用性的规定。❷ 本文只援引《欧洲专利公约》及相应审查指南的有关规定，不触及欧盟成员国的专利法。

《欧洲专利公约》第 52 条第 1 款中规定，在任何技术领域内，凡是具备新颖性、创造性并适于产业应用（susceptible of industrial application）的发明，均应当授予欧洲专利；第 57 条中规定，如果发明能够在任何类别的产业中制造或者使用，包括能够在农业中制造或者使用，即可认为发明适于产业应用。❸

关于发明的充分公开，《欧洲专利公约》作出了明确规定。该公约第 83 条规定，欧洲专利申请应当以足够清晰且完整的方式公开发明，以使本领域的技术人员能够实施该发明。❹ 与《美国专利

---

❶ IV. RELATIONSHIP BETWEEN 35 U.S.C. 112 (a) or Pre-AIA 35 U.S.C. 112, FIRST PARAGRAPH, AND 35 U.S.C. 101 in the 2107 Guidelines for Examination of Applications for Compliance with the Utility Requirement：R-11. 2013［EB/OL］.［2020-05-06］. https：//www.uspto.gov/web/offices/pac/mpep/s2107.html.

❷ 虽然《欧洲专利公约》并没有关于协调成员国专利法的规定，但由于欧洲专利与本国专利在欧盟成员国中并存，为了保持两种专利的一致性，成员国被迫将其实体专利法与《欧洲专利公约》保持一致，从而实现了各国专利法的协调。参见：李明德，闫文军，黄晖，等. 欧盟知识产权法［M］. 北京：法律出版社，2010：319.

❸ Articles 52 (1) and 57 of the European Patent Convention (2016)［EB/OL］.［2020-05-05］. https：//www.epo.org/law-practice/legal-texts/html/epc/2016/e/ma1.html.

❹ Article 83 of the European Patent Convention (2016)［EB/OL］.［2020-05-05］. https：//www.epo.org/law-practice/legal-texts/html/epc/2016/e/ar83.html.

领域普通技术人员不可能将发明付诸实施,进而也不可能在说明书中教导技术人员如何使用该发明。根据 MPEP 提供的指引,对于这类发明专利申请,基于《美国专利法》第 101 条规定以不具备实用性为由驳回,同时基于《美国专利法》第 112 条规定以未充分公开为由驳回。实际上很清楚,专利申请因缺乏实用性而被驳回,无论是依据《美国专利法》第 101 条规定,还是依据《美国专利法》第 112 条规定,都建立在同一个基础上,即申请人声称的实用性不能令人信服。为了避免混淆起见,凡是依据《美国专利法》第 101 条规定以不具备实用性为由作出的驳回决定,都伴随有依据《美国专利法》第 112 条规定以未充分公开为由作出的驳回决定。❶

在实用性要件得以满足的情况下,如何判定说明书的充分公开情况?MPEP 明确回答了这个问题。申请人披露了发明的一项特定用途,并提供令人信服的证据支持这种特定用途,毫无疑问满足了《美国专利法》第 101 条的实用性要求,但并不意味着《美国专利法》第 112 条的充分公开要求也得到满足。以一项某种化合物治疗某种疾病的发明为例,专利申请人提供了令人信服的证据,证实了该化合物的治疗作用。若所属技术领域的技术人员必须进行过量(undue amount)的实验,获得足够的实验数据,才能实现该化合物声称的治疗作用,那么,可以说,该发明申请欠缺《美国专利法》第 112 条要求的充分公开,但不能说该发明欠缺《美国专利法》第 101 条要求的实用性。在专利审查中,为了避免混淆起见,凡是基于"欠缺实用性"之外的原因依据《美国专利法》第 112 条规定提出的驳回决定应当单独作出,以与基

---

❶ IV. RELATIONSHIP BETWEEN 35 U.S.C. 112 (a) or Pre - AIA 35 U.S.C. 112, FIRST PARAGRAPH, AND 35 U.S.C. 101 in the 2107 Guidelines for Examination of Applications for Compliance with the Utility Requirement: R - 11. 2013 [EB/OL]. [2020 - 05 - 06]. https://www.uspto.gov/web/offices/pac/mpep/s2107.html.

法》不同的是，《欧洲专利公约》没有对实施发明的最佳方案的披露提出什么要求。

《欧洲专利审查指南》澄清了《欧洲专利公约》第57条（产业应用性）和第83条（充分公开）之间的适用关系。对于违背公认的物理定律（well-established physical laws）的发明（如永动机），区分不同情况，提出反对意见：或是单独以不具备产业应用性为由提出反对意见，或是单独以不满足充分公开要求为由提出反对意见，或是同时以不具备产业应用性且不满足充分公开要求为由提出反对意见。

根据《欧洲专利审查指南》G部分第三章就"产业应用性"审查提供的指引，明显违背公认的物理定律的产品发明或者方法发明（如永动机）将被排除在适于产业应用的发明之外。若权利要求保护的对象仅仅是该发明的功能或者目的，就援引《欧洲专利公约》第57条规定，以不具备产业应用性为由提出反对意见；若权利要求保护的对象仅仅是该发明物件的特定构造，就援引《欧洲专利公约》第83条规定，以不满足充分公开要求为由提出反对意见。❶

《欧洲专利审查指南》在"充分公开"审查指引部分也提到了上述永动机式的发明，指出这类发明存在固有缺陷，没有实施可能性，原因就在于违背了公认的物理定律。根据《欧洲专利审查指南》F部分第三章就"未充分公开"审查提供的指引，如果永动机发明权利要求的保护对象指向永动机的功能，而不是仅仅指向永动机的结构，那么，不仅援引《欧洲专利公约》第57条规定以不具备产业应用性为由提出反对意见，而且援引该公约第83条规

---

❶ General remarks of Chapter III – Industrial application in Part G – Patentability in the Guidelines for Examination [EB/OL]. [2020-05-05]. https：//www.epo.org/law-practice/legal-texts/html/guidelines/e/g_iii_1.htm.

定以不满足充分公开要求为由提出反对意见。❶

（三）美国和欧洲的实用性审查标准对比分析

欧洲的"产业应用性"标准亦即"在产业中制造或者使用"标准，实质上是要求发明申请描述的技术方案能够在产业中实现，强调发明的重复再现性。美国的"实用性"或称"有用性"标准要求发明具有使用价值，能够解决技术问题，强调发明的价值性。尽管这两个标准具有各自的侧重点，但经过解释性适用之后，两者的含义有趋同的倾向，均要求授予专利权的发明不仅要具有再现性，而且要具有价值性。那么，这两个标准孰优孰劣？笔者认为，只能视技术领域而定。在传统的技术领域（如机械、电子），"产业应用性"标准较优一些，意在强调发明的可制造或者可使用；而在新兴的技术领域（如生物、化学），"实用性"标准较优一些，意在强调发明的可利用价值。

对于违反物理定律的发明专利申请，《欧洲专利审查指南》区分专利权利要求保护的对象，保护对象不同，就以不同的理由提出反对意见，产业应用性条款及充分公开条款或是单独援引为反对理由，或是同时援引为反对理由。美国 MPEP 则不作这种区分，一律以不具备实用性且不满足充分公开要求为由驳回专利申请。这表明，对于实用性与充分公开之间的内在关系，欧洲专利局与美国专利商标局存在着不同的认识。笔者认为，美国 MPEP 对实用性与充分公开之间的关系的处理较具合理性，值得我国借鉴。

三、TRIPS 和 SPLT 草案中的实用性审查标准

TRIPS 和 SPLT 草案是与专利有关的比较重要的国际协议和国际条约，其中的实用性规定在统一协调各国或地区的实用性审

---

❶ Insufficient disclosure of Chapter Ⅲ - Sufficiency of disclosure in Part F - The European Patent Application in the Guidelines for Examination [EB/OL]. [2020-05-05]. https://www.epo.org/law-practice/legal-texts/html/guidelines/e/f_iii_3.htm.

查标准方面具有重要的作用。TRIPS 是一个已生效的国际协议。SPLT 草案在磋商阶段即遭搁置，但在磋商过程中呈现的各方观点，一方面表明在国际层面上统一实用性条件的重重困难，另一方面提示各方为达成实用性条件的统一而应努力的方向，其中孕育着实用性审查标准的国际发展趋势。

（一）TRIPS 中的实用性审查标准

TRIPS 首次在国际层面上统一规定了授予专利权的实质条件。TRIPS 第 27 条规定，在所有技术领域内，任何发明，不论是产品发明，还是方法发明，只要具备新颖性、创造性并可付诸产业应用（capable of industrial application），均应当授予专利；在为第 27 条提供的注释中，TRIPS 指出："可付诸产业应用的"可以被成员视为"有用的"（useful）的同义语。❶ TRIPS 的这一注释清楚地表明，"可付诸产业应用的"与"有用的"在本质上还是有所区别的，只是在 TRIPS 中被作为同义语看待而已。"可付诸产业应用的"与"有用的"之间的关系类似于我国著作权法上"著作权"与"版权"之间的关系，尽管"著作权"和"版权"实质上具有不同的内涵，但在我国著作权法上两者就能成为同义语。❷

TRIPS 也有对发明充分公开的规定。TRIPS 第 29 条规定，成员应当要求专利申请人采用足够清晰且完整的方式披露其发明，以使本领域的技术人员能够实施该发明，并可以要求专利申请人披露发明人在专利申请日或者优先权日知晓的实施发明的最佳方式。❸ 从语言表述上看，TRIPS 对发明充分公开的要求与《美国专利法》第 112 条的要求是一样的。

（二）SPLT 草案中的实用性审查标准

虽然 SPLT 草案远不如 TRIPS 知名，但却是在国际专利一体

---

❶ TRIPS Article 27.1 and note 5.
❷ 《著作权法》（2010 年修正）第 57 条。
❸ TRIPS Article 29.1.

化进程中取得的阶段性重要成果,体现了国际专利法从协调各国专利法到统一各国专利法转变的动向。笔者参考的 SPLT 草案系世界知识产权组织(WIPO)专利法常设委员会(Standing Committee on the Law of Patents,SCP)于 2001 年 5 月 14~19 日在瑞士日内瓦召开的第五次会议上讨论的版本,同时参考的还有《SPLT 草案实施细则和实践指南草案》(Draft Regulations and Practice Guidelines under the Draft Substantive Patent Law Treaty,SCP/5/3)。❶

SPLT 草案在 3 个条款(第 16~18 条)中分别对发明应具备的实用性、新颖性和创造性作出了明确规定。依据 SPLT 草案第 16 条的备选条款 A,一项发明,就其性质而言,如果可以[在任何类别的产业上制造或者使用][拥有一项特定的、实在的和可信的用途],就应当被视为适于产业应用的(有用的)[industrially applicable(useful)];第 16 条的备选条款 B 则是删除产业应用性/实用性要求,也就是说,对实用性不作任何规定。与 TRIPS 采用脚注的方式不同,SPLT 草案直接将"适于产业应用的"和"有用的"两个术语并列置于第 16 条备选条款 A 之中,第 16 条就是以"产业应用性/实用性"(Industrial Applicability/Utility)作为条目标题的,将"产业应用性"和"实用性"等同看待的意图非常明显。

SPLT 草案第 11 条系对发明充分公开的规定。SPLT 草案第 11 条的备选条款 A 规定,申请人应当采用足够清晰且完整的方式披露其发明,以使本领域的技术人员能够实施该发明。比较而言,SPLT 草案第 11 条备选条款 A 的文字表述与 TRIPS 第 29 条没有什么不一样。然而,SPLT 草案第 11 条备选条款 A 对实施发明的

---

❶ Draft Substantive Patent Law Treaty [EB/OL]. (2001-04-04)[2020-05-22]. https://www.wipo.int/edocs/mdocs/scp/en/scp_5/scp_5_2.pdf;Draft Regulations and Practice Guidelines under the Draft Substantive Patent Law Treaty [EB/OL]. (2001-04-04)[2020-05-22]. https://www.wipo.int/edocs/mdocs/scp/en/scp_5/scp_5_3.pdf.

最佳方案的公开没有提出要求,这是 SPLT 草案第 11 条备选条款 A 与 TRIPS 第 29 条不一样的地方。SPLT 草案第 11 条的备选条款 B 采用不同的措辞对发明的充分披露提出要求,即对申请专利的发明的披露应当是充分的,申请专利时提交的说明书、权利要求书和附图足以使本领域的技术人员不需进行过量试验即可将该发明付诸制造和使用。SPLT 草案第 11 条备选条款 B 也没有对实施发明的最佳方案的公开提出要求。

(三) TRIPS 和 SPLT 草案中的实用性审查标准对比分析

产业应用性强调发明能够在产业上制造或者使用,在意的是发明的再现性;而实用性强调发明能够具备实际的用途,在意的是发明的价值性。在传统的技术领域(如机械、电子),能够在产业上制造或者使用的发明一般都具有不证自明的用途,而在新兴的技术领域(如化学和生物),发明的再现性常常是不证自明的,但发明的用途却不那么清晰可见,有待实验数据证明。正如前文所述,"产业应用性"和"实用性"在内涵上本不相同,但被人们视为同义语了。

尽管 TRIPS 和 SPLT 草案均将"产业应用性"和"实用性"视为同义语,但两个用语背后的观念已经根深蒂固,各方(主要是美欧各自代表的双方)固执己见,不肯妥协,因此要把这两个用语的内涵真正统一起来并非易事。TRIPS 没有在国际层面上实现实用性要件的真正统一。在 SPLT 草案讨论中,缔约磋商各方未能就调和"产业应用性"和"实用性"两个术语内涵的统一条款达成一致意见,直到 2005 年 5 月第 11 次 WIPO 专利法常设委员会会议上,仍没有就"产业应用性"和"实用性"的协调统一达成共识,致使 SPLT 草案的协商工作自 2006 年起暂停至今。❶

若 SPLT 能够达成,存在一种可能性,那就是需要调和欧洲的"产业应用性"标准与美国的"实用性"标准,方法就是,在

---

❶ 更多信息参见:https://www.wipo.int/patent-law/en/draft_splt.htm。

SPLT 中将产业应用性（实用性）规定为发明能够在任何类别的产业上制造或者使用的特性，在 SPLT 实施细则或者实践指南中将产业应用性（实用性）解释为发明具有特定的、实在的和可信的用途。可以预料的是，按照这样一个解释思路走下去，SPLT 在形式上采纳欧洲的"产业应用性"标准，但在各国的专利审查实践中，审查员实际适用的是美国的"实用性"标准。不过，这是不是可以反映出"产业应用性"标准渐渐向"实用性"标准靠拢的发展态势呢？

对于实用性与充分公开之间的关系，不管是 TRIPS 还是 SPLT 草案，均没有提及，SPLT 草案实施细则和实践指南草案也没有提及。因此，对于违背自然规律的发明专利申请，以什么样的理由作出驳回决定，悉数交由各国或地区自行规定，TRIPS 和 SPLT 草案不持任何立场。笔者认为，原因可能在于，TRIPS 不是各国或地区专利局授予专利权的直接法律依据，即便 SPLT 将来能够达成，也不可能成为各国或地区专利局授予专利权的直接法律依据，实用性与充分公开之间的关系可以交由各国或地区自行处理。

四、对我国实用性审查标准的评价

我国专利法上的实用性的含义与欧洲的产业应用性较为接近一点，与美国的实用性相对说来较远一些。从整体上看，与美国和欧洲以及 TRIPS 和 SPLT 草案的实用性审查标准相比，我国的实用性审查标准存在三大明显的不同。

（一）要求发明或者实用新型"能够产生积极效果"

不管是"产业应用性"标准，还是"实用性"标准，根本就没有发明"能够产生积极效果"的规定，只要求发明在产业上能够实现（"产业应用性"标准）或者在产业上有用（"实用性"标准）。以比较的眼光观察，我们会惊奇地发现，仅有我国的专利法针对发明或者实用新型提出了"能够制造或者使用"并且"能够产生积极效果"的双重要求。很明显，我国的实用性审查标准高于"产业应用性"标准和"实用性"标准。换言之，我国的实用性门槛高于美国和欧洲，也高于 TRIPS 和 SPLT 草案设定的标准。这已成为一个不争的事实。

笔者认为，对"积极效果"的要求系对实用性内涵的误读。实用性审查的重点是判断发明或者实用新型是否能够在产业上制造或者使用（"产业应用性"标准）或者在产业上解决实际问题（"实用性"标准）。至于解决问题的效果怎么样，是积极还是消极的，即发明或者实用新型在产业上能够产生什么样的技术效果，是积极的技术效果还是消极的技术效果，则不属于实用性审查的范围。强行植入"能够产生积极效果"的内容，系对实用性的错误理解造成的，为实用性赋予不应有的内涵。

（二）在"制造或者使用"前面没有使用"产业"限定语

《欧洲专利公约》、TRIPS 和 SPLT 草案在规定实用性时，均使用"产业"这一限定语，意在强调，不管是在制造过程还是在使用过程中，发明的制造或者使用均能够在产业上重复再现，既不是一次性制造，也不是一次性使用。其中的"产业"从来都是从最宽泛的意义上去解释的。SPLT 草案明确指出，按照《保护工业产权巴黎公约》（以下简称《巴黎公约》）第 1 条第 3 款解释"工业产权"的方式，从最广泛的意义上去解释"产业"。依据《巴黎公约》第 1 条第 3 款对"工业产权"的解释，最广泛意义上的"产业"不仅是指严格意义上的工业和商业，而且也是指农业和采掘业以及所有的制造产品或者自然产品，例如葡萄酒、谷物、烟叶、水果、牛、矿物质、矿泉水、啤酒、花卉和面粉。

笔者注意到，与《欧洲专利公约》、TRIPS 和 SPLT 草案迥然不同的是，我国专利法在界定实用性时没有使用"产业"一词，仅强调发明或者实用新型能够"制造或者使用"。那么，在"制造或者使用"前面没有"产业"限定语，是不是我国专利法上实用性的"产业"特性就没有了呢？答案当然是否定的。对于我国专利法上的实用性,学术界和实务部门均是在"产业"的层次上解释"制造或者使用"的,也是在最广泛的意义上解释"产业"。比如,《专利审查指南 2010》将实用性解释为"发明或者实用新型……能够在产业上制造或者使用",并认为:"产业……包括工业、农业、林业、水产业、畜牧业、交通运输业以及文化体育、生活用品和医疗器械等行业。"❶

基于上述分析,对"产业"的最广泛解释在国际国内都是一致的,没有"产业"限定语并没有对我国的发明或者实用新型的实用性审查产生实质性的影响,甚至连形式上的影响都没有。然而,不得不指出的是,我国的实用性审查标准实质上是倾向于欧洲的"产业应用性"标准的,着重评价的是发明或者实用新型的"能够制造或者使用"特性。生物化学领域发明的出现凸显了将实用性内涵局限于"能够制造或者使用"特性的缺陷,消除该缺陷需要学习美国专利法上的"实用性"标准,在我国的实用性审查标准中引入"实际用途"特性的评价,用以替代"积极效果"特性的评价。笔者主张,重新诠释我国专利法上的实用性概念,将其解释为"实用性,是指该发明或者实用新型能够制造或者使用,并且具有实际用途"。前半部分着重考察发明或者实用新型在产业上的再现性,后半部分将《专利法》中的"能够产生积极效果"文字表述替换下来,着重考察发明或者实用新型在产业上的有用性,即发明或者实用新型具有可信的特定且实在的用途。此一主张与后文"引入发明或者实用新型用途披露一般规定"的建议是遥相呼应的。

(三)忽略了充分公开与实用性之间的内在联系

美国 MPEP 和《欧洲专利审查指南》均明示了各自的发明实用性条款与说明书充分公开条款之间的适用关系。对于我国《专

---

❶ 国家知识产权局. 专利审查指南 2010:2019 年修订[M]. 北京:知识产权出版社,2020:187.

利法》第 22 条第 4 款（实用性）和第 26 条第 3 款（充分公开）之间的适用关系，《专利审查指南 2010》仅仅指出："因不能制造或者使用而不具备实用性是由技术方案本身固有的缺陷引起的，与说明书公开的程度无关。"❶ 很显然，《专利审查指南 2010》置说明书公开的程度于不顾，根本不考虑发明或者实用新型不具备实用性必然导致说明书公开不充分的情况，完全忽略《专利法》第 22 条第 4 款和第 26 条第 3 款之间的内在联系。在专利审查实践中，审查员常常感到迷茫，遇到技术方案存在固有缺陷的专利申请时，难以准确适用实用性条款和充分公开条款，更难以把握实用性条款和充分公开条款之间的关系。❷

比较充分公开条款中的"能够实现"和实用性条款中的"能够制造或者使用"，可以发现，两者的落脚点存在共同之处，那就是都着眼于发明或者实用新型的实施，只是两者的出发点存在不同而已，充分公开从信息披露出发，实用性从技术方案再现出发。然而，《专利审查指南 2010》完全无视实用性与充分公开之间存在的联系，将两者武断地割裂开来。当申请专利的发明或者实用新型因技术方案存在固有缺陷而不具备实用性时，一律将不具备实用性作为驳回专利申请的理由，根本不考虑同时还存在着未充分公开的问题。

五、我国实用性审查标准的重构

笔者提出构建一个宽严相济的实用性审查标准的设想，这样一个标准既不能失之于过宽，也不能失之于过严，要能够适应我国的国情及现实需要，有利于推动科技创新。为达此目的，需要对我国现行的实用性审查标准进行重构。

---

❶ 国家知识产权局. 专利审查指南 2010：2019 年修订［M］. 北京：知识产权出版社，2020：187.

❷ 徐趁肖，邓学欣，熊茜，等. 关于实用性和公开不充分的法条适用探讨［J］. 中国发明与专利，2012（11）：98.

（一）取消"能够产生积极效果"的要求

"能够产生积极效果"义项本来就不应当是实用性要件应该包含的内容。笔者主张，不再对发明或者实用新型提出"能够产生积极效果"的要求，将"能够产生积极效果"的文字表述替换为"具有实际用途"❶，让实用性要件恢复其应有的面貌，评价发明或者实用新型的可再现性，也评价发明或者实用新型的有用性。凭借实用性审查应当达到的目标是，奖励发明人为社会作出的贡献，将专利权真正授给在产业上能够制造或者使用同时在产业上具有实际用途的发明或者实用新型，杜绝将专利权授给虽然在产业上能够制造或者使用但在产业上缺乏实际用途的发明或者实用新型。

美国专利法上的"实用性"（utility）源于"有用的"（useful）一语，要求发明具有某种或者某些可信的特定且实在的用途，并没有积极效果的要求。欧洲的"产业应用性"（industrial applicability）要求发明能够在产业上予以制造或者投入使用，也没有积极效果的要求。相比较而言，仅有我国的实用性要件关注发明或者实用新型的积极效果。

"积极效果"是相对于"消极效果"而言的。这提示我们，实用性应当像专利新颖性和创造性一样，是一个有参照对象可供比较分析的对比性概念。在我国专利法上，专利新颖性和创造性均有一个参照对象可供对比分析，这个参照对象就是"现有技术"。❷然而，我国专利法并没有为实用性设立一个参照对象。没有参照对象的话，"积极效果"的判断就无从说起。

我国专利法从来没有为实用性设立过什么参照对象，只有

---

❶ 在这一点上，杨德桥博士的观点与本文的观点是一致的。杨德桥博士认为，《专利法》对于"能够产生积极效果"的要求在总体上是失败的，应该予以废除。参见：杨德桥. 专利实用性要件研究 [M]. 北京：知识产权出版社，2017：274.

❷ 不属于现有技术也不存在抵触申请的发明或者实用新型可满足新颖性要件；与现有技术相比，具有突出的实质性特点和显著的进步的发明以及具有实质性特点和进步的实用新型可满足创造性要件。分别参见《专利法》（2008年修正）第 22 条第 2 款和第 3 款。

1993年版本的专利审查指南曾经将"现有技术"确定为实用性的参照对象:"积极效果,是指发明或者实用新型……产生的经济、技术和社会的效果……同现有技术相比,这些效果应当是积极的和有益的。"不过,在2001年版本的审查指南中,再也见不到"同现有技术相比"这样的文字表述了。❶ 原因在于,我国专利行政机关对于实用性要件的认识发生了明显的改变,真正认识到实用性本来就不是一个对比性概念。

实用性不评价发明或者实用新型的"积极效果",那么,哪个指标可用来评价发明或者实用新型的"积极效果"?答案无他,这个指标就是同属专利"三性"之一的创造性。创造性定义中的"显著的进步"(发明)和"进步"(实用新型)分别有对于发明所产生的技术效果和实用新型所产生的技术效果的评价。以发明为例,《专利审查指南2010》指出:"发明有显著的进步,是指发明与现有技术相比能够产生有益的技术效果""在评价发明是否具有显著的进步时,主要应当考虑发明是否具有有益的技术效果"。❷ 由此看来,创造性本来就有评价发明或者实用新型技术效果的内容,完全没有必要再在实用性中进行重复评价。

将"能够产生积极效果"的要求从实用性要件中剔除出去以后,发明或者实用新型的技术效果的评价,就从实用性要件转移到创造性要件那里了。实用性要件和创造性要件各司其职,不仅能够避免法律规定的相互重叠,而且能够体现立法资源节约的原则。

（二）澄清充分公开与实用性之间的适用关系

《专利审查指南2010》割裂了充分公开与实用性之间的联系,没有就如何处理两者之间的适用关系作出恰当的规定。然而,笔

---

❶ 国家知识产权局局长令第12号［EB/OL］.（2001-10-18）［2020-05-30］. http：//www.sipo.gov.cn/zcfg/zcfgflfg/flfgzl/zlbmgz/1020063.htm.
❷ 国家知识产权局. 专利审查指南2010：2019年修订［M］. 北京：知识产权出版社,2020：172,177.

者认为，充分公开与实用性之间存在着难以割裂的内在联系。

一方面，专利说明书公开充分与否，对包括实用性在内的专利"三性"的判断会产生重要的影响。仅就实用性而言，如果所属技术领域的技术人员根据说明书记载的内容，不能将发明或者实用新型付诸实施，必须进行过量的实验才能实现，那就表明说明书公开不充分。在这种情况下，审查员就会认为申请专利的发明或者实用新型没有制造或者使用的可能性，作出不具备实用性的判断就成为一种必然。这显然是专利说明书公开不充分造成的。说明书公开不充分，继而怀疑发明或者实用新型的实用性，是有"足够的理由"的❶，因为所属技术领域的技术人员凭借未充分公开的说明书，不知道而且也不可能知道如何将发明或者实用新型付诸实施。对于这类专利申请，应当以不具备实用性且未满足充分公开要求为由作出驳回决定。

另一方面，发明或者实用新型因其技术方案存在固有缺陷而当然不具备实用性，必然导致专利说明书公开不充分。不管是发明还是实用新型，只要技术方案存在固有缺陷，就没有制造或者使用的可能性，也就是说，不具备实用性。在这种情况下，任凭专利申请人对发明或者实用新型作出怎样的说明，也不可能使所属技术领域的技术人员将该发明或者实用新型予以实现，这意味着说明书没有，实际上也不可能满足"清楚、完整"的要求。因此，因技术方案固有的缺陷引起的实用性的缺失总是与充分公开的缺位相伴而生的。

我国专利法上的实用性条款与充分公开条款之间的关系长期令人困惑。❷ 正确处理实用性条款与充分公开条款之间的适用关系，实质上是要明确，当发明或者实用新型因技术方案存在固有缺陷而

---

❶ 魏想，胡晓红. 专利实用性要求宽松与严苛之博弈与启示 [J]. 湖南大学学报（社会科学版），2019（5）：159.

❷ 吕炳斌. 专利披露制度研究：以 TRIPS 协定为视角 [M]. 北京：法律出版社，2016：193.

欠缺实用性时，以什么样的理由作出驳回专利申请的决定：是不具备实用性？还是公开不充分？抑或两者并用？笔者认为，学习美国的做法，摒弃欧洲的做法，我国的选择应当是"两者并用"，同时以不具备实用性和公开不充分两个理由作出驳回专利申请的决定，因为在这类专利申请中不具备实用性和公开不充分是同时存在的。

建议在《专利审查指南 2010》第二部分第二章"2.1.3 能够实现"（涉及公开不充分的情形）一节中，增加一项内容："（6）说明书给出的技术方案明显违背自然规律，所属技术领域的技术人员按照说明书记载的内容不能够实现。以第（6）项理由驳回专利申请时，同时以不具备实用性为由驳回专利申请。"同时，建议在《专利审查指南 2010》第二部分第五章"3.2 审查基准"（涉及不具备实用性的情形）一节中将"因不能制造或者使用而不具备实用性是由技术方案本身固有的缺陷引起的，与说明书公开的程度无关"替换为"申请专利的发明或者实用新型违背自然规律时，应当同时以不具备实用性和未充分公开为由驳回专利申请"。

需要说明的是，发明或者实用新型经过实用性审查，获得了具备实用性的认定结果，是不是意味着充分公开的要求也得到了满足？答案是不一定。所属技术领域的技术人员必须进行过量的试验，才能将发明或者实用新型付诸实施，这样的专利申请难以满足充分公开的要求，但不能说实用性的要求没有得到满足。在这种情况下，应当单独以说明书公开不充分为由驳回专利申请，以与实用性和充分公开要求均不满足的专利申请有所区别。

有必要在此提及的是，TRIPS 及《美国专利法》在发明充分公开条款中，要求发明人披露在专利申请日或者优先权日所知的实施发明的最佳方案。那么，《专利法》要不要在第 26 条第 4 款充分公开要求中增加类似规定呢？从积极的一面来看，要求发明人披露实施发明的最佳方案，一来可以预防发明人将最佳的实施方案隐藏起来，二来方便同行业的竞争对手将创新建立在最佳方案的基础上。尽管如此，笔者还是不主张增加要求发明人披露实施发明的最佳方案的规定。不主张增加的第一个原因是，最佳方案系一个主观上的判断，披露的方案只要是发明人主观认为已属最佳即符合披露要求，但是否属最佳方案难以判断。不主张增加的第二个原因是，实施发明的最佳方案是动态变化着的，在申请日或者优先权日披露的最佳方案不会一直最佳下去，或许一过申请日或者优先权日就不再是最佳方案了。《美国专利法》对最佳方案披露的规定，由极具实质意义转向仅具形式意义，富有启发意义。不主张增加的第三个原因是，TRIPS 第 29 条规定，成员"可以"（may）而不是"应当"（shall）要求专利申请人指明最佳实施方案。成员有权自主决定是否在其法律中作出要求专利申请人披露最佳实施方案的规定，要求或者不要求专利申请人披露最佳实施方案都符合 TRIPS 的要求。

笔者注意到，依据《专利法实施细则》的规定，"发明或者实用新型的具体实施方式"是专利说明书应当包括的内容之一，该实施方式应当是申请人认为的"实现发明或者实用新型的优选方式"，必要时，举例说明。❶ 另外，《专利审查指南 2010》仔细解释了"实现发明或者实用新型的优选的具体实施方式"以及"实施例"，并专门规定化学领域发明专利申请的实施例要求。❷ 笔者认为，包括"实施例"在内的"具体实施方式"尽管有"优选"的要求，但没有"最佳"的限定，因而不会出现像"最佳方案"那样难以判断的问题。更重要的是，尽管"具体实施方式"是专利说明书的重要组成部分，对充分公开与否的判断具有决定性的作用，但其作用并没有被提升至不应有的可导致专利权被撤销、无效或者不可执行的程度。在我国专利法上，没有提供"具体实施方式"，或者提供的具体实施方式不是优选的实施方式，仅会影响

---

❶ 《专利法实施细则》第 17 条第 1 款第（五）项。"必要时，举例说明"，即所谓的"实施例"，仅在必要时提供，并非说明书的必要组成部分。

❷ 国家知识产权局. 专利审查指南 2010：2019 年修订 [M]. 北京：知识产权出版社，2020：139，291.

说明书公开是否充分以及是否具备实用性的判断，不会产生专利权被撤销、无效或者不可执行的后果。因此，笔者主张，有关"具体实施方式"的规定可继续保留下去。

（三）引入发明或者实用新型用途披露一般规定

我国专利法上的实用性强调发明或者实用新型能够制造或者使用，这只回应了社会公众对于发明或者实用新型可实施性的关切。但是，社会公众对于发明或者实用新型有何用途的关切，现行的实用性规定没有给予回应。笔者认为，引入发明或者实用新型用途披露机制，以此回应社会公众的后一个关切。

以往的发明或者实用新型集中在机械、电子等领域，其实际用途可以较为直观地呈现出来，即使专利申请人不在专利说明书中披露，社会公众特别是所属技术领域的技术人员也能够从专利申请文件中识别出来。然而，随着生物、化学等领域新兴技术的问世，这些新兴领域的发明或者实用新型（在生物、化学领域，主要是发明，罕有实用新型）在申请专利的时候，如果申请人不披露实际用途，所属技术领域的技术人员就难以从专利申请文件中明了这些发明或者实用新型究竟有何用途，更别说社会公众了。因此，在我国专利法上，要求专利申请人在专利说明书中披露发明或者实用新型的实际用途是非常必要的。

专利申请人应当在说明书中披露发明或者实用新型的实际用途，专利法可不限制披露的实际用途的数量，但可要求至少披露一种实际用途。在专利审查实践中，审查员要审查申请人披露的实际用途是否符合实用性判断要求，即该实际用途是否是可信的特定且实在的用途。❶ 若审查结果是肯定的，就作出发明或者实用

---

❶ 特定用途是相对而言的，要"特定"到什么程度才能满足特定用途的要求，取决于说明书中披露的用途能否在产业上或者生活中直接应用，而无须进一步的实验。例如，将一种化学物质的用途描述为可以用来治疗感冒是不符合特定用途要求的，因为感冒有很多种，若描述为可以用来治疗病毒性感冒，则符合特定用途的要求。

新型具备实用性的认定;若审查结果是否定的,就不应作出发明或者实用新型具备实用性的认定。当申请人披露了多种实际用途时,只要一种用途或者部分用途满足实用性要求即可。

《欧洲专利审查指南》规定,根据说明书记载的内容或者基于发明的特性,发明适于产业应用的方式(用途)不易被发现,即不是显而易见的,就应当在说明书中清楚地披露出来。❶ 在大多数情况下(如机械、电子领域的发明),发明适于产业应用的方式具有自显性,无须再在说明书中描述;仅在少数情况下(如生物、化学领域的发明),发明适于产业应用的方式不具有显而易见性,如某些涉及基因序列的生物技术发明,就必须作出清晰的披露。这说明,不是发明的所有用途都应当在说明书中披露,要求披露的仅限于不具有自显性的用途。我国专利法或者专利审查指南也应如此规定:发明或者实用新型的实际用途不具有自显性的,专利申请人应当在说明书中明确披露。

基于前面的分析,即使专利申请人没有在说明书中披露发明或者实用新型的任何实际用途,审查员也不能径直判定发明或者实用新型不具备实用性,因为没有披露并不意味着发明或者实用新型真的没有实际用途。在这种情况下,审查员依然应当审查发明或者实用新型是否具有所属技术领域的技术人员能够识别的实际用途,并作出发明或者实用新型有无实用性的判断。同样,即使专利申请人在说明书中披露了多种实际用途且这些实际用途全都不符合实用性要求,审查员也应审查在已披露的实际用途之外是否存在所属技术领域的技术人员能够识别的实际用途。只有在披露的实际用途之外没有发现所属技术领域的技术人员能够识别的实际用途,审查员才可以推定发明或者实用新型不具备实用性。

---

❶ 4.9 Industrial application of Chapter II - Content of a European patent application (other than claims) in Part F - The European Patent Application in the Guidelines for Examination [EB/OL]. [2020-05-16]. https://www.epo.org/law-practice/legal-texts/html/guidelines/e/f_ii_4_9.htm.

当然，不披露用途或者用途披露不当引起的法律后果应当由专利申请人承担。这其中的法律后果就是，审查员没有发现所属技术领域的技术人员能够识别的实际用途，可以据此作出发明或者实用新型不具备实用性的判定。

关于发明用途的披露，《专利审查指南2010》针对涉及化学产品和遗传工程产品的发明明确提出了披露的要求，这两类发明的用途应当在说明书中予以披露。其第二部分第十章"关于化学领域发明专利申请审查的若干规定"部分"3.1 化学产品发明的充分公开"一节指出："要求保护的发明为化学产品本身的，说明书中应当记载化学产品的确认、化学产品的制备以及化学产品的用途。……即使是结构首创的化合物，也应当至少记载一种用途。"❶ 另外，在该章"9.生物技术领域发明专利申请的审查"一节中规定，对于涉及基因、载体、重组载体、转化体、多肽或蛋白质、融合细胞、单克隆抗体等的发明，应在说明书中描述其用途。❷

与《欧洲专利审查指南》相比，《专利审查指南2010》关于发明用途披露的规定仅限于化学和生物技术领域的发明，应当将此规定适用于全部技术领域。同时，应当考虑到这样一种情况，即大多数发明或者实用新型的实际用途具有自显性，所属技术领域的技术人员能够识别出来。只有不具有自显性，难以被所属技术领域的技术人员识别的用途，才有披露的必要。因此，建议在《专利审查指南2010》第二部分第二章"2.1 说明书应当满足的要求"一节中，在"充分公开"条款之后，紧接着增加一款内容，作为发明或者实用新型用途披露的"一般规定"。该"一般规定"的具体表述建议为："发明或者实用新型的实际用途，对于所属技术领域的技术人员来说，是难以识别的，应当在说明书中予以描

---

❶ 国家知识产权局. 专利审查指南2010：2019年修订［M］. 北京：知识产权出版社，2020：289.

❷ 国家知识产权局. 专利审查指南2010：2019年修订［M］. 北京：知识产权出版社，2020：310.

述。""一般规定"增加之后,《专利审查指南 2010》关于化学和生物技术领域发明用途披露的规定就有了正当性基础,同时也可以体现法律规定的一体适用特性。

《专利法实施细则》也有发明或者实用新型用途披露的相关规定。《专利法实施细则》第 23 条(涉及说明书摘要应当写明的内容)规定,"说明书摘要应当写明发明或者实用新型专利申请所公开内容的概要,即写明发明或者实用新型的……主要用途",但《专利法实施细则》第 17 条(涉及说明书应当包括的内容)却没有把发明或者实用新型的"主要用途"列为说明书应当包括的内容。将发明或者实用新型的"主要用途"写在说明书摘要中,而不是写在说明书中,有本末倒置之嫌。按理说,发明或者实用新型的主要用途应当在说明书中披露,且根据发明或者实用新型的内容及特性,应当要求披露非自显性的用途。因此,建议在《专利法实施细则》第 17 条中增加一项内容:"(六)主要用途:写明发明或者实用新型的主要用途,但具有自显性的用途除外。"

(四)坚持高度盖然性的实用性证明标准

在实用性审查过程中,至关重要的一个问题是:对于发明或者实用新型实用性存在与否的证明,应当采取什么样的标准?是排除合理怀疑的证明标准,还是高度盖然性的证明标准(或称盖然性占优势的证明标准)?

若要采取排除合理怀疑的证明标准,对于专利申请人来说,最有效的举证方法是,将专利产品制造出来,或者将专利方法投入实际使用,让社会公众能够感受发明或者实用新型的实际用途。以此方式证明发明或者实用新型的实用性方能达到排除一切合理怀疑的程度。若真要求申请人这样证明其发明或者实用新型的实用性,那么,这与专利制度发展初期威尼斯政府和美国政府要求发明人提供发明"模型"或者"样品"有什么两样?❶ 专利制度发

---

❶ 彭玉勇,张少华. 专利法实用性要求的演进 [J]. 人民论坛,2010 (5):128 – 129.

展到现在，提供发明"模型"或者"样品"的要求早已成为历史。中外专利法上的实用性仅要求发明或者实用新型具有可付诸制造或者使用的可能性，而不要求实际制造出来或者实际投入使用。何况，排除合理怀疑的证明标准一般适用于刑事案件，而在发明或者实用新型实用性审查中则没有适用的余地。

若要采取高度盖然性的证明标准，就要均衡考虑专利申请人作为一方当事人提出的发明或者实用新型具备实用性的证据与另一方当事人提出的发明或者实用新型不具备实用性的证据。在双方当事人都没有足够的依据否定对方证据时，需要判断一方证据的证明力是否明显大于另一方证据的证明力，并对证明力较大的证据予以确认。因此，基于高度盖然性的证明标准，应均衡考虑双方当事人提供的证据：若发明或者实用新型具备实用性的可能性高于不具备实用性的可能性，即具备实用性的证据的证明力大于不具备实用性的证据的证明力，就应认定发明或者实用新型具备实用性；否则，就应作出不具备实用性的认定。

《专利审查指南2010》确立了专利权无效宣告程序中证据运用的若干规则，但没有指明应当采用何种证明标准。《专利审查指南2010》第四部分第八章中规定，对于同一个事实，双方当事人提出了相反的证据，但都不足以否定对方的证据，专利复审机构"应当结合案件情况，判断一方提供证据的证明力是否明显大于另一方提供证据的证明力，并对证明力较大的证据予以确认"。❶ 这清楚地表明，《专利审查指南2010》对于高度盖然性的证明标准是予以认可的。这一标准不但能够适用于专利复审及无效宣告程序中，而且应当能够适用于其他类型的专利案件中，如专利侵权纠纷案件。

---

❶ 国家知识产权局. 专利审查指南2010：2019年修订［M］. 北京：知识产权出版社，2020：431.

基于上述分析，高度盖然性的证明标准应当成为我国实用性审查中有关证据审核认定的证明标准，并应当予以坚持。

（五）小结

为了重构我国实用性审查标准而建议的上述四项措施，就其所能产生的效应而言，有的产生松绑的效应，有的产生紧缩的效应，有的产生复原的效应。毫无疑问，取消"能够产生积极效果"的要求，将发明或者实用新型的"积极效果"交由"创造性"去评价，必定对实用性审查标准产生松绑的作用。澄清实用性与充分公开之间的适用关系，以合适的理由驳回技术方案存在固有缺陷的专利申请，可令实用性审查标准回归其原有的本位。引入发明或者实用新型用途披露一般规定，拒绝用途不明的专利申请，在一定程度上可以收紧实用性审查标准，尤其可以抬升生物、化学领域发明的实用性门槛。坚持高度盖然性的实用性证明标准，实际上就是将实用性审查标准建立在审查员"对证据有无证明力和证明力大小独立进行判断"的基础上❶，并在实用性审查标准上打上审查员自由心证的烙印，相较于采取排除合理怀疑的证明标准，使实用性审查标准呈现出一定的灵活性。

笔者认为，综合运用上述四项措施，可以构建出一个既不过于宽松又不过于严苛并具有一定灵活性的实用性审查标准。这样的标准即属于笔者主张的宽严相济类型，可以因应经济社会发展的实际需要，促进创新驱动发展和科技强国战略的实施。

六、以瑞德西韦新用途专利申请为例的模拟分析

2020年2月4日，中国科学院武汉病毒研究所（以下简称"武汉病毒所"）在其官网宣布，为应对岁末年初突如其来的新型

---

❶ 《最高人民法院关于民事诉讼证据的若干规定》（法释〔2019〕19号，2020年5月1日起施行）第85条。

冠状病毒肺炎(以下简称"新冠肺炎")疫情❶,通过多方联合研究,在抑制2019新型冠状病毒(2019 - nCoV病毒)药物筛选方面取得重要进展❷,美国吉利德科学公司(Gilead Sciences, Inc., 简称吉利德公司)的在研药物瑞德西韦(Remdesivir, GS - 5734)在细胞水平上能有效抑制2019 - nCoV病毒的感染❸,其在人体上的作用还有待临床验证❹。武汉病毒所已于2020年1月21日就瑞

---

❶ 2019年12月,武汉市部分医疗机构陆续出现不明原因的病毒性肺炎病例,肺炎疫情随之暴发流行,影响及于国内外。2020年1月5日,武汉病毒所分离得到病毒毒株。1月12日,世界卫生组织(WHO)将造成武汉肺炎疫情的新型冠状病毒临时命名为"2019新型冠状病毒"(2019 - nCoV)。1月30日,WHO宣布新型冠状病毒感染的肺炎疫情为"国际关注的突发公共卫生事件"(PHEIC)。2月8日,国家卫健委发布关于新冠病毒感染的肺炎暂命名的通知,新型冠状病毒感染的肺炎统一称谓为"新型冠状病毒肺炎"(简称"新冠肺炎")。2月11日,WHO将新型冠状病毒感染引起的疾病正式命名为"2019年冠状病毒疾病"(COVID - 19);同一天,国际病毒分类委员会(ICTV)将新型冠状病毒命名为"严重急性呼吸综合症冠状病毒2"(SARS - CoV - 2)。2月18日,多位中国专家联名在《柳叶刀》线上平台刊发文章《新型冠状病毒需要一个不同的名字》,呼吁将新型冠状病毒命名为"2019年人冠状病毒"(HCoV - 19)。2月21日,国家卫健委决定将"新型冠状病毒肺炎"英文名称修订为"COVID - 19",与WHO命名保持一致,中文名称保持不变。

❷ 我国学者在抗2019新型冠状病毒药物筛选方面取得重要进展[EB/OL]. (2020 - 02 - 04) [2020 - 02 - 18]. http://www.whiov.cas.cn/kxyj_160249/kyjz_160280/202005/t20200511.html.

❸ 2020年1月瑞德西韦尚未在任何国家获得批准上市,其安全性和有效性也未被证实。参见:吉利德科学关于应对2019新型冠状病毒(2019 - nCoV)的声明[EB/OL]. (2020 - 02 - 01) [2020 - 02 - 20]. https://www.gileadchina.cn/news/press-releases/2020/2/announcement - for - remdesivir.

❹ 2020年2月,吉利德公司配合中国的卫生部门开展一项随机、双盲的对照试验,以确定使用Remdesivir(瑞德西韦)治疗新型冠状病毒感染者是否安全和有效。瑞德西韦在我国直接进入的是临床试验Ⅲ期,共计761例新冠肺炎患者加入试验组,瑞德西韦在我国的临床试验在武汉金银潭医院等多家临床一线接诊新冠肺炎患者的医院中进行,首批新冠肺炎重症患者已于2020年2月6日接受用药,原定于4月27日公布临床试验结果。2020年4月15日,由于病人入组人数低,由中国研究机构牵头的瑞德西韦针对新型冠状病毒肺炎重症患者和轻中症患者的两项临床研究已提前终止。

德西韦申请了中国发明专利（抗 2019 新型冠状病毒的用途）。❶ 本文在此部分采用重构的实用性审查标准，对瑞德西韦新用途发明专利申请进行模拟分析。

（一）若以"能够产生积极效果"来评价，瑞德西韦新用途发明是否具有实用性？

有一点是毫无疑问的，那就是瑞德西韦作为一种药物既能够制造出来，❷ 也能够投入使用，❸ 这足以说明以瑞德西韦申请专利可以满足实用性所要求的"能够制造或者使用"条件。但这还不能使瑞德西韦专利申请完全满足实用性的要求，瑞德西韦还必须"能够产生积极效果"，即对新型冠状病毒感染产生积极的治疗作用，才能说具备实用性。

根据武汉病毒所的研究结果，瑞德西韦能够在细胞水平上对新型冠状病毒产生抑制作用，因此也可以预期，该药物能够在临床上对新冠肺炎产生治疗作用。然而，仅仅产生治疗作用还不能满足"能够产生积极效果"的要求。瑞德西韦需要在临床上对新冠肺炎产生"积极"的治疗作用，才能符合专利法上的"积极效果"要求。那么，瑞德西韦能够产生积极的治疗作用吗？这个问题需要依靠临床试验数据来回答。

---

❶ 吉利德公司于 2016 年将瑞德西韦抗冠状病毒的用途申请中国专利"治疗砂粒病毒科和冠状病毒科病毒感染的方法和化合物"，专利申请号为 CN201680066796.8，公开号为 CN108348526A，尚未获得授权。

❷ 2020 年 2 月 12 日，在科创板上市的博瑞医药发布公告称，公司成功仿制开发了瑞德西韦原料药合成工艺技术和制剂技术，已批量生产出瑞德西韦原料药，瑞德西韦制剂批量化生产正在进行中。参见：博瑞生物医药（苏州）股份有限公司关于抗病毒药物研制取得进展的公告［EB/OL］．（2020-02-12）［2020-02-20］．http：//www.sse.com.cn/disclosure/listedinfo/bulletin/star/c/688166_20200212_1.pdf.

❸ 2020 年 1 月 31 日，《新英格兰医学杂志》在线发表一篇论文，详细介绍了美国首例也是世界首例使用瑞德西韦治愈新冠肺炎的病例。参见：HOLSHUE W L, DEBOLT C, LINDQUIST S, et al.. First Case of 2019 Novel Coronavirus in the United States ［J］. The New England Journal Medicine，2020，382（10）：929-936.

宽严相济的专利实用性审查标准的构建

任何药物用于疾病治疗，其安全性一定是可控的，瑞德西韦也不例外。瑞德西韦是否可以安全且有效地治疗新型冠状病毒感染？已知的是，瑞德西韦在体外能够对新型冠状病毒产生抑制作用，但未知的是，瑞德西韦的临床效果究竟如何，有无毒副作用。若有，有多大的毒副作用？即使瑞德西韦能够产生一定的临床效果，但其临床效果不明显❶，甚至产生和药物相关的严重不良反应，即产生较大的毒副作用，就不能说瑞德西韦"能够产生积极效果"。没有"积极效果"，瑞德西韦新用途发明也就没有实用性。

因此，以"能够产生积极效果"来评价瑞德西韦新用途发明专利申请，基于瑞德西韦治疗作用尚不明朗的现实，难以得出瑞德西韦新用途发明具有实用性的结论。

瑞德西韦的治疗作用怎么样，治疗作用是否显著，则不在实用性的评价范围内。那么，应当如何评价瑞德西韦的治疗效果呢？方法就是，在创造性审查中评价瑞德西韦的治疗效果。《专利审查指南 2010》指出，在对已知产品新用途发明的创造性进行判断时，通常需要考虑新用途所带来的技术效果。❷ 其中的"技术效果"，在瑞德西韦新用途发明专利申请中，就是指瑞德西韦的治疗效果。

（二）对于瑞德西韦新用途发明的实用性，应当如何进行审查？

与药品有关的专利申请，不管是产品发明还是方法发明，包括药品新用途专利申请在内，都是较为独特的。其独特之处在于，

---

❶ 2020 年 4 月 29 日晚，在中国武汉进行的一项关于瑞德西韦重磅研究结果发表于国际顶尖医学期刊《柳叶刀》。这项全球首个随机、双盲、安慰剂对照、多中心临床试验结果显示，与安慰剂相比，抗病毒药物瑞德西韦治疗危重症住院患者，并未加快 COVID-19 的恢复速度，未降低病死率。也就是说，在重症新冠肺炎治疗中，瑞德西韦改善效果并不显著。参见：胡丹萍. 同样是瑞德西韦，为什么中美结果不同？[EB/OL].（2020-04-30）[2020-05-23]. https://tech.ifeng.com/c/7w7FNVxIsyd.

❷ 国家知识产权局. 专利审查指南 2010：2019 年修订 [M]. 北京：知识产权出版社，2020：181.

在专利申请文件中需要提供实验数据。❶ 即使在专利申请提交之后,还可以补充相关实验数据。❷ 这些实验数据是利用申请专利的药物开展体外实验、动物实验或者临床试验获得的结果,从中不难发现该药物对应的适应证以及相应的治疗效果。可以这样说,凡是与药物有关的专利申请,实用性的审查都是很容易进行的。

在提交瑞德西韦新用途专利申请之前,武汉病毒所开展了体外实验,获得了瑞德西韦可以在细胞水平上抑制新型冠状病毒的结果;❸ 尽管还没有获得动物试验数据和临床试验数据,但已展示了瑞德西韦可治疗新型冠状病毒感染的可能性。对于在动物实验和临床试验中获得的数据,可以作为体外实验数据的补充,提交给专利审查部门。

在专利申请中,武汉病毒所声称,瑞德西韦可对新型冠状病毒产生抑制作用,进而可以对新型冠状病毒感染起到一定的疗效。瑞德西韦能够产生这些作用吗?本文完成时专利申请文件尚未公开,只能基于已有的资料作一个假设。

瑞德西韦是一种广谱抗病毒药物,在体外实验和动物实验中

---

❶ 国家知识产权局. 专利审查指南 2010:2019 年修订 [M]. 北京:知识产权出版社,2020:290.

❷ 国家知识产权局. 专利审查指南 2010:2019 年修订 [M]. 北京:知识产权出版社,2020:291. 另参见 2020 年 1 月 15 日签署的《中美经贸协议》"第 1.10 条考虑补充数据":中国应允许药物专利申请人在专利审查程序、专利复审程序和司法程序中,通过补充数据以满足可专利性的有关要求,包括对充分公开和创造性的要求。

❸ 相关研究成果已经于 2020 年 2 月 4 日以《瑞德西韦和磷酸氯喹能在体外有效抑制新型冠状病毒 (2019 - nCoV)》为题发表在国际知名学术期刊《细胞研究》(*Cell Research*) 上。参见 WANG M L, CAO R Y, ZHANG L K, et al.. Remdesivir and Chloroquine Effectively Inhibit the Recently Emerged Novel Coronavirus (2019 - nCoV) in vitro [EB/OL]. (2020 - 02 - 04) [2020 - 05 - 23]. https://www.nature.com/articles/s41422 - 020 - 0282 - 0.

已被证明对 MERS 病毒和 SARS 病毒的活性。❶ MERS 病毒和 SARS 病毒在分类上与新型冠状病毒同属冠状病毒亚科，在结构上与新型冠状病毒类似。❷ 既然在体外实验和动物实验中均证实瑞德西韦对 MERS 和 SARS 病毒的活性，那么可以想象得到，瑞德西韦也有可能产生对新型冠状病毒的活性。❸ 吉利德公司也指出，针对 MERS 病毒和 SARS 病毒有限的临床前数据表明，瑞德西韦可能对新型冠状病毒具有潜在的活性。❹ 因此，可以推断，瑞德西韦新用途发明声称的可抑制新型冠状病毒有实现的可能性。

简而言之，采用重构的实用性审查标准来审查瑞德西韦新用途发明专利申请，就要评价瑞德西韦的可再现性和有用性。瑞德西韦的可再现性不必再作论证，前面已说过，瑞德西韦在产业上进行制造或者投入使用的可能性是存在的。但瑞德西韦的有用性呢？申请人披露了瑞德西韦的实际用途，指明瑞德西韦可以治疗新型冠状病毒感染，因而满足特定用途的要求；提出瑞德西韦现在就可以临床使用，因而满足实在用途的要求；提供了充足的证

---

❶ 吉利德科学就瑞德西韦（Remdesivir）相关话题的回复［EB/OL］.（2020-02-08）［2020-02-21］. https：//mp.weixin.qq.com/s/whmcClqAEyOE_JzlLmm2Ng. MERS 病毒和 SARS 病毒分别是中东呼吸综合症（Middle East Respiratory Syndrome）病毒和严重急性呼吸综合症（Severe Acute Respiratory Syndrome）病毒。

❷ 生物信息学分析表明，新型冠状病毒（COVID-19）具有冠状病毒家族的典型特征，属于 β-冠状病毒。对其全基因组序列和已有的其他 β-冠状病毒的全基因组序列进行一致性比对后显示，该病毒与蝙蝠携带的 SARS 样冠状病毒 RaTG13 株全基因组亲缘关系最近，同源性为 96%。参见：世界卫生组织新冠肺炎联合考察组. 中国-世界卫生组织新型冠状病毒肺炎（COVID-19）联合考察报告［EB/OL］.（2020-03-07）［2020-03-09］. https：//tech.ifeng.com/c/7ueVxoxXuJb.

❸ 正是因为这样，武汉病毒所从多个候选药物中，选择瑞德西韦，首先进行体外实验。

❹ 吉利德公司：瑞德西韦是一种核苷类似物前药，其机理是能够抑制依赖 RNA 的 RNA 合成酶（RdRp），被认为可以有效抑制呼吸道上皮细胞中 SARS 病毒和 MERS 病毒的复制。参见：吉利德科学就瑞德西韦（Remdesivir）相关话题的回复［EB/OL］.（2020-02-08）［2020-02-21］. https：//mp.weixin.qq.com/s/whmcClqAEyOE_JzlLmm2Ng.

据可以让所在行业医疗人员相信前述用途有实现的可能性，因而满足可信的要求。于是，申请人披露的瑞德西韦的实际用途是可信的特定且实在的用途。也就是说，瑞德西韦具有对新型冠状病毒感染产生治疗作用的可能性。因此，以重构的实用性审查标准来衡量，可以得出瑞德西韦具备实用性的结论。

（三）若瑞德西韦的实际疗效不及武汉病毒所在说明书中声称的疗效，以什么理由驳回专利申请？

武汉病毒所申请专利时，应当在说明书中披露真实、充分、可靠的数据，可以是细胞实验获得的数据，也可以是动物实验获得的数据，还可以是临床试验获得的数据。由于是已知药品新用途专利申请，武汉病毒所披露的数据应当能够揭示出瑞德西韦的适应证、给药途径、剂量等达到最佳疗效的信息。这些数据不仅应当能够证明瑞德西韦的安全性、有效性和质量可控性，而且还应当能够达到如下目的：医疗行业的医务人员按照专利说明书的指示，给新型冠状病毒感染患者施用瑞德西韦，应当能够获得同样的治疗效果。

实际上，可以想象得到，医务人员对患者施用瑞德西韦后，有可能出现三种情况：一是取得与专利说明书所述疗效一样的效果，甚至取得更优的治疗效果❶；二是没有取得一丝一毫的疗效，即照说明书所述施用瑞德西韦没有对患者产生治疗作用；三是取得的疗效介于上述两种情况之间。对于第一种情况，社会公众不会对瑞德西韦新用途发明提出什么质疑。若出现后两种情况，就意味着所在行业医疗人员必须在专利说明书的基础上进行过量的实验才能获得必要的数据，进而取得第一种情况所述的效果。这只能说明，武汉病毒所在申请专利时有所保留，没有充分披露其所掌握的数据，即没有满足充分公开的要求。

若不能满足充分公开的要求，瑞德西韦新用途发明具备实用

---

❶ 更优的治疗效果有可能孕育着创新。

性的结论还能够成立吗？笔者认为：实用性审查旨在考虑瑞德西韦是否具有治疗新型冠状病毒感染的可能性，并不要求确保瑞德西韦对新型冠状病毒感染产生最佳疗效；只要瑞德西韦能够产生疗效的可能性是有理有据科学推断出来的，瑞德西韦新用途发明具备实用性的结论就不应当受到质疑。此时应当质疑的是，瑞德西韦新用途专利申请是否满足充分公开的要求。若瑞德西韦的实际疗效不及武汉病毒所在专利说明书中声称的疗效，以什么理由驳回专利申请呢？答案显而易见，只能以未充分公开为由驳回瑞德西韦新用途专利申请。❶ 基于同样道理，若瑞德西韦新用途专利已经获得授权，应当以未充分公开为由宣告该专利无效。

七、结语

实用性对于实现专利制度促进经济增长和社会进步的目标是不可或缺的。正确运用实用性审查标准有助于控制专利申请的质量，更有助于控制专利授权的质量。若对实用性作过于宽泛的解释，那么，就没有多少发明或者实用新型不能满足实用性要求，"专利丛林"会更加细密，社会公众利益会遭到损害；相反，若对实用性作过于严厉的解释，就没有多少发明或者实用新型能够满足实用性要求，人们从事发明创造的积极性就会受到严重打击。因此，我们要构建一个宽严相济的实用性审查标准，这一标准应当能够有助于专利行政机关在专利授权确权程序中以及司法机关在专利案件审理中实现专利权人与社会公众之间的利益均衡，既服务于创新驱动发展的强国建设目标，也契合经济社会发展的实际需要。

---

❶ 一旦技术方案能够实施，则其能解决什么样的技术问题，进而达到什么样的技术效果，则应是充分公开及创造性需要考虑的问题。参见：宋岩. 专利实用性与充分公开的竞合适用问题浅析［J］. 知识产权，2015（12）：91.

《两高知识产权刑事司法解释（三）》中商业秘密权利人"重大损失"研究

陈绍玲*

【摘　要】"侵犯商业秘密罪"中的"重大损失"本质上是权利人的商业机会丧失导致的经济损失，具体表现为权利人可得利益的丧失。《两高知识产权刑事司法解释（三）》将权利人为应对侵权行为支出的补救费用计入"重大损失"，虽不符合法理，但符合 2020 年《中美经贸协议》的要求，因此有必要对其适用应加以限制：权利人为重新恢复计算机信息系统安全、其他系统安全而支出的补救费用，只有在商业秘密未灭失的情况下才能计入"重大损失"。侵权行为直接导致权利人破产、倒闭条款无法单独适用，只能作为"侵犯商业秘密罪"的加重情节适用。《两高知识产权刑事司法解释（三）》对"重大损失"认定、计算方式的分类过于烦琐且缺乏合理性，建议将侵权行为区分为不正当获取、披露、使用、许可他人使用商业秘密四种，并据此细化每种侵权行为导致的"重大损失"的认定和计算方法。其中，不当获取商业秘密的行为，导致了权利人合理许可费用的损失；使用他人商业秘密的行为，导致了权利人市场销售利润或者合理许可费用的损失；披露行为导致商业秘密丧失保密性的，导致了权利人全部商业秘密商业价值的损失；许可他人使用商业秘密的行为，造成了权利人市场销售利润或者合理许可费用的损失。

---

* 作者简介：陈绍玲，华东政法大学知识产权学院副教授、硕士研究生导师。

《两高知识产权刑事司法解释（三）》中商业秘密权利人"重大损失"研究

【关键词】 商业秘密　重大损失认定　计算

商业秘密是"不为公众所知悉、具有商业价值并经权利人采取相应保密措施的技术信息、经营信息等商业信息"❶。《中华人民共和国刑法》（以下简称《刑法》）第 219 条规定了"侵犯商业秘密罪"，侵害商业秘密的行为在给权利人造成重大损失的情况下构成犯罪，"造成特别严重后果"的加重处罚。但就何为"给权利人造成重大损失"，理论界和实务界多有争议。特别是在中美经贸冲突的大背景下，"侵犯商业秘密罪"的"重大损失"问题再度成为讨论热点。

2020 年初，中美两国签订了《中华人民共和国政府和美利坚合众国政府经济贸易协议》（以下简称《中美经贸协议》），商业秘密条款成为《中美经贸协议》的重要内容。就商业秘密的刑事保护问题，美方对中方提出两点要求：第一，取消将权利人的实际损失作为启动商业秘密刑事调查（criminal investigation）前提的要求❷；第二，在过渡阶段降低刑事执法（criminal enforcement）的门槛，允许将"补救成本"计入权利人的"重大损失"。❸ 就这两点要求可能造成的影响，有学者认为，"我国今后可能会修改刑法规定，把侵犯商业秘密犯罪从结果犯改为行为犯"❹。这种观点是对《中美经贸协议》的误读，美方并未要求中方取消入罪门槛，而是要求中方降低入罪门槛、取消立案门槛。❺ 因此，我国没有必

---

❶ 《反不正当竞争法》第 9 条第 4 款。
❷ 《中美经贸协议》第 1.7 条第 1 款和第 2 款第（二）项。
❸ 《中美经贸协议》第 1.7 条第 2 款第（一）项。
❹ 王文华. 中美贸易谈判中侵犯商业秘密的刑事责任问题研究 [J]. 经贸法律评论，2020（4）：43-55.
❺ 最高人民检察院、公安部于 2010 年印发的《最高人民检察院 公安部关于公安机关管辖的刑事案件立案追诉标准的规定（二）》第 73 条规定，给商业秘密权利人造成损失数额在 50 万元以上的，公安机关才予以立案追究，这显然不符合 2020 年《中美经贸协议》提出的取消立案门槛的要求。

要将侵犯商业秘密罪由行为犯改为结果犯。

《中美经贸协议》要求中方降低侵犯商业秘密罪的入罪门槛——降低"重大损失"的数额。最高人民法院、最高人民检察院在2020年9月12日发布的《最高人民法院 最高人民检察院关于办理侵犯知识产权刑事案件具体应用法律若干问题的解释（三）》（以下简称《两高知识产权刑事司法解释（三）》对此有所回应，将侵犯商业秘密罪的入罪门槛——"重大损失"数额由50万元下调至30万元❶，还规定直接导致商业秘密权利人"因重大经营困难而破产、倒闭"、造成商业秘密权利人"其他重大损失"等两种情形构成给商业秘密的权利人造成重大损失。该司法解释表明，受《中美经贸协议》的影响，我国规定的侵犯商业秘密罪的入罪门槛已经降低。但在降低入罪门槛的同时要防止滥刑。具体到《两高知识产权刑事司法解释（三）》，在降低入罪门槛的同时，还在"重大损失"数额的认定和计算方面有所创新。这些创新是否符合法理，应如何把握这些创新以防止滥刑，这是当前理论界和实务界必须解决的问题。

一、《两高知识产权刑事司法解释（三）》对"重大损失"理论争议的回应

自《刑法》规定侵犯商业秘密罪以来，"重大损失"的认定和计算一直都是理论研究的难点。《两高知识产权刑事司法解释（三）》在"重大损失"的认定和计算方面有所突破，这些突破尽管对长期存在的理论争议有所回应，但未从根本上解决问题。

首先，就"重大损失"的必要性问题，特别是不当获取商业

---

❶ 最高人民法院、最高人民检察院于2004年发布的《最高人民法院 最高人民检察院关于办理侵犯知识产权刑事案件具体应用法律若干问题的解释》（简称《两高知识产权刑事司法解释（一）》）第7条规定，给商业秘密权利人造成损失数额在50万元以上的，属于"给权利人造成重大损失"；给商业秘密权利人造成损失数额在250万元以上的，属于"造成特别严重后果"。

《两高知识产权刑事司法解释（三）》中商业秘密权利人"重大损失"研究

秘密的行为是否必须给权利人造成重大损失才能入罪的问题，部分学者有不同于现行法的观点。例如，有学者认为，"商业秘密的损失并不以商业秘密为侵权人或者他人使用为前提，只要侵权人实施了侵犯商业秘密行为并且泄露或者非法获取了商业秘密，本罪就已经既遂"。❶ 据此，不当获取商业秘密的行为无论是否给权利人造成损失，均构成侵犯商业秘密罪。这实际上是将不当获取商业秘密情形下的"侵犯商业秘密罪"视为行为犯，显然与《刑法》的规定不符。另有少数学者认为不正当获取行为不会导致商业秘密权利人的"重大损失"。持这种观点的学者认为，不当获取商业秘密的行为不同于披露或者利用他人商业秘密的行为，并不会导致权利人商业机会的丧失。❷ 还有学者认为："盗窃商业秘密一般不能等于盗窃相当数额的财物，如果行为人没有披露、使用或者允许他人使用商业秘密的情况，原则上应得到无罪的结论。"❸ 这些观点实际上否定了不当获取商业秘密行为的违法性，同样与《刑法》的规定不符。《两高知识产权刑事司法解释（三）》终结了上述争论，直接规定不当获取行为导致的权利人损失"可以根据该项商业秘密的合理许可使用费确定"❹，但未解释为何不当获取商业秘密的行为导致权利人损失许可费用。司法解释的上述规定是否合理，有必要在理论上予以澄清。

其次，就"重大损失"的定性问题，"重大损失"的本质为何，是权利人现有财产的减少还是可得利益的丧失，是否包括侵权行为对权利人名誉、荣誉造成的非物质损失，理论界和实务界

---

❶ 陈兴良. 侵犯商业秘密罪的重大损失及数额认定 [J]. 法律适用，2011 (7)：32-34.

❷ 谢清波. 侵犯商业秘密罪中"重大损失"之界定 [J]. 江苏警官学院学报，2010 (2)：17-20.

❸ 张明楷，黎宏，周光权. 刑法新问题探究 [M]. 北京：清华大学出版社，2003：232.

❹ 《两高知识产权刑事司法解释（三）》第 4 条 1 款第（一）项。

一直争议不断。《两高知识产权刑事司法解释（三）》的突破在于，规定"直接导致商业秘密权利人因重大经营困难而破产、倒闭""造成商业秘密的权利人其他重大损失"等两种情形构成"给商业秘密的权利人造成重大损失"❶，还规定权利人"为减轻对商业运营、商业计划的损失或者重新恢复计算机信息系统安全、其他系统安全而支出的补救费用"可计入"重大损失"❷。这些规定部分与最高人民检察院、公安部于2010年印发的《最高人民检察院 公安部关于公安机关管辖的刑事案件立案追诉标准的规定（二）》（以下简称《刑事案件追诉标准（二）》）的相关条款类似，还有部分源于《中美经贸协议》。这些规定具体应如何适用，可能成为实践中的难题。

第一，规定"直接导致商业秘密权利人因重大经营困难而破产、倒闭"构成"给商业秘密的权利人造成重大损失"的合理性问题。《刑事案件追诉标准（二）》规定"致使商业秘密权利人破产的"应予立案❸，《两高知识产权刑事司法解释（三）》第4条第1款第（二）项规定，"直接导致商业秘密权利人因重大经营困难而破产、倒闭的"应当认定为"给商业秘密的权利人造成重大损失"。《两高知识产权刑事司法解释（三）》实际上是直接将《刑事案件追诉标准（二）》规定的立案门槛转化为入罪门槛，由此产生该入罪门槛如何适用的问题。《两高知识产权刑事司法解释（三）》上述规定中的"直接导致"一词说明，权利人的破产、倒闭与商业秘密侵权行为之间必须存在因果关系。但《两高知识产权刑事司法解释（三）》未能解决的问题在于：是只要权利人因侵权行为

---

❶ 《两高知识产权刑事司法解释（三）》第4条第1款第（二）项、第（三）项。

❷ 《两高知识产权刑事司法解释（三）》第5条第3款。

❸ 《刑事案件追诉标准（二）》第73条："[侵犯商业秘密案（刑法第二百一十九条）]侵犯商业秘密，涉嫌下列情形之一的，应予立案追诉：（一）给商业秘密权利人造成损失数额在五十万元以上的；（二）因侵犯商业秘密违法所得数额在五十万元以上的；（三）致使商业秘密权利人破产的；（四）其他给商业秘密权利人造成重大损失的情形。"

《两高知识产权刑事司法解释（三）》中商业秘密权利人"重大损失"研究

破产、倒闭的，侵权人就构成犯罪，还是说侵权行为导致的权利人损失必须达到特定数额，否则不构成犯罪？《两高知识产权刑事司法解释（三）》将"直接导致商业秘密权利人因重大经营困难而破产、倒闭"条款与造成权利人损失数额在 30 万元以上的条款并列❶，从体系解释的角度可知"直接导致商业秘密权利人因重大经营困难而破产、倒闭"条款的适用情形。如果侵权行为导致权利人的损失超过 30 万元且导致权利人破产、倒闭的，那么对该侵权行为可以适用《两高知识产权刑事司法解释（三）》第 4 条第 1 款第（一）项，此时"直接导致商业秘密权利人因重大经营困难而破产、倒闭"条款没有适用空间；如果侵权行为导致权利人的损失少于 30 万元但导致权利人破产、倒闭的，此时无法适用《两高知识产权刑事司法解释（三）》第 4 条第 1 款第（一）项，只能适用"直接导致商业秘密权利人因重大经营困难而破产、倒闭"条款，这是该条款唯一适用的情形。问题在于，少于 30 万元的损失是否会导致权利人"重大经营困难"？如果说接近 30 万元的损失会导致权利人"重大经营困难"，那么 5000 元的损失会不会导致权利人"重大经营困难"？❷ 如果侵权行为造成的权利人损失仅为 5000 元，仍然对侵权人实施刑事制裁，这是否有滥刑之嫌？由此可见，"直接导致商业秘密权利人因重大经营困难而破产、倒闭"条款的适用应慎重，该条款的适用还有进一步研究的空间。

第二，将"为减轻对商业运营、商业计划的损失或者重新恢复计算机信息系统安全、其他系统安全而支出的补救费用"计入"重大损失"的合理性问题。根据损害赔偿理论，任何补救费用均属于权利人现有财产的减少。商业秘密的侵权损失一般体现为可得利益的丧失，由此产生将补救费用列入"重大损失"是否符合

---

❶ 《两高知识产权刑事司法解释（三）》第 4 条。
❷ 在权利人已经承担巨额债务的情况下，5000 元的损失同样会导致权利人资不抵债。

商业秘密侵权损失特征的问题。将"为减轻对商业运营、商业计划的损失而支出的补救费用"列入"重大损失"的规定源于《中美经贸协议》❶,但无论是《中美经贸协议》还是《两高知识产权刑事司法解释(三)》,均未明确"补救费用"的内涵。如果该"补救费用"包含律师费,考虑到律师费是权利人自愿支出的费用,作为民事赔偿可以获得法院支持❷,但理论上律师费是否计入"重大损失"尚无定论。❸ 因此,如果将律师费计入"补救费用",其合理性将成为亟待解决的问题。此外,商业秘密权利人"为重新恢复计算机信息系统安全、其他系统安全而支出"的补救费用,是否可以不加区分地计入"重大损失"?如果侵权人破坏保密措施后公开披露了商业秘密,在无密可保的情况下权利人无须支出"补救费用",此时将"补救费用"计入"重大损失"明显有悖于常理。

第三,"其他重大损失"是否包括侵权行为对权利人的名誉、荣誉造成的非物质损失,也是值得讨论的问题。"其他重大损失"的提法源于《刑事案件追诉标准(二)》第 73 条第(四)项,不少学者认为该项包含权利人因侵权行为所受精神打击。❹ 基于此,《两高知识产权刑事司法解释(三)》规定的"其他重大损失"是否包含权利人因商誉或者名誉受损导致的损失,无疑是有必要研究的问题。

第四,就"重大损失"的认定和计算,《两高知识产权刑事司

---

❶ 《中美经贸协议》第 1.7 条第 2 款第(一)项。

❷ 《反不正当竞争法》第 17 条第 3 款。

❸ 部分学者支持这一观点,参见:刘宪权,吴允锋.侵犯商业秘密罪若干争议问题研究[J].甘肃政法学院学报,2006(4):20-27;另有学者持反对意见,参见:李兰英,高扬捷,等.知识产权刑法保护的理论与实践[M].北京:法律出版社,2018:421.

❹ 有学者认为《刑事案件追诉标准(二)》提及的"其他给商业秘密权利人造成重大损失"包括"权利人遭受的精神打击"等。参见:王晓东.论侵犯商业秘密罪"重大损失"的确定[J].齐鲁学刊,2015(4):86-90.

《两高知识产权刑事司法解释（三）》中商业秘密权利人"重大损失"研究

法解释（三）》有更为明确的规定，但其合理性存疑。该司法解释第 5 条规定，"以不正当手段获取权利人的商业秘密，尚未披露、使用或者允许他人使用"导致的损失，按商业秘密的合理许可使用费计算；"以不正当手段获取权利人的商业秘密后，披露、使用或者允许他人使用"导致的损失，按侵权导致的权利人销售利润的损失或者商业秘密合理许可使用费用计算；"违反约定、权利人有关保守商业秘密的要求，披露、使用或者允许他人使用其所掌握的商业秘密"导致的损失，按侵权导致的权利人销售利润的损失计算；"明知商业秘密是不正当手段获取或者是违反约定、权利人有关保守商业秘密的要求披露、使用、允许使用，仍获取、使用或者披露"导致的损失，按侵权导致的权利人销售利润的损失计算；"侵犯商业秘密行为导致商业秘密已为公众所知悉或者灭失"引发的损失，可以根据该项商业秘密的商业价值确定。❶ 上述条文的设计借鉴了《刑法》"侵犯商业秘密罪"条款的编撰模式。《刑法》"侵犯商业秘密罪"条款采用的是"行为＋结果"的编撰模式，具体规定了四类侵犯商业秘密的行为：①以不正当手段获取权利人商业秘密的行为❷；②披露、使用或者允许他人使用以不正当手段获取的商业秘密的行为❸；③违反约定披露、使用或者允许他人使用其所掌握的商业秘密的行为❹；④明知上述三种情形仍然获取、使用或者披露他人商业秘密的行为❺。《两高知识产权刑事司法解释（三）》按照这四类侵犯商业秘密的行为，设计了商业秘密"重大损失"的认定和计算条款。但《刑法》上述情形的分类过于烦琐且缺乏合理性，如不当获取后披露、使用或允许他人使用与违反保密要求披露、使用或允许他人使用，均涉及披露、

---

❶ 《两高知识产权刑事司法解释（三）》第 5 条第 1 款。
❷ 《刑法》第 219 条第 1 款第（一）项。
❸ 《刑法》第 219 条第 1 款第（二）项。
❹ 《刑法》第 219 条第 1 款第（三）项。
❺ 《刑法》第 219 条第 2 款。

面向高质量发展的知识产权制度建设

使用或者允许他人使用商业秘密的行为,因此在本质上没有区别。但《刑法》和《两高知识产权刑事司法解释(三)》坚持将两者作出区分:不当获取后披露、使用或允许他人使用商业秘密导致的损失,按销售利润的损失和合理许可费用中数额高者确定;但违反保密要求披露、使用或允许他人使用商业秘密导致的损失,按销售利润的损失确定。这种区分是否合理,《两高知识产权刑事司法解释(三)》规定的"重大损失"认定和计算方法是否正确?这些问题必须得到回答。此外,就侵权导致的销售利润损失的计算方法,《两高知识产权刑事司法解释(三)》要求按照权利人产品或者侵权产品的合理利润计算。❶ 但所谓合理利润是"毛利润"还是"净利润"❷,是侵权行为发生之前的利润还是侵权行为同期的利润❸? 对此,理论和实践多有争议,因此应予以重视。

二、《两高知识产权刑事司法解释(三)》中"重大损失"相关规定的定性

较之于其他法律、法规和司法解释的规定,《两高知识产权刑事司法解释(三)》扩张了"重大损失"的范围。例如,侵权行为"直接导致商业秘密权利人因重大经营困难而破产、倒闭的"构成给权利人造成"重大损失",商业秘密权利人"为减轻对商业运营、商业计划的损失或者重新恢复计算机信息系统安全、其他系统安全而支出的补救费用"可计入"重大损失",除此之外,《两高知识产权刑事司法解释(三)》就"重大损失"还设定了兜底条

---

❶ 《两高知识产权刑事司法解释(三)》第5条第3款。
❷ 有学者认为该"合理利润"是净利润,参见:周朝阳. 侵犯商业秘密罪中"重大损失"的内外审查方法 [J]. 中国检察官, 2015 (14): 54-58;另有学者认为该"合理利润"是毛利润,参见:房长缨,张婷婷. 侵犯商业秘密刑事案件相关问题及对策研究 [J]. 上海法学研究集刊, 2019, 5: 122.
❸ 部分案件采侵权行为同期的利润,参见上海市闵行区人民法院(2012)闵刑(知)初字第80号刑事判决书;另有部分案件采用侵权行为发生前的利润,参见广东省广州市中级人民法院(2006)穗中法刑二知终字第5号刑事裁定书。

款:"造成商业秘密的权利人其他重大损失的"同样构成"重大损失"。问题在于,将这些损失计入"重大损失"是否合理?要解决这一问题,就必须从法理上厘清"重大损失"。

"侵犯商业秘密罪"中权利人"重大损失"的定性与"侵犯商业秘密罪"条款的保护对象相关。因此,要解决权利人"重大损失"的定性问题,就必须厘清"侵犯商业秘密罪"条款的保护对象。在我国,有不少学者主张"侵犯商业秘密罪"条款的保护对象仅包括权利人的民事权益;❶也有学者认为,该条款的保护对象不仅包括商业秘密权利人的私权利,还包括《刑法》保护的市场经济秩序。❷根据《刑法》,侵犯商业秘密罪属于《刑法》第三章规定的"破坏社会主义市场经济秩序罪",市场经济秩序应该是"侵犯商业秘密罪"条款的保护对象。问题在于,为何市场经济秩序会成为"侵犯商业秘密罪"条款的保护对象,市场经济秩序与商业秘密权利人的民事权益又有何关联?

市场经济秩序成为"侵犯商业秘密罪"条款的保护对象,本质上是因为市场经济秩序关乎消费者的福利。根据反不正当竞争法原理,市场经济秩序本质上是基于商业道德形成的规范有序的竞争秩序,其功能不仅在于维护市场竞争者的利益,而且在于保障消费者的福利。社会常识告诉我们:规范有序的市场竞争,有利于消费者福利的提升;而恶性无序的市场竞争,最终会导致消费者福利的丧失。以商标为例,商标被用来区分不同商品或服务的提供者,规范的商标使用行为有助于帮助消费者"识牌购物"。侵犯他人商标权,特别是在相同商品上使用相同商标的行为,不仅扰乱市场经济秩序,而且侵害消费者的利益,因此有必要通过

---

❶ 高铭暄,马克昌. 刑法学 [M]. 北京:北京大学出版社,2016:441;刘宪权. 刑法学 [M]. 上海:上海人民出版社,2016:532.
❷ 申柳华,林岚. 商业秘密的刑法保护 [J]. 重庆工商大学学报(社会科学版),2006 (4):70-73.

刑事手段遏制扰乱市场秩序的商标侵权行为。❶ 再如,《中华人民共和国反不正当竞争法》(以下简称《反不正当竞争法》)鼓励市场竞争,甚至允许竞争者以反向工程的方式获取竞争对手的商业秘密。❷ 但窃取并利用他人商业秘密的行为则在《反不正当竞争法》和《刑法》的规制范围。具体到本文研究的商业秘密问题,商业秘密侵权人提供的产品或者服务往往物美价廉,侵权行为似乎有益于消费者,但长此以往,竞争秩序必然失范,创新动力随之不足,最终损害的还是消费者的利益。因此,侵犯商业秘密罪条款本质上是通过维护市场经济秩序的手段,达到促进市场参与者有序竞争的目的,最终实现保障消费者利益的立法宗旨。

如上文所述,"侵犯商业秘密罪"条款的保护对象是市场经济秩序,那么破坏市场经济秩序的行为与商业秘密权利人的民事权益又有何关联?显而易见的是,市场经济秩序被破坏的同时,商业秘密随之被侵害,权利人的损失因此产生。因此,侵害商业秘密的行为一方面会破坏市场经济秩序,另一方面必然也侵害商业秘密权利人的民事权益。市场经济秩序被破坏的程度越严重,商业秘密被侵害的程度越高,权利人的损失就越大。因此,在侵犯商业秘密罪中,权利人的损失不但成为衡量商业秘密被侵害程度的工具,也成为检验市场经济秩序被破坏程度的手段。

既然侵犯商业秘密罪中权利人损失的认定如此重要,那么这种损失的本质为何?侵犯商业秘密罪中权利人的损失应为经济损失,不包括侵权行为导致的名誉或荣誉损失。有学者认为,商业秘密侵权行为可能会损害权利人的名誉和荣誉❸,但这种损害不属于"侵犯商业秘密罪"中权利人的损失。因此,《两高知识产权刑事司法解释(三)》规定的"其他重大损失"必然不包含侵权行为

---

❶ 《刑法》第 213 条 (假冒注册商标罪)、第 214 条 (销售假冒注册商标的商品罪)。
❷ 《最高人民法院关于审理不正当竞争民事案件应用法律若干问题的解释》第 12 条。
❸ 刘方,单民. 侵犯知识产权犯罪的定性与量刑 [M]. 北京: 人民法院出版社, 2001: 321.

《两高知识产权刑事司法解释（三）》中商业秘密权利人"重大损失"研究

对权利人的名誉、荣誉造成的非物质损失。

如果说侵犯商业秘密罪中权利人的损失仅包含经济损失，那么是否任何经济损失均属于权利人的损失？根据侵权法常识，侵权行为导致权利人的经济损失有两种类型——现有财产的减少或可得利益的丧失。针对商业秘密的侵权行为，同样会导致权利人这两方面的损失。如有学者认为，商标秘密权利人调查不法行为而支出的合理费用构成权利人的损失。❶ 同理，《反不正当竞争法》将经营者为制止侵权行为支付的合理开支纳入赔偿范围。❷ 调查不法行为的合理费用和制止侵权行为的合理开支均导致权利人现有财产的减少，那么这种损失是否属于刑事案件中商业秘密权利人的损失？笔者认为，侵犯商业秘密罪中权利人的损失，是破坏市场经济秩序的不正当竞争行为引发的损失。如未经许可使用他人商业秘密的行为，会导致权利人的损失。损失的产生有两种解释方式：①侵权人未支付许可费用而使用商业秘密，导致权利人许可侵权人使用商业秘密的机会丧失；②侵权人的侵权产品替代权利人的产品，导致权利人销售合法产品的机会丧失。因此，商业秘密权利人的损失本质上是不正当竞争行为导致权利人商业机会丧失而发生的损失。因此，商业秘密侵权案件中，只有能够衡量权利人商业机会丧失程度的损失——可得利益的丧失，才属于刑事案件中商业秘密权利人的损失。上述开支和费用尽管属于权利人承担的不利益，但不是权利人因为商业机会的丧失而承担的损失。

根据《两高知识产权刑事司法解释（三）》，权利人为减轻侵权行为对商业运营、商业计划的损失或者重新恢复计算机信息系统安全、其他系统安全而支出的补救费用可计入"重大损失"。根

---

❶ 刘宪权，吴允锋. 侵犯商业秘密罪若干争议问题研究［J］. 甘肃政法学院学报，2006（4）：20-27.

❷ 《反不正当竞争法》第17条第3款。

据上文的分析，所谓的补救费用构成权利人现有财产的减少，不属于可得利益的丧失，因此按理不应计入"重大损失"。《两高知识产权刑事司法解释（三）》中有关补救费用的规定来源于《中美经贸协议》，尽管其不符合法理，但是考虑到中方在《中美经贸协议》中承担的义务，权利人为减轻侵权行为对商业运营、商业计划的损失而支出的律师费等可以计入"重大损失"。就商业秘密的权利人为重新恢复计算机信息系统安全、其他系统安全而支出的补救费用，应避免重复计算。"补救费用"的实质是权利人因采取商业秘密保密措施而支出的成本，在商业秘密因未经许可公开而丧失保密性的情况下，权利人无商业秘密可采取保密措施，无须支出"补救费用"，自然不存在因支出"补救费用"而导致的"重大损失"。进言之，权利人因采取商业秘密保密措施而支出的成本，为商业秘密的商业价值所包含。在权利人已经获得商业秘密的商业价值赔偿的情况下，自然不需要重复赔偿该成本。

此外，根据《两高知识产权刑事司法解释（三）》，直接导致商业秘密的权利人因重大经营困难而破产、倒闭的构成给权利人造成"重大损失"。如上文所述，是否只要造成权利人因重大经营困难而破产、倒闭的即构成犯罪，还是要考虑给权利人造成的损失数额？一般商业秘密侵权行为与构成刑事犯罪的商业秘密侵权行为在破坏市场经济秩序的程度上显然存在差别，因此有必要对两者作出区分。而区分的手段则是设定可量化的门槛，这是罪刑法定原则的当然要求。因此，任何构成侵犯商业秘密罪的行为都必须给权利人造成可量化的"重大损失"。至于侵权行为直接导致商业秘密权利人"因重大经营困难而破产、倒闭"的情形，应构成侵犯商业秘密罪的加重情节。构成侵犯商业秘密罪的行为直接导致权利人"因重大经营困难而破产、倒闭"的加重处罚。

三、《两高知识产权刑事司法解释（三）》中"重大损失"计算方式的细化

侵犯商业秘密罪中的"重大损失"是商业机会丧失而导致的损失。该损失应如何进行认定和计算，无疑是值得研究的问题。如上文所述，《两高知识产权刑事司法解释（三）》有关侵犯商业秘密造成的"重大损失"的认定和计算条款，借鉴了《刑法》"侵犯商业秘密罪"条款的编撰模式。但《刑法》"侵犯商业秘密罪"条款对四类侵犯商业秘密行为的分类过于烦琐且缺乏合理性，因此有必要将不法行为类型化，通过不法行为的类型化实现权利人损失认定和计算的类型化。根据《刑法》，侵害商业秘密的行为实际上仅有四种——不当获取、披露、使用、许可他人使用。因此，"重大损失"的计算方法实际上是这四种侵权行为导致的权利人损失的计算方法。

首先，针对不当获取行为，《两高知识产权刑事司法解释（三）》规定不当获取行为导致的权利人损失可以"根据该项商业秘密的合理许可使用费"计算。❶ 当然，如果侵权人不当获取的是权利人商业秘密的唯一载体，且载体灭失后商业秘密信息难以恢复，那么侵权行为很可能导致权利人的"重大损失"。问题在于，如果载体不灭失，不正获取商业秘密的行为是否会导致权利人商业机会的丧失？毫无疑问，不正获取商业秘密的行为，仅涉及不当获取行为，与使用商业秘密的行为无关。该行为是对商业秘密保密性的破坏，并非对商业秘密价值性的利用，其危害性在于导致商业秘密处于失控状态。❷ 正因如此，在实践中，除非从被许可人处获得商业秘密许可费，任何商业秘密权利人都不会允许他人

---

❶ 《两高知识产权刑事司法解释（三）》第 4 条第 1 款第（一）项。
❷ 周朝阳. 侵犯商业秘密罪中"重大损失"的内外审查方法 [J]. 中国检察官，2015（14）：54 – 58.

知晓其商业秘密。进言之,商业秘密的保密性与许可费相关,权利人在获得许可费用后,是愿意"部分牺牲"商业秘密的保密性的。因此,不当获取行为同样导致商业秘密权利人的损失,该损失表现为商业秘密的许可费用。可能有观点认为,在不当获取的情况下,商业秘密并未被使用,如何与正常使用商业秘密的行为等同?这种观点割裂了商业秘密的保密性和价值性。商业秘密的保密性与价值性紧密相关,处于保密状态的商业秘密没有被他人利用的可能性;反之,商业秘密一旦为他人知悉,就有被他人利用的可能。权利人为避免发生损失,必然要求知悉商业秘密的人支付相应的费用,该费用实际上就是商业秘密的许可费。因此,不当获取商业秘密的行为将导致权利人许可费用的损失。

商业秘密许可费用的计算存在许可费率和期限两大难题。就许可费用的计算期限问题,笔者认为,该许可费用的计算期限为侵权人不当获取之日起计算至不当获取行为终止之日。就许可费率的认定问题,笔者认为,应该采用商业秘密权利人对外授权的费率。当然,鉴于商业秘密的特殊性,权利人很少将其商业秘密许可给他人使用。此时,权利人的研发成本可以成为商业秘密许可费用计算的参照。需要强调的是,权利人的研发成本仅仅是认定商业秘密许可费用的参照,不能直接将研发成本等同于许可费用。这是因为,尽管权利人为研发商业秘密投入了成本,但成本的收回应有一定的期限。权利人平均每年收回成本的比例将成为认定许可费率的依据。同时,权利人生产销售商业秘密产品的利润率同样成为法院认定许可费用的参照。当然,侵权人的生产规模、营销能力同样是确定许可费率的参照。

其次,就未经许可披露、使用或者允许他人使用商业秘密的侵权行为,《两高知识产权刑事司法解释(三)》并未单独规定各类行为导致的权利人损失应如何计算,而是近乎"一刀切"地规

《两高知识产权刑事司法解释(三)》中
商业秘密权利人"重大损失"研究

定这些侵权行为均按给权利人造成的销售利润的损失计算。❶ 但就披露和允许他人使用商业秘密等侵权行为而言,如果仅有商业秘密的披露行为和允许他人的使用行为而无自己使用商业秘密的行为,很难说这些行为给权利人造成销售利润的损失。这种"一刀切"的做法显然缺乏合理性。因此,有必要关注未经许可披露、使用或者允许他人使用商业秘密三种侵权行为之间的差异,逐一解决各侵权行为导致权利人损失的计算问题。

第一,就披露行为,以披露范围大小为区分标准,可将其分为两种。第一种是向特定人披露商业秘密的行为,该行为类似于许可他人使用商业秘密的行为,这种行为导致的权利人损失的类型将在下文讨论。第二种是向不特定人披露商业秘密的行为,这种行为直接导致商业秘密保密性的丧失,进而导致商业秘密价值性的丧失。因此,《两高知识产权刑事司法解释(三)》规定,公开披露商业秘密的行为导致"商业秘密的商业价值的丧失"❷,这一规定无疑是合理的。但有观点认为,在商业秘密灭失的情况下,权利人的损失为研发成本。❸ 根据这一观点,如果商业秘密灭失,那么权利人投入的研发成本落空,因此侵权行为给权利人造成研发成本的损失。持这种观点的学者没有意识到的是,如果商业秘密灭失,那么权利人期望的市场利润也将落空,因此侵权行为给权利人造成的损失并非只有研发成本,而是商业秘密的全部商业价值。如此一来,如果商业秘密灭失,那么权利人的损失是否体现为"商业秘密商业价值+研发成本"?商业秘密的商业价值中必然包含研发成

---

❶ 作为特例,《两高知识产权刑事司法解释(三)》规定,不当获取后披露、使用或允许他人使用商业秘密导致的损失,按"销售利润的损失"和"合理许可费用"中数额高者确定。

❷ 《两高知识产权刑事司法解释(三)》第5条第1款第(五)项。

❸ 杜国强. 侵犯商业秘密罪"重大损失"的理解与认定:兼析"两高"《关于办理侵犯知识产权刑事案件具体应用法律若干问题的解释》[J]. 中国检察官,2007(12):44-46.

本,否则权利人会发生亏损,因此"商业秘密价值+研发成本"的损失认定模式重复计算了研发成本。在商业秘密灭失的情况下,权利人的损失仅为商业秘密的商业价值。就商业秘密价值的计算问题,司法实践中有案例将商业秘密的研发成本等同于商业秘密的商业价值。这种观点忽视了研发成本和商业秘密之间的区别,显然是存在问题的。不过,特定商业秘密的商业价值存在难以计算的问题。对此,《最高人民法院关于审理不正当竞争民事案件应用法律若干问题的解释》第17条中规定,"商业秘密的商业价值,根据其研究开发成本、实施该项商业秘密的收益、可得利益、可保持竞争优势的时间等因素确定"。《两高知识产权刑事司法解释(三)》规定,"商业秘密的商业价值,可以根据该项商业秘密的研究开发成本、实施该项商业秘密的收益综合确定"❶。总体而言,商业秘密的研发成本、产品销售利润、许可费率以及保持竞争优势的时间成为法院酌定商业秘密的商业价值的因素。

第二,使用商业秘密的行为无疑侵占了商业秘密权利人的商业机会。例如,利用技术型商业秘密生产商业秘密产品,无疑会挤占权利人的市场。再如,利用经营性商业秘密的行为,会导致商业秘密权利人的信息优势丧失,同样会导致权利人商业机会的减少。因此,就使用商业秘密的行为,权利人商业机会的丧失可以分为两种情况:如果商业秘密权利人并未利用商业秘密开展经营活动,那么侵权人导致权利人许可侵权人使用其商业秘密的商业机会丧失,造成权利人许可费用的损失;如果商业秘密权利人已经利用商业秘密开展经营活动,那么侵权人导致权利人自行开展经营活动的商业机会丧失,造成权利人市场利润的损失。部分情况下,侵权人对商业秘密的使用以不当获取该商业秘密为前提,该侵权行为同时破坏商业秘密的保密性和价值性,其破坏权利人商业秘密保密性的行为是否导致商业秘密权利人许可费用的损失?

---

❶ 《两高知识产权刑事司法解释(三)》第5条第1款第(五)项。

《两高知识产权刑事司法解释（三）》中商业秘密权利人"重大损失"研究

答案是肯定的。如上文所述，无论侵权人是否使用该商业秘密，均导致权利人许可费用的损失。易言之，即使是使用商业秘密的侵权人，其自知晓商业秘密之日起，就导致权利人商业机会的丧失，对权利人造成许可费用的损失。侵权人一旦使用不当获取的商业秘密，破坏商业秘密保密性的获取行为被破坏商业秘密价值性的使用行为所吸收，侵权人给权利人造成的损失为权利人许可费用的损失或者权利人市场利润的损失，但不应该重复计算许可费用。为避免重复计算，以侵权人开始使用商业秘密为时间界限：侵权人使用商业秘密之前不当获取商业秘密的行为，破坏商业秘密的保密性，会造成权利人商业秘密许可费用的损失；侵权人使用商业秘密之后的行为，破坏商业秘密的价值性，会造成权利人许可费用或者市场利润的损失。当然，不少情况下，许可费用和市场利润的损失在金额上并不等同，但参照《两高知识产权刑事司法解释（三）》的规定可以按照金额较大者确定。❶

第三，许可他人利用商业秘密的侵权行为本质上等同于向特定人披露商业秘密的行为。有观点认为，许可他人使用商业秘密的行为与使用商业秘密的行为等同。❷ 也有观点认为，这两种行为不能等同。❸ 持后一种观点的学者认为，许可他人使用商业秘密后，被许可人是否使用该商业秘密完全取决于被许可人，与许可人无关。因此，持这种观点的学者认为，许可他人利用商业秘密的行为，本质上仍然是对商业秘密的保密性的侵犯。这种观点显然存在逻辑问题。实质上，就许可人的主观而言，虽不能说其希望被许可人实施侵权行为，但实际上是放任被许可人实施侵权行为，因此其应对被许可人使用商业秘密的行为承担法律责任。特别是在被许可人不知

---

❶ 《两高知识产权刑事司法解释（三）》第5条第1款第（二）项。
❷ 虞佳臻. 论侵犯商业秘密罪数额认定标准二维模式的构建[J]. 福建警察学院学报，2015（3）：85-90.
❸ 李兰英，高扬捷，等. 知识产权刑法保护的理论与实践[M]. 北京：法律出版社，2018：436.

道许可人无许可权限的情况下,要求被许可人承担法律责任显然于法不符,此时只能由许可人承担法律责任。因此,许可他人使用商业秘密的行为,既可能破坏商业秘密的保密性,又可能破坏商业秘密的价值性。该行为仅破坏商业秘密的保密性时,造成权利人许可费用的损失。该行为破坏商业秘密的价值性时,造成许可人市场利润的损失。总体而言,许可他人利用商业秘密行为导致的损失,应在合理许可费用和市场利润损失中择金额较大的确定。

实践中,商业秘密权利人销售利润的损失有三种计算方式:①权利人的产品因侵权行为而减少的销售总数乘以每件权利人产品的合理利润所得之积;②侵权产品销售总数乘以每件权利人产品的合理利润所得之积;③侵权产品销售总数乘以每件侵权产品的合理利润所得之积。当然,第一种计算方式的应用较少,原因在于:①即使发生侵权行为,权利人的产品销量未必会减少;②即使发生权利人产品销量的减少,也很难证明销量减少与侵权行为之间的关系。因此,实践中应用较多的往往是第二种计算方式,即侵权产品销售总数乘以每件权利人产品的合理利润所得之积。如上文所述,关键在于该合理利润应该是"毛利润"还是"净利润",是侵权行为发生之前的利润还是侵权行为同期的利润。对此,笔者认为,该合理利润应为侵权行为发生之前的"净利润"。侵权行为发生之前,权利人的市场尚未受侵权行为的影响,以侵权行为发生之前的利润来计算权利人的销售利润损失,能够反映侵权行为对权利人市场机会的侵占程度。此外,"净利润"是"毛利润"扣除成本之后的利润,因此"净利润"更能够精确反映权利人损失和侵权人获利的真实情况。实践中,不少人支持以"毛利润"计算权利人销售利润的损失,部分原因是因为"净利润"审计操作困难。❶ 但在《两高知识产权刑事司法解释(三)》降低

---

❶ 房长缨,张婷婷. 侵犯商业秘密刑事案件相关问题及对策研究[J]. 上海法学研究集刊,2019,5:122.

"侵犯商业秘密罪"的"入罪门槛"的情况下，以"毛利润"计算权利人销售利润的损失有"滥刑"之嫌，应予以抛弃。

四、结语

《两高知识产权刑事司法解释（三）》出台的最大背景在于中美两国签订的《中美经贸协议》，美方在商业秘密方面的核心诉求是中方降低"侵犯商业秘密罪"的"入罪门槛"。对此，《两高知识产权刑事司法解释（三）》有所回应，一方面确实提高了我国商业秘密的保护水平，但另一方面滥刑的风险不容忽视。因此，《两高知识产权刑事司法解释（三）》实施的重点是防止滥刑，一味追求刑事打击犯罪的效果，不关注司法解释条文真实含义的做法应予以避免。